CB010083

Para

com votos de paz.

DIVALDO FRANCO

Pelo Espírito MANOEL PHILOMENO DE MIRANDA

TORMENTOS DA OBSESSÃO

Salvador
10. ed. – 2024

COPYRIGHT © (2001)
CENTRO ESPÍRITA CAMINHO DA REDENÇÃO
Rua Jayme Vieira Lima, 104
Pau da Lima, Salvador, BA.
CEP 412350-000
SITE: https://mansaodocaminho.com.br
EDIÇÃO: 10. ed. (7ª reimpressão) – 2024
TIRAGEM: 1.000 exemplares (milheiro: 84.100)
COORDENAÇÃO EDITORIAL
Lívia Maria C. Sousa

REVISÃO
Adriano Ferreira
CAPA
Cláudio Urpia
MONTAGEM DE CAPA
Eduardo Lopez
EDITORAÇÃO ELETRÔNICA
Eduardo Lopez
COEDIÇÃO E PUBLICAÇÃO
Instituto Beneficente Boa Nova

PRODUÇÃO GRÁFICA
LIVRARIA ESPÍRITA ALVORADA EDITORA – LEAL
E-mail: editora.leal@cecr.com.br

DISTRIBUIÇÃO
INSTITUTO BENEFICENTE BOA NOVA
Av. Porto Ferreira, 1031, Parque Iracema. CEP 15809-020
Catanduva-SP.
Contatos: (17) 3531-4444 | (17) 99777-7413 (WhatsApp)
E-mail: boanova@boanova.net
Vendas on-line: https://www.livrarialeal.com.br

Dados Internacionais de Catalogação na Publicação (CIP)
(Catalogação na fonte)
BIBLIOTECA JOANNA DE ÂNGELIS

F825   FRANCO, Divaldo Pereira. (1927)

          Tormentos da obsessão. 10. ed. / Pelo Espírito Manoel Philomeno de Mirando [psicografado por] Divaldo Pereira Franco. Salvador: LEAL, 2024.
          296 p.
          ISBN: 978-85-8266-008-9

          1. Espiritismo 2. Psicografia 3. Psicologia 4. Obsessão
          I. Franco, Divaldo II. Título

                                            CDD: 133.93

Bibliotecária responsável: Maria Suely de Castro Martins – CRB-5/509

DIREITOS RESERVADOS: todos os direitos de reprodução, cópia, comunicação ao público e exploração econômica desta obra estão reservados, única e exclusivamente, para o Centro Espírita Caminho da Redenção. Proibida a sua reprodução parcial ou total, por qualquer meio, sem expressa autorização, nos termos da Lei 9.610/98.
Impresso no Brasil | Presita en Brazilo

SUMÁRIO

Tormentos da obsessão	9
1. Erro e punição	15
2. O Sanatório Esperança	25
3. Reminiscências	37
4. Novos descortinos	51
5. Contato precioso	65
6. Informações preciosas	79
7. A amarga experiência de Leôncio	89
8. Indagações esclarecedoras	101
9. Tarefas relevantes	109
10. Experiências gratificadoras	117
11. O insucesso de Ambrósio	131
12. Terapia especial	143
13. A experiência de Licínio	159
14. Impressões marcantes	177
15. A consciência responsável	189
16. Prova e fracasso	199
17. Alucinações espirituais	211
18. Socorro de emergência	227
19. Distúrbio depressivo	245
20. Terapias enriquecedoras	259
21. Experiência incomum	269
22. Lições de sabedoria	279

[...] *Nalguns ainda muito tenazes são os laços da matéria para permitirem que o Espírito se desprenda das coisas da Terra; a névoa que os envolve tira-lhes a visão do infinito, donde resulta não romperem facilmente com os seus pendores, nem com seus hábitos, não percebendo haja qualquer coisa melhor do que aquilo de que são dotados. Têm a crença nos Espíritos como um simples fato, mas que nada ou bem pouco lhes modifica as tendências instintivas. Numa palavra: não divisam mais do que um raio de luz, insuficiente a guiá-los e a lhes facultar uma vigorosa aspiração, capaz de lhes sobrepujar as inclinações. Atêm-se mais aos fenômenos do que à moral, que se lhes afigura cediça e monótona. Pedem aos Espíritos que incessantemente os iniciem nos novos mistérios, sem procurar saber se já se tornaram dignos de penetrar os arcanos do Criador. Esses são os espíritas imperfeitos, alguns dos quais ficam a meio caminho ou se afastam de seus irmãos em crença, porque recuam ante a obrigação de se reformarem, ou então guardam as suas simpatias para os que lhes compartilha das fraquezas ou das prevenções. Contudo, a aceitação do princípio da doutrina é um primeiro passo que lhes tornará mais fácil o segundo, noutra existência.*

Aquele que pode ser, com razão, qualificado de espírita verdadeiro e sincero, se acha em grau superior de adiantamento moral. O Espírito, que nele domina de modo mais completo a matéria, dá-lhe uma percepção mais clara do futuro; os princípios da Doutrina lhe fazem vibrar fibras que nos outros se conservam inertes. Em suma: é tocado no coração, pelo que inabalável se lhe torna a fé. Um é qual músico que alguns acordes bastam para comover, ao passo que outro apenas ouve sons. **Reconhece-se o verdadeiro espírita pela sua transformação moral e pelos esforços que emprega para dominar suas inclinações más.**

Allan Kardec[1]

[1] *O Evangelho segundo o Espiritismo*. Cap. XVII, 52. ed. FEB, p. 263 e 264.

TORMENTOS DA OBSESSÃO

A obsessão campeia na Terra, em razão da inferioridade de alguns Espíritos que nela habitam.

Mundo de provas e expiações, *conforme esclareceu Allan Kardec, é também bendita escola de recuperação e reeducação, onde se matriculam os calcetas e renitentes no mal, que crescerão no rumo da felicidade mediante o contributo das aflições que se lhes fazem indispensáveis.*

Alertados para o cumprimento dos deveres morais e espirituais que são parte do programa de crescimento interior de cada qual, somente alguns optam pelo comportamento saudável, o que constitui psicoterapia preventiva contra quaisquer aflições a que pudessem ser conduzidos. No entanto, aqueles que se tornam descuidados dos compromissos de autoiluminação e de paz enveredam pelas trilhas do abuso das faculdades orgânicas, emocionais e mentais, comprometendo-se lamentavelmente com as soberanas Leis da Vida através da agressão e do desrespeito aos irmãos de marcha evolutiva.

Não é, portanto, de estranhar que a inferioridade daqueles que sofrem injustiças e traições, enganos e perversidades arme-os com os instrumentos covardes da vingança e da perseguição quando desvestidos da indumentária carnal, para desforçar-se daqueles que, por sua vez, foram o motivo do seu sofrimento.

Compreendessem, porém, a necessidade do amor e superariam as ocorrências nefastas, desculpando os seus adversários e dando-lhes ensejo para repararem o atentado praticado contra a Consciência Divina. No entanto, porque também primários nos sentimentos, resolvem-se pelo desforço, atirando-se nas rudes pugnas obsessivas, nas quais, por sua vez, tornam-se igualmente presas das paixões infelizes que combatem nos seus desafetos.

A inteligência e o sentimento demonstram que é muito mais fácil amar, ser fiel, construir a paz, implantar o dever, realizar a própria e contribuir em favor da felicidade alheia, do que semear dissabor, cultivar amargura, distender o ódio e o ressentimento. Não obstante, o egoísmo e a crueldade, que ainda vigem nas criaturas humanas quase em geral, respondem pela conduta doentia, impulsionando-as para os desatinos e descalabros que se tornam responsáveis pela sua futura desdita.

Negando-se aos sentimentos elevados, o ser transita pelos sítios tumultuados do desespero a que se entrega, quando poderia ascender aos planaltos da harmonia que o aguardam com plenitude.

Enquanto permanece esse estado no comportamento humano, as obsessões se transformam em verdadeiro flagelo para todos aqueles que se deixem aprisionar nas suas amarras.

A obsessão apresenta-se sob muitos disfarces, tornando-se cada vez mais grave na sociedade hodierna, que teima em não a reconhecer, nem a considerar.

Religiosos apegados a fanatismo injustificável descartam-na, acreditando-se credenciados a saná-la onde se manifeste, mediante o poder da fé e a autoridade que se atribuem.

Acadêmicos vinculados ao cepticismo a respeito da imortalidade do Espírito, nas diversas áreas em que se movimentam, especialmente nas denominadas ciências da alma, recusam-se a aceitá-la, convertendo o ser humano a uma situação reducionista, materialista, que a morte consome, aniquilando-o.

Arreligiosos, embriagados pela ilusão dos sentidos ou portadores de empáfia, afirmam-se imunes à enfermidade traiçoeira por indiferença aos elevados fenômenos espirituais, que se multiplicam, volumosos, e são desconsiderados.

Multidões desenformadas da realidade da vida banqueteiam-se na irresponsabilidade, comprometendo-se lamentavelmente através de condutas esdrúxulas e imorais, gerando futuras calamidades para cada um dos seus membros.

...E mesmo incontável número de adeptos do Espiritismo, com profundos esclarecimentos e orientação, não poucas vezes opta pela leviandade e arrogância, comprometendo-se com a retaguarda onde ficam em expectativa aqueles que foram iludidos, defraudados, maltratados pela sua insensatez.

A vida sempre convoca à reparação todo aquele que se compromete, perturbando-lhe os estatutos superiores. Ninguém que defraude a ordem, deixará de sofrer a consequência da atitude irrefletida. Cada ser humano conduz no imo a cruz para o sofrimento ou a transforma em instrumento de ascensão conforme se comporte durante o périplo terreno.

Os sofrimentos que surpreendem os Espíritos após desvestirem-se da roupagem física são decorrência natural dos seus próprios atos, assim como as alegrias e bênçãos que desfrutem. Não se tratam, portanto, os primeiros, de punições severas impostas pela Divindade, mas de processo natural de reparação, nem as outras de concessão gratuita oferecidas aos privilegiados. O amor vige em tudo, facultando aos equivocados os sublimes mecanismos para a reparação dos erros e a edificação no bem, que se encontra ao alcance de todos.

Podemos dizer, portanto, que a obsessão pode ser considerada como o choque de retorno da ação infeliz perpetrada *contra alguém que enlouqueceu de dor e de revolta, necessitando de tratamento adequado e urgente.*

Este livro é mais um brado de alerta aos companheiros da trilha física, para que não se descuidem dos deveres que nos dizem respeito em relação a Deus, ao próximo e a nós mesmos.
Toda semente de ódio, deixada a esmo pelo caminho, sempre se transforma em plantação de infelicidade, proporcionando colheita de amarguras.
Somente o amor possui o recurso precioso para facultar harmonia e alegria de viver.

❖

Reunimos, na presente obra, várias experiências que vivenciamos no Hospital Esperança em nossa Esfera espiritual, no qual se encontram internados inúmeros irmãos falidos e comprometidos com o seu próximo em lamentáveis estados de perturbação, sedentos uns de vingança, despedaçados outros pelas circunstâncias ultrizes e fatores de desespero a que se entregaram durante a reencarnação, após haverem abandonado os compromissos nobres, que substituíram pela alucinação e transtorno moral que se permitiram.
Nesse nosocômio espiritual, encontram-se recolhidos especialmente pacientes que foram espiritistas fracassados, graças à magnanimidade do benfeitor Eurípedes Barsanulfo, que o ergueu, dando-lhe condição de santuário para a saúde mental e moral, e o administra com incomparável abnegação, auxiliado por outros dedicados servidores do bem e da caridade.
Apresentamos a narração de várias vidas e suas histórias reais, esperando que sensibilizem aqueles que nos honrarem com a atenção da sua leitura, auxiliando-os a não se permitirem comprometimentos desastrosos semelhantes.
As experiências que recolhemos serão úteis a todos os indivíduos interessados na felicidade pessoal, porque os despertarão

para os elevados compromissos assumidos perante a Consciência Cósmica e os seus guias espirituais antes do renascimento físico. Não obstante, para outros que conhecem a luminosa orientação do Espiritismo, serão mais vivas e penetrantes, por demonstrarem que a crença é muito importante, no entanto, a vivência dos postulados exarados na Codificação tem regime de urgência e não pode nem deve ser postergada.

A muitos companheiros de lide espírita as nossas informações causarão estranheza, a outros parecerão fantasias de mente em desalinho, porque não encontraram antes informações idênticas em detalhes nas obras básicas da Doutrina, esquecendo-se que o ilustre mestre de Lyon afirmou que não estava apresentando a primeira nem a última palavra *a respeito dos temas que tratava, e que o futuro se encarregaria de confirmar o que estava exarado, ampliar as informações ou corrigir o que estivesse em desacordo com a Ciência. Como nenhuma das afirmações doutrinárias, conforme no-las ofertou Allan Kardec, pôde ser superada ou considerada inexata até este momento, é justo que se lhes possa adir novas lições espirituais, dando prosseguimento às memoráveis experiências de vidas no Além-túmulo, quais as que se encontram na admirável obra* O Céu e o Inferno, *narradas com a segurança da sua pena sábia e vigorosa.*

Esperando que nossa contribuição espiritual possa auxiliar algum leitor que nos dignifique com a sua atenção, consciente como estamos da responsabilidade que nos diz respeito, suplicamos as bênçãos do Sublime Terapeuta para todos nós, Seus pacientes em recuperação.

Salvador, 15 de janeiro de 2001.
Manoel Philomeno de Miranda

1

ERRO E PUNIÇÃO

Em nossas reuniões habituais com amigos afeiçoados ao dever, não poucas vezes direcionamos as conversações para as questões que dizem respeito à justiça humana e à Justiça Divina, assunto palpitante que a todos nos interessa.

Erro e punição, culpa e castigo, dolo e cobrança fazem parte dos temas que sempre reservamos para análise e debate, considerando o processo de evolução de cada indivíduo em particular e da coletividade humana em geral.

Muito interessado na problemática obsessiva, diante das ocorrências do cotidiano terrestre, chama-me a atenção a grave interferência dos desencarnados no comportamento dos homens.

As manchetes sensacionalistas e estarrecedoras, apresentadas pelos periódicos da grande imprensa, e o perturbador noticiário da mídia televisiva com espalhafato e pavor, revelando algumas expressões de sadomasoquismo dos seus divulgadores, na maneira de exibir as tragédias e desgraças da atualidade; os comentários acerca da violência, gerando mais indignação e revolta do que propondo soluções, vêm-me despertando crescente sentimento de consternação pelas criaturas, acrescido do lamentável desconhecimento das variadas psicopatologias de que são vítimas, assim como das obsessões de que se fazem servas.

Comentando com amigos dedicados aos estudos sociológicos, psicológicos e penalógicos em nossa Esfera de ação, aguardei oportunidade própria para auscultar nobre especialista nessas áreas, com o objetivo de esclarecer-me, ao mesmo tempo que pudesse ampliar informações e estudos junto aos caros leitores encarnados, igualmente dedicados às terapias preventiva e curadora dessa enfermidade epidêmica e ultriz.

Nesse estado de espírito, oportunamente fui convidado, por afeiçoado servidor de nossa comunidade, para um encontro íntimo com o venerável Espírito Dr. Bezerra de Menezes, numa das suas estâncias entre nós, cuja dedicação à Humanidade, na condição de desencarnado, aproximava--se de um século de ininterrupto humanitarismo, caridade e iluminação da consciência terrestre.

A reunião fora reservada para pequeno grupo de pesquisadores das terapêuticas próprias para a criminalidade e suas consequências entre os seres humanos reencarnados, havendo sido convidados apenas aqueles dedicados ao importante mister.

Em uma área ao ar livre, reservada a tertúlias íntimas realizadas no nosocômio, que fora programado para obsidiados que faliram nos compromissos terrestres, e que desencarnaram sob o guante dos transtornos psíquicos dessa natureza, teve lugar o encontro abençoado.

Erguido, graças aos esforços e sacrifícios do eminente Espírito Eurípedes Barsanulfo, na década de 1930 a 1940, aquele sanatório passou a recolher, desde então, as vítimas da própria incúria, tornando-se um laboratório vivo e pulsante para a análise profunda das alienações espirituais.

O missionário sacramentano havia constatado ser expressivo o número de almas falidas nos compromissos relevantes, após haver recebido as luzes do Consolador, que retornava à Pátria espiritual em lamentável estado de desequilíbrio, sofrendo sem consolo na Erraticidade inferior.

Movido pela compaixão que o caracteriza, empenhou-se e conseguiu sensibilizar uma expressiva equipe de trabalhadores espirituais dedicados à Psiquiatria, para o socorro a esses náufragos da ilusão e do desrespeito às Soberanas Leis da Vida, credores de misericórdia e amparo.

Médiuns levianos, que desrespeitaram o mandato de que se fizeram portadores; divulgadores descompromissados com a responsabilidade do esclarecimento espiritual; servidores que malograram na execução de graves tarefas da beneficência; escritores equipados de instrumentos culturais que deveriam plasmar imagens dignificadoras e que descambaram para as discussões estéreis e as agressões injustificáveis; corações que se responsabilizaram pela edificação da honra em si mesmos, abraçando a fé renovadora, e delinquiram; mercenários da caridade bela e pura; agentes da simonia no Cristianismo restaurado ali se encontravam recolhidos, muitos deles após haver naufragado na experiência carnal, por não ter suportado as pressões dos Espíritos vingadores, inclementes perseguidores aos quais deveriam conquistar, ao invés de se lhes tornarem vítimas, extraviando-se na estrada do reto dever sob sua injunção perversa...

Normalmente, naquele Instituto de saúde espiritual, realizavam-se encontros esclarecedores, quando se analisavam as desditosas experiências dos seus pacientes.

Vezes outras, candidatos à reencarnação com tarefas definidas na mediunidade, bem como noutros campos de ação, estagiavam nos seus pavilhões, observando os companheiros que se iludiram e foram vencidos, ou escutando-os durante suas catarses significativas ao despertar da consciência, dando-se conta do prejuízo que se causaram a si mesmos, assim como aos outros, que arrastaram na vertiginosa alucinação.

Verdadeiro hospital-escola, constitui um brado enérgico de advertência para os viajores do carro orgânico que se comprometeram com as atividades de enobrecimento e de amor.

Foi, portanto, em agradável recanto arborizado, em noite transparente e coroada de estrelas, clareada por diáfana e ignota luz, que ouvimos o apóstolo da caridade entretecendo considerações a respeito do erro e da punição que logo o segue.

Já conhecido e partícipe de outros cometimentos, fui recebido com o seu proverbial carinho e eloquente sabedoria, qual sucedera com os demais membros do grupo atencioso.

Após breves instantes de saudações afetuosas e palavras introdutórias a respeito do tema, o venerável mentor elucidou:

— *A problemática do comportamento moral do ser humano encontra-se relacionada com o seu nível de progresso espiritual.*

Por essa razão, Jesus acentuou que mais se pedirá àquele a quem mais se deu, *considerando-se o grau de responsabilidade pessoal, em razão dos fatores predisponentes e preponderantes para a conduta. Cada indivíduo é a história viva dos seus atos passados. A soma das suas experiências modela-lhe o caráter, as aspirações, o conhecimento e a responsabilidade moral. Invariavelmente, ao lado das conquistas significativas conseguidas em cada etapa reencarnatória, não raro, gravames e quedas turvam a pureza dos seus triunfos, constituindo-lhe empecilhos para avanços mais expressivos.*

Soprava uma brisa levemente perfumada, enquanto ele silenciou por breves segundos, para logo prosseguir:

— *Em razão dessa atitude, renascem os Espíritos no clima moral a que fazem jus, nos grupos familiares compatíveis com as suas necessidades, portadores de compromissos próprios para o desenvolvimento dos valores éticos e morais relevantes. Não podendo eliminar as causas precedentes, de alguma forma fazem-se acompanhar por afetos ou adversários que se lhes permanecem vinculados à economia evolutiva. É certo que nunca falta, a Espírito algum, o divino amparo, a inspiração e os meios hábeis para o êxito, mas, muitos deles, logo despertam no corpo e atingem a idade da razão, são atraídos de retorno aos sítios de onde se deveriam evadir e às viciações que lhes cumpre vencer...*

As tendências inatas, que são reflexos dos compromissos vividos, impelem-nos para as condutas que lhes parecem mais agradáveis e que não lhes exigem esforços para superá-las. As conexões psíquicas, por afinidade, facilitam o intercâmbio com os desafetos da retaguarda, e sem o necessário empenho que, às vezes, impõe sacrifício e renúncia, fazem-nos tombar nas urdiduras bem estabelecidas para vencê-los, derrotá-los no empreendimento que deveria ser libertador.

Novamente silenciou e, olhando para a grande e significativa construção hospitalar, com iniludível compaixão pelos seus internados, deu prosseguimento:

—– *A justiça está ínsita em a Natureza, e o desenvolvimento moral do ser amplia-lhe os conteúdos sublimes na consciência. A aplicação dos códigos da justiça na Terra vem-se dando conforme o grau de responsabilidade humana e o seu aprimoramento moral. Das grotescas e impiedosas punições do barbarismo e da Idade Média, para a moderna visão da ciência da Penalogia, houve uma identificação maior da mente humana com a Justiça Divina, lentamente incorporada aos códigos legais terrestres.*

Ainda se está longe de uma justiça saudável e igualitária para todos, não obstante, já se pensa em diretrizes humanitárias para serem utilizadas, dignificando o delinquente antes que apenas o punindo. Isto, porque o conceito sobre a Justiça de Deus, mediante a evolução do pensamento e da consciência, elimina a arbitrariedade e a crueldade que Lhe eram atribuídas, a fim de apresentá-lO como misericórdia e amor, que oferecem métodos de reeducação construtiva e terapêutica para todos os males, conforme se detecta na conceituação atual da Doutrina da reencarnação.

Quase sempre, quando se pensa em justiça, imediatamente ocorre o pensamento em torno do componente da punição, como se a sua fosse a finalidade do castigo, e jamais da equanimidade, da preservação da ordem e do dever. Tão associado tem-lhe estado esse reflexo, que se confunde o seu ministério de preservar o equilíbrio do indivíduo, da massa e das nações, por intermédio de medidas coercitivas da liberdade, ao lado de recessões, embargos de alimentos e remédios, e dilacerações físicas, psicológicas e morais destruidoras do sentido da vida.

Um estudo profundo, à luz da psicologia, faculta identificar-se no delinquente um enfermo emocional, cujas raízes do desequilíbrio se encontram nas experiências transatas das existências. Culpa, remorso, desarmonia interior, desamor, que foram vivenciados, refletem-se em forma de comportamentos transtornados e atitudes infelizes que desbordam nas várias expressões do crime. Consequentemente, assistência específica, na mesma área psicológica, deveria ser utilizada para recuperar o paciente infeliz e conceder-lhe o direito à reabilitação, ao resgate do erro perante a vítima e a sociedade.

Pensativo, como se estivesse melhor organizando a argumentação, fez nova pausa, logo dando prosseguimento:

— *Além desses fatores psicológicos, outros mais, quando deficientes, contribuem para o erro da criatura humana, quais sejam: a educação no lar e a convivência familiar, o meio social, os recursos financeiros e o trabalho, a recreação e a saúde, que desempenham papel de infinita importância na construção da personalidade e no desenvolvimento dos sentimentos.*

Em uma sociedade justa, há predominância dos valores de que se desincumbem airosamente os governantes, dando conta das responsabilidades que assumiram perante o povo, sempre vigilantes no que diz respeito aos deveres em relação às massas.

Infelizmente, ainda não viceja genericamente essa consciência, o que responde pelos altos índices da violência e da criminalidade, em razão das fugas espetaculares pelas drogas químicas, pela anarquia, pelo desbordar das paixões a que se entregam os indivíduos mais frágeis moralmente. Isso faculta-lhes a eventualidade da prática do delito, conforme se pode constatar na literatura do passado e do presente.

Fiódor Dostoiévski, na sua famosa obra Crime e castigo, *bem descreve os tormentos da personagem Raskólnikov que, apesar de ser um homem honrado e portador de sentimentos nobres, terminou por cometer atrocidades sem limites contra as suas vítimas, a fim de apropriar-se dos valores que possuíam, particularmente da atormentada usurária que ele passou a detestar. Diversos autores, como Victor Hugo, Charles Dickens, Arthur Müller e muitos outros, utilizando-se desse fator eventual, apresentam criminosos que se tornam simpáticos aos seus leitores, porque foram levados ao crime por circunstâncias ocasionais, desde que, portadores de elevados princípios, viram-se na contingência de errar, recebendo em troca punições perversas e injustas.*

O erro é sombra que acompanha aquele que o pratica até que se dilua mediante a luz clara da reparação. Providenciados os meios hábeis para a renovação do equivocado, reeducando-o para a convivência social, é justo se lhe conceda o ensejo de prosseguir construindo o futuro, enquanto se sente liberado do desequilíbrio praticado.

A fim de conceder-nos ensejo de bem aprofundar reflexões, o amorável amigo fez uma nova pausa e concluiu:

— *Dia virá em que os estudiosos do comportamento criminoso da criatura humana perceberão, além desses fatores que levam à delinquência, outro muito mais grave e sutil, que necessita de profundos estudos, a fim de que se criem novos códigos de justiça para os infratores colhidos por essa incidência. Referimo-nos à obsessão, quando Espíritos adversários, desejando interromper-lhes a marcha evolutiva, induzem-nos à prática de delitos de toda ordem, tornando-se coautores de incontáveis agressões criminosas, que muitas vezes redundam em acontecimentos infaustos, irreversíveis.*

Trabalhando lentamente o campo mental das vítimas com as quais se hospedam *psiquicamente, terminam por inspirar-lhes sentimentos vis, armando-as contra aqueles que, por uma ou outra circunstância, tornam-se-lhes inimigos, com ou sem razão. Transformando-se em adversários incansáveis, obstinadamente as perseguem ou as enfrentam em combates de violência que terminam em tragédias... Sob outro aspecto, esses Espíritos utilizam-se daqueles com os quais têm sintonia mental e moral, para se desforçarem de quem os prejudicou anteriormente, e agora não são alcançados pela sua sordidez nem perversidade, praticando homicídios espirituais hediondos.*

As obsessões, nessa área, são muito expressivas. Seria o caso de examinar-se se a personagem de Dostoiévski não teria sido vítima de algum adversário desencarnado pessoal ou se não houvera conseguido sintonizar com aqueles que se compraziam em odiar todos quantos lhe tombaram nas cruas perversidades!

O erro, em si mesmo, gera um clima psíquico nefasto, que atrai Espíritos semelhantes ao que se compromete moralmente, passando a manter sistemática sintonia e comércio emocional continuado. O castigo geral aplicado a todos quantos se fazem vítimas da criminalidade, sem diferença de situação ou conteúdo espiritual, torna-se injusto e mesmo odiento, transferindo-se para o Mundo espiritual os efeitos desses conúbios desastrosos.

A Divindade, porém, vela, e as Suas Leis sábias alcançam inapelavelmente todos os seres da Criação, facultando o processo evolutivo mediante o qual será possível a felicidade que se anela.

Cuidemo-nos, todos nós, de nos preservar do mal, suplicando o divino socorro, conforme propôs o incomparável Mestre, na Sua Oração dominical, *buscando-Lhe o amparo e a inspiração, a fim de podermos transitar com equilíbrio pelos difíceis caminhos da ascensão espiritual.*

Silenciou, o bondoso amigo, deixando-nos material expressivo para reflexão.

Despedindo-se momentaneamente, prometeu dar prosseguimento ao tema fascinante que é a obsessão, nesse aspecto, quase desconhecida.

2

O Sanatório Esperança

Terminado o colóquio com o venerável benfeitor Dr. Bezerra de Menezes, continuamos entretecendo comentários sobre o assunto ventilado, quando senti interesse de aprofundar conhecimentos a respeito do Sanatório Esperança, onde anteriormente tivera a oportunidade de realizar estudos sobre a obsessão, bem como experienciar outras atividades espirituais.

Embora informado da finalidade do admirável nosocômio, desconhecia detalhes da sua função.

Apresentando-se própria a ocasião, em face da presença em nosso grupo de um dos seus atuais diretores, o Dr. Ignácio Ferreira, que fora, na Terra, eminente médico uberabense, interroguei ao amigo gentil sobre a história daquele santuário dedicado à saúde mental, e ele, bondosamente, respondeu:

— *Quando ainda reencarnado, Eurípedes Barsanulfo foi portador de verdadeiro mediumato, porquanto conduziu as faculdades mediúnicas, de que era instrumento, dentro dos postulados enobrecedores da caridade e do amor, em uma vivência aureolada de exemplos de renúncia e de abnegação, havendo sido também educador emérito. Em razão dessas suas admiráveis faculdades, dedicou-se a atender os portadores de alienação*

25

mental, psiquiátrica e obsessiva, erguendo um hospital na cidade em que nascera para socorrê-los. Conseguiu, naquele tempo, resultados incomuns, favorecendo os enfermos com a reconquista do equilíbrio. Não obstante a terapêutica acadêmica vigente, e que ele não podia aplicar, por não ser habilitado a exercer a Medicina nessa área, era a sua própria força moral que lograva o maior número de recuperações, em face da bondade que expressava em relação aos pacientes desencarnados, assim como a misericórdia de que se utilizava para atender os padecentes dos graves transtornos psíquicos.

Ser interexistente, viveu como apóstolo da caridade, possuindo extraordinários potenciais curadores e especial acuidade como receitista espiritual, dedicado ao socorro dos menos felizes.

Nunca se negou a socorrer quem quer que fosse, mesmo àqueles que o perseguiam de forma inclemente, e que, ao enfermarem, não encontrando recursos hábeis para o reequilíbrio, buscavam-no, dele recebendo o concurso superior para o prosseguimento da jornada evolutiva.

Desencarnando jovem, vitimado pela epidemia da gripe espanhola, *que assolou o mundo, prosseguiu como missionário de Jesus amparando milhares de vidas que se lhe vincularam, especialmente na região por onde deambulara na recente existência encerrada.*

O seu nome tornou-se bandeira de esperança, e com um grupo de cooperadores devotados ao bem, alargou o campo de trabalho socorrista, ampliando as áreas de atendimento sob a inspiração do Psicoterapeuta por excelência.

Sinceramente comovido, ante a evocação dos atos de caridade do eminente Espírito, prosseguiu serenamente narrando:

— *Não se limitando a socorrer exclusivamente os viandantes do carro físico, acompanhou, também, após a desencarnação, muitos daqueles que lhe receberam o concurso, neles constatando o estado deplorável em que retornavam à Pátria, vencidos por perseguidores cruéis que os obsidiavam, ou vitimados por ideoplastias terríveis derivadas dos atos a que se entregaram, enlouquecendo de vergonha, de dor e de desespero após o portal do túmulo.*

Formando verdadeiras legiões de alienados mentais que se agrediam, uns aos outros, chafurdando em paisagens de sombra e angústia, constituídas por abismos de sofrimentos insuportáveis, condoeu-se, particularmente, por identificar que muitos deles haviam recebido o patrimônio da mediunidade iluminada pelas lições libertadoras do Espiritismo, mas preferiram enveredar pelos dédalos da irresponsabilidade, utilizando-se da superior concessão para o deleite de si mesmos e das paixões mais vis que passaram a cultivar. Outros tantos corromperam a palavra iluminativa, de que se fizeram instrumentos, utilizando-a para atender aos interesses escusos, ou negociar favores terrestres com desprezo pela oportunidade de edificação de muitas vidas que lhes aguardavam o contributo. Diversos mercadejaram os dons espirituais, *tombando sob o vampirismo propiciado por verdugos do passado, que se compraziam em empurrá-los para mais graves despautérios, comprometendo-lhes a reencarnação.*

Diante da massa imensa de desesperados que haviam conhecido as diretrizes para a felicidade, mediante o serviço dignificante e restaurador dos ensinamentos de Jesus, mas que preferiram os jogos doentios dos prazeres exorbitantes, o missionário compadecido buscou o apoio dos benfeitores de Mais-alto, para que conduzissem a Jesus sua proposta, caracterizada pelo interesse de edificação de um nosocômio espiritual, especializado em loucura, para aqueles que desequilíbrio apresentassem após a morte do corpo físico, que também serviria de escola viva, como igualmente de laboratório, para a preparação das suas reencarnações

*futuras em estado menos doloroso e com possibilidades mais se-
guras de recuperação.*

*Após deferido o seu requerimento de beneficência, su-
plicou ao nobre Espírito Agostinho de Hipona, que na Terra o
houvera auxiliado e inspirado no ministério abraçado, que se
tornasse o intermediário das futuras necessidades da Instituição em surgimento, com o Médico Divino, a Quem suplicava
bênçãos em favor da obra.*

Havendo o sábio cristão, autor das Confissões *e de outros memoráveis trabalhos, aquiescido em intermediar os apelos do trabalhador do bem, com o Senhor Jesus, foi permiti-
da a edificação do refúgio e abrigo especial para os doentes da
alma, que se encontrassem sob tormentosas alucinações nos antros escusos da Erraticidade inferior.*

O bondoso narrador concedeu-nos uma pausa para
apreensão da surpreendente história, logo continuando:

— *Eurípedes providenciou a convocação de admiráveis
psiquiatras e psicólogos desencarnados, que na Terra haviam
cuidado das desafiadoras patologias obsessivas e auto-obsessivas,
de forma que, preparada a equipe, foram tomados os cuidados
próprios para a edificação do sanatório, situado nesta área distante do movimento da comunidade espiritual, a fim de que
as bênçãos da Natureza contribuíssem também com elementos
próprios para acalmar as torpes alucinações e ensejar aos pacientes renovação e paz.*

*Obedecendo a um plano cuidadoso, foram erguidos di-
versos blocos, que deveriam atender a patologias específicas,
tais como delírios graves, possessões de longo porte, consciências
autopunitivas, desespero por conflitos íntimos, fixações mórbidas, hebetação mental, autismo consequente a arrependimen-
tos tardios, esquizofrenias tenebrosas, obsessões compulsivas etc.*

*A região, amplamente arborizada, absorve o impac-
to vibratório dos tormentos que se exteriorizam dos conjuntos*

bem desenhados e das clínicas de repouso, para onde são transferidos aqueles que se encontram em processo de recuperação.

Hábeis psicoterapeutas movimentam-se no abençoado complexo, auxiliados por devotado corpo de paramédicos, todos habilmente preparados para esse ministério de alta magnitude, demonstrando quanto é forte o liame do dever com amor, no atendimento ao desespero e à loucura.

Afinal, a vida se expressa com intensidade no corpo e fora dele, sendo que, na sua realidade causal, mais significativas e vigorosas são as energias que compõem o ser, produzindo ressonâncias no futuro organismo somático, que vivenciará todas as ações desenvolvidas.

Desse modo, os métodos de atendimento aos enfermos espirituais são fundamentados no profundo conhecimento do ser, das suas necessidades, dos fatores que levam ao fracasso os empreendimentos nobilitantes, das injunções penosas provocadas pelo intercâmbio com Entidades infelizes e perversas, dos desequilíbrios íntimos por acomodação e aceitação da vulgaridade e do crime...

Muitos companheiros doentes, aqui internados, portadores de outras patologias, foram aquinhoados com a dádiva da constatação da continuidade da vida após o decesso tumular, e, não obstante esse conhecimento, utilizaram das faculdades mediúnicas para dar vazão aos tormentos pretéritos ainda vivos no inconsciente, que deveriam vencer a qualquer preço.

Enquanto o gentil psiquiatra silenciou por breves momentos, pus-me a reflexionar: sempre me chamaram a atenção aqueles irmãos que foram vítimas das expressões sexuais desequilibradas, e que não souberam canalizar nobremente as energias reprodutoras, deixando-se consumir pelos vícios hediondos, que os perturbaram profundamente. Não poucos deles mantiveram, durante a existência carnal, a ambiguidade de comportamento, apresentando-se externamente de maneira correta, mas vivendo sórdidos conúbios mentais com Entidades promíscuas, em extravagantes e contínuas perversões a que se entregavam à hora de dormir, dessa forma mantendo comunhão estreita com elas, que se haviam degenerado e os atraíam para os redutos mais abjetos, tais quais os lupanares antigos e motéis modernos, que lhes servem de habitação...

Utilizando-me, então, daquela breve pausa, interroguei com interesse de aprender:

— *Aqui são albergados também portadores de distúrbios sexuais, que contribuíram para desastrosas condutas na área da mediunidade?*

Sempre gentil, o caro médico elucidou:

— *Como sabemos, o sexo é santuário da vida, que não pode ser perturbado sem tormentosas consequências para o seu depositário. Em razão disso, muitos distúrbios de comportamento têm suas matrizes nos mecanismos sexuais íntimos. Os seus aspectos e sinistras vinculações sempre produzem dolorosa compunção, por vê-los se negarem a despertar para a realidade, enlanguescidos e sofridos nos estados de depauperamento da energia vital, mesmo quando socorridos e amparados... O vício se lhes instala profundamente nos tecidos delicados do Espírito como necessidades semelhantes aos tormentosos processos da toxicomania e do alcoolismo, que tantos males causam à Humanidade terrestre, que estagia no corpo físico e fora dele.*

Estudadas as energias variadas que compõem o complexo espiritual de cada indivíduo, abnegados especialistas em sexologia aqui trabalham, ajudando os que vieram recambiados para este centro de socorro, utilizando dos recursos próprios e correspondentes, de modo a agirem nas causas dos dramas que se desenrolaram por largo tempo, revigorando cada paciente com as incomparáveis lições de Jesus.

Novamente silenciou, para logo dar prosseguimento à narrativa interessante:

— *Em face da sua profunda vinculação com o Divino Médico, à entrada do amplo pavilhão central, Eurípedes mandou inscrever o lapidar conceito kardequiano: "Fora da caridade não há salvação", revivendo os exemplos do Senhor, que todos deveriam insculpir com vigor no imo, a fim de que o amor jamais diminuísse de intensidade no ministério socorrista, fossem quais fossem os resultados do labor em desenvolvimento ou conforme o enfrentamento dos desafios.*

Equipes adestradas recolhem novos pacientes com frequência, conforme as possibilidades que esses lhes ofereçam, nas regiões punitivas para onde resvalaram, facultando-lhes a honra da misericórdia de acréscimo *que procede do Pai magnânimo, sempre à espera do filho displicente ou rebelde.*

É, sem dúvida, deplorável o estado em que muitos aqui chegam, lutando contra as ideias mantidas durante o corpo, e atormentados pelas visões que cultivaram durante a vilegiatura carnal, apresentando no perispírito todas as mazelas do seu desrespeito às soberanas Leis da Vida. Não poucos deles aqui são instalados, mantendo a imantação psíquica com os inimigos cruéis, que também passam a receber assistência conveniente, libertando-os a pouco e pouco das incríveis fixações e vampirizações a que se entregam.

Para esse fim, uma ampla enfermaria de recepção acolhe a todos os recém-chegados, após o que são examinados por diligentes psicoterapeutas, que os encaminham aos respectivos núcleos onde poderão desfrutar do atendimento correspondente às suas necessidades.

Todos, sem exceção, recebem assistência muito carinhosa, sem que, em qualquer circunstância, seja desrespeitado o livre-arbítrio do perseguidor ou daquele que se permite dominar.

E porque fizesse nova pausa, como se esperasse por alguma indagação, para mais esclarecer, atrevi-me a interrogar:

— *Do fato de haverem sido atendidos esses Espíritos enfermos, ocorre, vez que outra, alguma evasão ou retorno aos sítios de onde vieram?*

Sem demonstrar enfado, o bondoso psiquiatra elucidou:

— *Em face da circunstância do respeito ao livre-arbítrio de cada qual, com relativa frequência, muitos internos, atraídos psiquicamente pelos seus verdugos, retornam aos sítios de hediondez de onde foram removidos, por perfeita identificação de interesses e afinidade moral mantida entre eles... Não há impedimento para essa ocorrência, em se considerando o direito de cada qual evoluir conforme as próprias possibilidades, embora os impositivos expiatórios que, na ocasião adequada, alteram o comportamento daqueles que se permitem enlanguescer na indiferença, longe de qualquer propósito de renovação...*

Aqui, além do ministério de recuperação de pacientes mentais, em razão da sua especialidade, muitos candidatos a reencarnações como futuros psicoterapeutas e estudiosos da alma, conforme a visão das modernas doutrinas transpessoais, vêm fazendo estágio, a fim de adquirir conhecimentos para lidar com os problemas volumosos da obsessão, dos transtornos psicológicos e das psicopatologias que se apresentam cada vez mais dominadoras na sociedade contemporânea.

Por outro lado, nobres pioneiros da hipnose, como dos estudos da histeria, da psiquiatria, da psicanálise e de outras doutrinas correlatas, visitam com certa constância o respeitável sanatório, para colher dados e aprimorar conhecimentos, alterar ou aprofundar informações que ficaram paralisadas, quando deixaram o corpo carnal na Terra...

De Thomas Willis, o psiquiatra inglês do século XVII, a Filipe Pinel; de Mesmer a James Braid; de Wilhelm Griesinger a Kraepelin, a Charcot, a Freud, a Jung, apenas para nos referir a alguns dos cultos visitantes, muitas aulas têm sido ministradas, e debates são estabelecidos para que se encontrem os melhores métodos terapêuticos para imediata aplicação, não apenas nos internos, como em favor dos viandantes da Terra, especialmente se considerando a fragilidade das forças morais de muitos candidatos ao equilíbrio e à fidelidade aos postulados do dever, quando mergulham na carne.

Muitos daqueles mestres do passado, que contribuíram para alargar o conhecimento em torno da psique *humana, davam-se e dão-se conta agora, ante o espetáculo truanesco e grandioso da vida em triunfo sobre a transitoriedade da matéria, da sabedoria incomparável de Jesus, quando conclamou as criaturas ao amor e à compaixão, à conduta reta em favor da vida futura, indestrutível, conforme o demonstrou com a Sua própria ressurreição...*

Outrossim, muitos deles não conheceram o trabalho incomum de Allan Kardec, especialmente no que diz respeito às psicopatologias por obsessão, igualmente tratadas por Jesus, e raros, que poderiam haver pesquisado o valioso contributo do mestre lionês, não o fizeram por preconceito acadêmico, e tudo quanto ignoravam nessa área preferiram situar, nessa área, no verbete ocultismo, *pronunciado de maneira depreciativa.*

Algumas das tentativas terapêuticas de que foram iniciadores esses visitantes e ilustres mestres agora são aqui aplicadas com eficiência, pelo fato de produzirem o efeito desejado no campo energético de onde procedem os fenômenos psicológicos e psiquiátricos, sede, portanto, do ser integral, espiritual, que somos todas as criaturas.

Não ignoramos, todos que aqui estagiamos, que qualquer tipo de enfermidade tem no Espírito a sua origem, em face da conduta mental, emocional e moral que ele experiencia, produzindo transtorno vibratório que se refletirá na área

*correspondente do corpo perispiritual, e mais tarde no físico.
Somente se agindo no mesmo nível e campo, propondo-se simultaneamente a mudança de atitude psíquica e comportamental do paciente, pode-se aguardar resultados satisfatórios
na correspondente manifestação da saúde.*

Novamente interrompeu a surpreendente explicação,
para prosseguir:

— *Musicoterapia, preceterapia, amorterapia são as bases de todos os procedimentos aqui praticados, que se multiplicam em diversificados métodos de atendimento aos sofredores,
conforme as síndromes, a extensão do distúrbio, a gravidade do
problema. Concomitantemente, as indiscutíveis terapias desobsessivas recebem cuidados especiais, particularmente nos processos de vampirização, para liberar aqueles que submetem as
suas vítimas, internando-os logo depois para tratamento de longo curso; para cirurgias perispirituais de retirada de* implan-
tes *perturbadores, que foram fixados no cérebro e prosseguem
vibrando na área correspondente do psicossoma; para momen-
tosas regressões a experiências pregressas em cujas vivências se
originaram os enfrentamentos e os ódios, demonstrando-se que,
inocentes, realmente não existem ante a Consciência Cósmica;
para liberação de hipnoses profundas; para reestruturação do
pensamento danificado pelas altas cargas de vibrações deletérias desde a vida física; para reencontros com afetos preocupa-
dos com a recuperação de cada um daqueles pertencentes à sua
família emocional...*

*Por outro lado, a fluidoterapia muito bem aplicada
produz efeitos surpreendentes, tendo-se em vista aqueles que a
utilizam, movimentando energias internas e trabalhando as
da Natureza, que são direcionadas aos centros perispirituais e*
chakras, *agindo no intrincado mecanismo das forças energéticas que constituem o Espírito.*

O amor, porém, e a paciência — acentuou com ênfase — *assumem primazia em todos os processos socorristas, procurando amenizar a angústia e o desespero daqueles que se enganaram a si mesmos e sofrem as lamentáveis consequências.*

Convidados especiais para a psicoterapia mediante palestras comovedoras e ricas de ensinamentos libertadores dos vícios, evocando vultos e acontecimentos históricos que merecem ser repensados, apresentam-se com assiduidade, fazendo parte do programa terapêutico deste Núcleo de Esperança, que sempre representa o Amor que nunca falta e pacientemente aguarda.

Havendo silenciado, algo comovido, deixou-nos o conforto que deflui da bondade de Deus, jamais desamparando os filhos rebeldes, que preferem os caminhos tormentosos, quando poderiam haver seguido a estrada do bem e do dever sem tropeços.

E porque a noite se encontrasse coroada de estrelas e um perfume balsâmico bailasse no ar, à medida que o grupo se diluiu, cada qual buscando o repouso ou as atividades que deveriam desempenhar, continuamos no local, reflexionando.

3

REMINISCÊNCIAS

As informações do Dr. Ignácio Ferreira deram-nos a dimensão perfeita da grandeza espiritual de Eurípedes Barsanulfo, cuja dedicação à vivência do Evangelho, à luz do Espiritismo, dele fizera um verdadeiro apóstolo da Era Nova.

Dando prosseguimento ao seu ministério de amor ao Mestre através do próximo, colhido pelo vendaval da alucinação, com um grupo de abnegados mensageiros da Luz erguera, sem medir esforços, aquele nosocômio para o socorro aos enfermos da alma e o estudo preventivo da loucura, assim como das terapias próprias, com especificidade na área dos transtornos obsessivos de natureza mediúnica atormentada.

Sem dúvida, sendo a mediunidade uma faculdade inerente ao Espírito, que a deve dignificar mediante o seu correto exercício, todos os seres humanos, de alguma forma, são-lhe portadores.

Quando se expressa mais ostensivamente, em razão de compromissos espirituais anteriores, é campo muito vasto a joeirar, exigindo comportamento consentâneo com a magnitude de que se reveste. Ao mesmo tempo, em razão das defecções e conquistas morais do seu possuidor, situa-se em faixa vibratória correspondente ao grau evolutivo dele, produzindo sintonia com Entidades que lhe correspondem ao apelo de ondas equivalentes.

Assim sendo, torna-se veículo dos pensamentos e induções próprios à sintonia, a todos aqueles, encarnados ou não, que são semelhantes aos sentimentos do médium.

Por isso mesmo, quando irrompe a mediunidade, não raro, transforma-se em grave tormento para o seu portador, por colocá-lo em campo diferente do habitual, expondo-o às mais diferentes condutas morais e mentais, procedentes do Mundo espiritual e que se sucedem de maneira volumosa e perturbadora.

Desequipado de conhecimento e de recursos para contrabalançar as ondas psíquicas e as sensações físicas delas decorrentes, experimenta distúrbios nervosos, tais como a ansiedade, a depressão, a insegurança, o mal-estar físico, as cefalalgias, os problemas de estômago, de intestinos, as tonturas, e que resultam da absorção das energias negativas que lhe são direcionadas pelos próprios adversários, assim como por outros Espíritos, perversos uns, zombeteiros outros, malquerentes quase todos...

É certo que jamais escasseia a Misericórdia Divina através do amor, da inspiração que verte do seu guia espiritual na sua direção, das induções para a prática das virtudes, da oração e do dever, mas que nem sempre são captadas e decodificadas conforme seria necessário para os resultados imediatos.

Pela tendência à acomodação e por decorrência das más inclinações que vicejam do passado de onde cada qual procede, mais facilmente se dá guarida às vinculações malfazejas do que à condução superior.

Quando, no entanto, o medianeiro toma conhecimento das lições educativas do Espiritismo, especialmente através das diretrizes seguras de *O Livro dos Médiuns*, de Allan Kardec, o roteiro de segurança se lhe desenha com maior eficiência, convidando-o a submeter-se ao compromisso sério de trabalhar pelo próprio como pelo bem comum.

À medida que se moraliza, o médium se equipa de resistências para vencer as perseguições espirituais, que são um grande entrave ao êxito do seu ministério, particularmente tendo em vista as paixões inferiores que constituem um grande desafio a enfrentar a todo momento.

A mediunidade, portanto, pode ser uma provação dolorosa, que se transforma em tarefa de ascensão, ou um sublime labor missionário que, assim mesmo, não isenta o indivíduo dos testemunhos, das dificuldades, das renúncias e da vigilância constante que deve manter.

Durante a mais recente vilegiatura terrena, lidando com portadores de mediunidade, acompanhamos não poucos indivíduos que derraparam em terríveis enganos, açodados pelos seus inimigos desencarnados, que lhes não concediam trégua. Isso acontecia porque neles encontravam *tomadas psíquicas* para acoplarem os seus *plugues*, o que lhes permitia o intercâmbio sistemático e contínuo.

Recordo-me, por exemplo, do irmão Ludgério, que se iniciara no hábito destrutivo do alcoolismo desde muito jovem.

Portador de faculdade mediúnica atormentada por necessidade reparadora, foi reencontrado pelos inimigos desencarnados que, desde cedo, aos doze anos aproximadamente, o induziram à ingestão de bebidas alcoólicas, inicialmente nas festas familiares e nas de caráter popular, muito comuns na cidade onde residia, para o arrastar por longos anos aos mais abjetos comportamentos e experiências infelizes.

Quando, pela primeira vez, travamos contato pessoal com esse paciente, defrontamo-lo, excitado e provocador, na sala das palestras doutrinárias da Casa Espírita onde mourejávamos.

Havia terminado a reunião, dedicada ao estudo de *O Livro dos Espíritos*, de Allan Kardec, quando ele se adentrou pelo recinto, visivelmente embriagado, agressivo, utilizando-se de palavras vulgares e gestos grosseiros para fazer-se notado.

Gentilmente atendido por um dos membros da Instituição, desatou em gritaria e ameaças, que criaram um constrangimento geral entre as pessoas que se encontravam de saída e aqueloutras que permaneciam em conversação saudável e despedidas.

O nobre diretor da Casa, o irmão José Petitinga, que se mantinha entretecendo considerações sobre o tema abordado junto a um grupo de interessados, atraído pelo alarido inusitado e acercou-se do enfermo, a fim de o atender. Com muita habilidade, tocando-lhe o braço e envolvendo-o em suave magnetismo, retirou-o da sala pública, conduzindo-o para um cômodo mais discreto, onde procurou dialogar com paciência e misericórdia.

Era totalmente impossível qualquer conversação edificante, em razão do estado de alcoolismo do visitante inesperado, cujos centros do discernimento e da lógica se encontravam bloqueados. Assim mesmo, as palavras gentis do abnegado diretor provocaram mais rebeldia nos comparsas espirituais, que se locupletavam com os vapores alcoólicos que absorviam através do enfermo da alma, logo o deixando, após imprecações e promessas de vinditas em altos brados, sem que conseguissem atemorizar ou perturbar o psicoterapeuta sereno.

Ato contínuo, o paciente, sem o suporte fluídico dos seus perseguidores, entrou em ligeira convulsão, tremendo e vomitando violentamente, causando profunda compaixão.

Logo depois desmaiou, permanecendo inconsciente por alguns minutos, tomado de palidez mortal e débil respiração.

Formando um círculo de orações, Petitinga, eu e mais alguns companheiros, envolvemo-lo em vibrações de revigoramento, aplicando-lhe passes restauradores de energias, que lhe facultaram recuperar a consciência vagarosamente.

Passados esses momentos mais graves, a caridade cristã socorreu-o, conforme as circunstâncias do momento, envolvendo-o em esperanças e promessas de paz.

Após ser-lhe providenciado o concurso monetário para alguma refeição, Ludgério afastou-se, ganhando a praça ensolarada...

A impressão que nos deixou foi muito dolorosa. Tratava-se de um jovem de aproximadamente vinte e oito anos, que demonstrava o desgaste produzido pelo alcoolismo, e a insegurança derivada do processo obsessivo pertinaz quão dilacerador.

A partir desse incidente, inspirado pelos seus guias espirituais, ele retornou em estado de sobriedade às reuniões doutrinárias, uma ou outra vez, quando se comportava com relativa calma. Avançado, o fenômeno obsessivo já assinalava marcas irreversíveis nas telas mentais do paciente, que o levavam a confundir os conceitos que ouvia e a supor-se facilmente ofendido quando algo o desagradava.

Normalmente era de trato irritável, de maneiras rudes e possuidor de *ego* muito sensível, que o armava contra as demais pessoas que sequer o podiam olhar, produzindo-lhe sempre a ideia falsa de que o estavam censurando.

Na complexidade desse problema obsessivo, defrontamos: primeiro, o paciente soberbo, cuja dor não lhe alterara a conduta da existência anterior, quando malograra, exatamente na faixa do comportamento obstinado e violento, traindo lembranças de poder e ostentação, que lhe davam um aspecto quase ridículo de prepotência entre farrapos e imundície; e, segundo, os inimigos, insolentes e perversos, aqueles que anteriormente padeceram nas suas mãos impiedosas e hoje buscavam desforçar-se sem qualquer escrúpulo. A pugna se instalara quando, identificado na atual reencarnação pelas suas antigas vítimas, passou à convivência psíquica dominadora, conduzido ao vício, no qual experimentava prazer, facultando-lhe descarregar as complexas excentricidades que lhe remanesciam no inconsciente.

Podia-se perceber a extensão do ódio que vicejava entre ambos, comparsas do comprometimento, porquanto esclarecido quanto à interferência desses Espíritos em sua conduta, Ludgério reagia entre blasfêmias e maldições, que denotavam a rebeldia que lhe era peculiar, facultando o campo vibratório específico para maior intercâmbio com os perseguidores. Esses, por sua vez, desejavam derrotá-lo cada vez mais, não se contentando em vê-lo jogado à ruína física, moral, mental, econômica, sem qualquer amigo, dormindo em verdadeiras pocilgas, nas ruas imundas do hórrido *bas-fond* onde permanecia semi-hebetado... Planejavam recebê-lo após exaurir-lhe as energias *animais* por vampirização, além do portal do túmulo para darem prosseguimento ao conúbio vingador.

Em uma das oportunidades em que se encontrava lúcido e com relativa paz, mantivemos uma conversação mais calma, havendo recolhido dados muito importantes para uma anamnese do seu caso e estudo cuidadoso da questão tormentosa, que sempre me despertava profundo interesse espiritual.

Narrou-nos que, desde a primeira infância, era acometido de sonhos terrificantes, nos quais seres monstruosos perseguiam-no, ameaçando destruí-lo por meio de formas as mais terríveis que se possa imaginar. Sempre despertava daqueles sombrios pesadelos banhado em álgido suor e apavorado. As sombras da noite passaram a ser-lhe um incomparável tormento.

Não tendo renascido em lar equilibrado, consequência compreensível, porque decorrente da conduta anterior vivenciada, os pais não lhe proporcionaram o carinho necessário, antes repreendendo-o, surrando-o sem aparente motivo e obrigando-o a silenciar o sofrimento, que se lhe foi agigantando, a ponto de passar a temer as noites e o sono. Lentamente, se lhe instalaram no imo sentimentos de ira e mágoa contra os genitores, transferindo-os para os demais irmãos, que com ele não mantinham bom relacionamento, de algum modo por efeito da sua própria constituição temperamental.

Frequentou a escola pública para o curso primário, sempre depressivo e atemorizado, expressando conduta antissocial, até que, aos doze anos, experimentou o primeiro trago, no próprio lar, por ocasião do aniversário do genitor. A partir daí, após uma alucinação que o venceu, criando tumulto e sendo sovado impiedosamente pela ignorância que predominava na família, passou a tomar bebidas alcoólicas às ocultas e a entregar-se a pensamentos vulgares na área sexual, que lhe constituía um sofrimento cruel, em razão do surgimento de impotência psicológica, que era também resultado da somatização dos conflitos mantidos, bem como efeito do alcoolismo em instalação no seu organismo debilitado.

À medida que os anos se passaram, viu diminuir as perspectivas de vida alegre ou feliz, sendo empurrado para a região do meretrício, após desavenças domésticas contínuas, quando sua presença se tornou insuportável na família difícil, em razão das crises alcoólicas que se faziam prolongadas e gravemente perigosas.

Muitas vezes foi levado ao cárcere público por policiais impiedosos que o surpreenderam nas casas de lascívia em deploráveis situações, ou por desordens nos bares, quando lhe era negada bebida sem o correspondente pagamento.

Estava transformado em pária social, detestado por uns e ameaçado por outros companheiros de desdita.

Nunca ouvira falar a respeito do Espiritismo, porém, sabia que a morte não representava o fim da vida, porquanto, nos delírios alcoólicos, conseguia detectar os inimigos que o afligiam e o levavam a recordar-se dos atos ignóbeis que lhe haviam sofrido. Juravam jamais o perdoar, mas vingar-se sem piedade, até que, rastejante, experimentasse o máximo de padecimentos que lhes imporiam.

Tratava-se, bem se vê, de muito difícil conjuntura espiritual, cuja alteração dependeria do paciente submetido e sem resistências morais, em face do largo período de entrega espontânea. Apesar disso, buscamos envolvê-lo em carinho, oferecendo-lhe os instrumentos poderosos do Evangelho de Jesus, particularmente o amor e o perdão que deveria usar com segurança, a fim de reconquistar aqueles a quem maltratara e agora cometiam erro equivalente, tomando a clava da justiça nas mãos desvairadas.

Parecendo despertar do largo transe, passou a frequentar as reuniões dominicais de exposição doutrinária, iniciando um período de abstinência alcoólica. Auxiliado por nossa Casa, que procurava diminuir-lhe a penúria econômica, sentia-se atraído aos antros conhecidos, quando os companheiros de desdita o instigavam a novas libações alcoólicas, tombando muitas vezes em recidivas dolorosas.

Algumas vezes, banhado em lágrimas, informava-nos que sempre lhe negavam alimento, enquanto lhe ofereciam as bebidas malditas. Sem resistências morais, e dependente dos tóxicos do álcool, fraquejava, porquanto simultaneamente os desencarnados não apenas inspiravam os doadores, como o induziam à queda...

Sinceramente compungido com o *caso Ludgério*, em ocasião própria, durante nossas reuniões hebdomadárias de terapia desobsessiva, indagamos ao benfeitor encarregado o que se poderia fazer em favor do enfermo desorientado, e esse esclareceu que traria ao atendimento espiritual um dos seus verdugos, a fim de formularmos uma ideia da gravidade do cometimento.

Menos de um mês transcorrido, incorporou-se, em um dos nossos médiuns sonambúlicos, indigitado obsessor que, vociferando, golpeando o ar e arquejante sob a ação do ódio, declarou, asselvajado:

— *Aqui estou, atendendo a solicitação do Sr. Miranda, que se atreve a envolver-se em problemas que não lhe dizem respeito. Nunca tive defensores, e sufoquei as minhas penas por largo período em silencioso sacrifício, até o momento, quando posso desforçar-me do bandido que m'as cumulou por anos a fio, sem qualquer piedade ou misericórdia. Que pretende, seu improvisado benfeitor?*

Usando a palavra com cautela e demonstrando compreensão do drama de que se tornara vítima o desdito, tentamos recordar-lhe a Justiça Divina, da qual ninguém se evade, bem como considerar o significado daquele instante para todos nós, por ensejar-nos reconhecer a falibilidade das nossas conceituações e formas de ver a vida, numa tentativa de chegar-lhe até aos sentimentos obnubilados.

Totalmente desvairado, na cegueira que o tomava, passou a detalhar as ocorrências que o desgraçaram antes, bem como a outros que ora participavam do programa de cobrança.

Deixamo-lo exteriorizar o desconforto e as mágoas, quando blasonou, estentórico:

— *O nosso plano, já que é um plano coletivo, do qual participamos diversos adversários que o detestamos, é armá-lo contra alguém, a fim de que cometa um hediondo crime, para o qual não haverá perdão. Isso realizado, tê-lo-emos para sempre sob nosso poder.*

— *E os amigos por acaso* — respondemos com paciência — *desconhecem que os programas divinos são outros, com características mui diversas das que vêm estabelecendo contra o irmão submetido às suas tenazes?*

— *É claro que sabemos* — ripostou, alardeando superioridade intelectual. — *No entanto, ele é o devedor, a quem nos recusamos desculpar, porquanto, jamais usou de piedade, mínima que fosse, para quem lhe sofria a crueza. Perverso e obstinado, caprichoso e mau, sobrepôs-se às Leis e destruiu vidas incontáveis que deveria preservar, dominado pela loucura do poder que logo lhe escapou das mãos hediondas quando lhe adveio a morte.*

— *Curioso* — analisamos com piedade fraternal — *é observar que o amigo incrimina-o, procedendo da forma que nele censura, utilizando-se da mesma medida de que o acusa, assim rumando para futuros processos, não menos desditosos do que esse no qual jaz o seu antigo verdugo. De maneira como não existe vítima inocente, nenhum algoz passa sem expungir os delitos através dos mecanismos soberanos da Vida. Só o amor possui a chave para decifrar todos os enigmas existenciais e solucionar as dificuldades do caminho evolutivo. Assim, rogamos-lhe, e aos demais companheiros, que lhe seja concedida uma chance pelo menos, para reabilitar-se pelo bem que possa oferecer àqueles aos quais prejudicou, especialmente os incluindo por haverem sido os ofendidos...*

— *Nunca!* — interrompeu-nos, com rispidez. — *Ele nos pagará, e isso acontecerá sem demora... Utilizamos a lei de talião: olho por olho e dente por dente.*

— O amigo esqueceu-se do amor — propusemos com piedade —, *conforme nos ensinou Jesus. Somente o amor possui os mecanismos que desagregam as construções do mal, gerando bênçãos e proporcionando o bem.*

O comunicante estrugiu em ruidosa gargalhada de mofa e acrescentou com ironia:

— Não me fale em amor, nem em Jesus. Também se dizia cristão, o covarde, e após os crimes tenebrosos que praticava contra aqueles que lhe caíam no desagrado, corria ao culto religioso a que se filiava e rogava perdão do seu confessor, que o atendia, igualmente infame, enquanto suas vítimas eram dilaceradas pelo relho, trucidadas por métodos incomuns de perversidade. Onde o amor desse Jesus?

Profundamente consternados, esclarecemos:

— Não podemos confundir a Doutrina do Mestre com os homens que dela se utilizam para atendimento das próprias misérias e paixões imediatistas. Longe dos sentimentos que apregoam, exploram e mentem, enganando-se a si mesmos e àqueles que se deixam conduzir pelas suas urdiduras, igualmente interessados nesse conúbio de ilusões e mendacidade. O Mestre ofereceu-se em holocausto, mesmo quando todos O abandonaram.

— Nunca lhe concederemos ocasião de repetir o que já fez e temos pressa em concluir a tarefa iniciada — ripostou com enfado e nervosismo.

Preferimos silenciar. O momento não era para discussão verbal, nem para debate inútil. Recolhendo-nos em oração, escutamos suas palavras finais e atormentadas:

— O mal devora aqueles que o vitalizam, nós o sabemos. Enquanto não chega a nossa vez, tornamo-nos os instrumentos hábeis para que essa lei nele se cumpra sem qualquer desvio...

Porque não existem violências em nossos compromissos para com a vida, ele resolveu afastar-se do médium, ou foi retirado carinhosamente pelo mentor, deixando-nos algo frustrados e incompletos.

Posteriormente, nosso instrutor esclareceu-nos que a hora era grave, e somente o esforço do paciente poderia modificar os planos de vindita elaborados pelos seus desafetos, o que parecia bastante difícil...

Não passaram duas semanas, e fomos informados da tragédia em que se envolvera o pobre Ludgério, tendo fim a consumida existência física.

Discutindo com outro companheiro embriagado, comparsa habitual das extravagâncias alcoólicas, num dos bares em que se homiziavam, foi acometido de grande loucura e, totalmente alucinado, tomou de uma faca exposta no balcão da espelunca, cravando-a, repetidas vezes, no antagonista, mesmo após tê-lo abatido e morto.

A cena de sangue, odienta e ultrajante, provocou a ira dos passantes e comensais do repelente recinto que, inspirados pelos perversos e indigitados Espíritos vampirizadores, atiraram-se contra o alcoólatra, linchando-o sem qualquer sentimento de humanidade, antes que a polícia que frequentava o local pudesse ou quisesse interferir.

Todo linchamento demonstra o primarismo em que ainda permanece o ser humano, e resulta da explosão do ódio que acomete os improvidentes, que passam a servir de instrumentos inconscientes de hordas espirituais perversas, que dão vazão aos sentimentos vis através das paixões desordenadas...

A hedionda cena do Calvário é bem o exemplo desse fenômeno de primitivismo em que estagiam muitos indivíduos. Aquele Homem, que somente amara e o bem fizera, fora escarnecido, abandonado, crucificado, após um julgamento arbitrário, apoiado pela massa que d'Ele tanto recebera. E mesmo na cruz, inspirados pelas hostes selvagens da

Erraticidade inferior, bradavam irônicos, aqueles que se Lhe fizeram inimigos de última hora:

— *Não és o Messias? Sai, então, da cruz para que vejamos e acreditemos...* — e estertoravam em alucinadas gargalhadas.

Os jornais fizeram estardalhaço sobre o inditoso acontecimento, que a nós outros, que o conhecíamos, muito nos compungiu, deixando-nos material espiritual para demoradas reflexões e interrogações que somente após a morte conseguimos compreender.

Naquela ocasião, indagamo-nos se teria falhado a ajuda espiritual que se estava iniciando com futuras perspectivas de atenuar o processo obsessivo. Por que os desafetos conseguiram atingir as metas estabelecidas? Por qual razão não nos foi possível aprofundar terapias mais eficientes em favor dos desencarnados, quando da comunicação psicofônica de um deles? Outras indagações permaneceram bailando em nossa mente, até que o tempo, o grande consolador, foi-nos esclarecendo com as luzes clarificadoras da lógica do Espiritismo.

Após a morte física, ainda interessado no *caso Ludgério*, tentamos encontrá-lo, sem o conseguir. Soubemos, por fim, que aquele que lhe fora vítima do homicídio infame era um dos comparsas anteriores, que se desaviera quando da partilha das terras que haviam sido espoliadas dos camponeses humildes, que lhes sofriam a dominação arbitrária, tornando-se-lhe igualmente adversário. Desde então, unidos pelos crimes, uma ponte de animosidade fora distendida entre eles. Como os adversários espirituais se vinculavam a ambos, encontraram campo vibratório propício para o *assassinato espiritual*.

Ante esse fato doloroso, em outras circunstâncias, sempre me perguntava: como as leis terrenas julgariam os criminosos que houvessem sido vítimas dos seus inimigos desencarnados? Puniriam o homicida visível que, por sua vez, se tornara vítima de outros indigitados criminosos? E como alcançar aqueles que se encontram além das sombras terrenas, em paisagens imortais excruciantes, e permanecem odientos, se escasseiam recursos próprios para a análise e penetração nessas regiões?

Eram essas interrogações que nos ficaram, e permanecem interessando-nos por conquistar as respostas, em razão da frequente repetição de delitos dessa ordem e crimes outros sob a inspiração de seres espirituais desencarnados. Igualmente, podemos considerar aqueles suicídios nos quais a insidiosa presença e indução de algozes desencarnados responde pelo ato tormentoso, que diariamente arrebata em todo o mundo grande parcela da sociedade...

Agora, certamente, teríamos oportunidade de conseguir respostas com os admiráveis estudiosos do assunto, quando pudéssemos conhecer mais detalhes a respeito de alguns irmãos delinquentes dentre os internados no sanatório espiritual.

E porque a noite avançasse incessante e generosa, busquei, eu próprio, o repouso, aguardando as bênçãos do amanhecer.

4

NOVOS DESCORTINOS

Menos de uma semana após a noite de convivência reconfortante com Dr. Bezerra de Menezes, recebemos novo convite, agora firmado por Dr. Ignácio Ferreira, para participarmos de mais um encontro que deveria ocorrer no anfiteatro do nosocômio, e cujo tema, que por ele seria debatido, tinha por título *Homicídios espirituais*.

À hora aprazada, dirigimo-nos ao Sanatório Esperança e, em ali chegando, encontrando-nos com alguns dos amigos que participaram do evento anterior, seguimos ao belo recinto, onde se realizavam diversas conferências e se debatiam temas de interesse comum, pertinentes aos transtornos obsessivos.

Alguns dos companheiros que se reuniram conosco haviam exercido o sacerdócio médico na Terra, na área da psiquiatria, de que se desincumbiram a contento, porquanto conseguiram conciliar o conhecimento acadêmico com as informações salutares da Doutrina Espírita, que melhor elucidam as psicogêneses das diversas perturbações psíquicas, incluindo a cruel obsessão.

Quando alcançamos o local, um suave burburinho percorria as galerias que se apresentavam repletas. Uma ansiedade saudável pairava em quase todas as mentes, aguardando a presença do conferencista que, na Terra, havia participado de atividades ainda pioneiras nesse campo delicado da saúde mental.

Dr. Ignácio Ferreira houvera experienciado com muito cuidado, enquanto no corpo físico, o tratamento de diversas psicopatologias, incluindo as obsessões pertinazes, no sanatório psiquiátrico que erguera na cidade de Uberaba, e que lhe fora precioso laboratório para estudos e aprofundamento na *psique* humana, especialmente no que diz respeito ao inter-relacionamento entre criaturas e Espíritos desencarnados.

A Sra. Maria Modesto Cravo se iniciara pelas suas mãos, quando os fenômenos insólitos passaram a perturbá-la, e, graças à sua faculdade preciosa, revelou-se abnegada servidora do bem. De sua segura mediunidade, utilizavam-se os bons Espíritos, particularmente Eurípedes Barsanulfo, para o ministério do esclarecimento dos estudiosos, assim como para a prática da caridade.

A gentil dama, que se vinculava à religião católica com o fervor característico do coração feminino, subitamente passou a ser acometida por clarividência lúcida, ao tempo em que fenômenos elétricos a afligiam, sempre quando tocava objetos metálicos, produzindo-lhe peculiares choques. Sem explicação para a ocorrência, que a desorientava compreensivelmente, após ouvir alguns médicos locais que ignoravam complemente a causa de tais sucessos, consultou constrangidamente o psiquiatra espírita, que logo a submeteu a cuidadosa anamnese, constatando-lhe a mediunidade responsável pelas ocorrências aflitivas.

Após esclarecê-la quanto a causa daqueles distúrbios, propôs-lhe o estudo sério do Espiritismo, no que foi atendido com respeito e consideração, com o que também anuiu o dedicado esposo, intrigado que se encontrava com a singularidade daquelas manifestações totalmente estranhas.

Numa das experiências de educação da mediunidade, e encontrando-se a respeitável senhora em transe profundo, o nobre Eurípedes comunicou-se, explicando as razões da fenomenologia e recomendando os cuidados compatíveis, a fim de que a senhora bem pudesse exercer o compromisso superior que trouxera programado antes da sua atual reencarnação, a fim de contribuir eficazmente em favor dos enfermos mentais e de outras pessoas com distúrbios transitórios de comportamento.

Durante muitos anos, a digna dama submeteu-se às instruções dos seus abnegados mentores, encarnado e desencarnado, trabalhando com disciplina e devotamento, havendo, ao desencarnar, conseguido a palma da vitória, sendo mais tarde convocada para prosseguir no mesmo serviço em nossa Esfera de ação.

No momento reservado para o início da conferência, adentraram-se no auditório, além do conferencista, o respeitável Eurípedes e D. Maria Modesto. Ato contínuo, e sem desnecessárias explicações, Eurípedes proferiu emocionada oração, logo apresentando o orador, que assomou à tribuna, enquanto os seus acompanhantes sentaram-se à mesa, ao lado do que presidia a reunião.

Dr. Ignácio encontrava-se sereno e bem-apessoado. Ante o silêncio que se fez natural, ele começou a exposição utilizando-se da saudação que caracterizava os encontros entre os cristãos primitivos:

— *Que a paz de Deus seja conosco!*

Peregrinos do carreiro das reencarnações, buscando a iluminação e a paz, temos mergulhado no corpo e dele saído, graças à abnegação dos generosos guias que se responsabilizam pelas nossas tentativas evolutivas. Desse modo, a Terra continua sendo, para nós, o colo de mãe generosa, que nem todos temos sabido preservar em elevado conceito. Honrados com as oportunidades sucessivas do processo de crescimento interior, sempre nos apresentamos conforme as conquistas realizadas nas experiências anteriores que nos assinalam os passos, havendo contribuído para que rompêssemos as duras algemas da ignorância, da perversidade e do primarismo.

Jugulados, porém, às ações que não soubemos praticar com a elevação necessária, repetimos comportamentos ou avançamos, sempre tendo em vista a conquista interior de valores que jazem adormecidos. Vitimados pela preguiça mental, em grande número não conseguimos avançar quanto seria desejável, e, por isso, formamos grupos de repetidores de lições que permanecem inaproveitadas. O egoísmo, esse algoz implacável de cada um de nós, tem sido o adversário declarado do nosso processo de desenvolvimento espiritual. Em face da sua dominação, resvalamos para o orgulho, a presunção, logo despertamos para a razão, atribuindo-nos valores que estamos longe de possuir. Por consequência, tornamo-nos hipersensíveis em relação à conduta pessoal, disputando créditos que não possuímos em detrimento das demais criaturas, nossas irmãs.

Esse comportamento malsão tem-nos gerado antipatias que poderiam ser evitadas, atritos que não se encontravam programados, preconceitos que somente nos têm retido na retaguarda. Incapazes de discernir o que podemos fazer em relação ao que devemos, atribuímo-nos recursos de que não dispomos; ao invés de nos esforçarmos por viver a lídima fraternidade, nos separamos em grupos que se hostilizam reciprocamente, semeando discórdias e divisionismos ingratos, que se nos transformam em algemas de sombra e de dor.

Mesmo quando convidados por Jesus para uma saudável mudança de conduta, as vaidades intelectuais hauridas nas academias ou fora delas nos assaltam, conduzindo-nos à soberba e fazendo-nos desdenhar o Mestre que não frequentou escolas especializadas, por considerarem-nO mito ou arquétipo embutido em nosso inconsciente. Em decorrência dessa perturbadora atitude, derrapamos em lamentáveis situações de angústia e de desajuste, que nos têm mantido distantes do conhecimento profundo do Espírito, somente ele capaz de nos libertar totalmente da ditadura do ego. É essa postura doentia, gerada pela vaidade e sustentada pelas ilusões do corpo, que nos tem desviado do roteiro que deveremos seguir, a fim de conquistarmos por definitivo a plenitude na Vida eterna.

Soa, no entanto, o momento próprio para a nossa definição espiritual, em face dos desafios que nos chegam e aos apelos que nos são dirigidos de toda parte, sejam dos corações aflitos no corpo físico ou daqueloutros que se perderam nos dédalos das paixões primitivas de que ainda não se conseguiram libertar. Não é, desse modo, por acaso que aqui nos reunimos, mais uma vez, sob as bênçãos do Sábio Psicoterapeuta, que é Jesus.

Houve uma breve pausa, para facultar-nos acompanhar com atenção os enunciados oportunos.

Suave brisa perpassava pelo amplo anfiteatro. Todos nos mantínhamos serenos e atentos, sintonizados com o pensamento do expositor, que logo prosseguiu:

— *A grandeza da vida se expressa através de inumeráveis maneiras, porquanto, envolvido pelo corpo físico ou sem ele, estua rico de vida o ser espiritual. Enquanto mergulhado no denso véu da carne, entorpece-lhe parte do discernimento e a visão global se lhe torna limitada. Contudo, ao despir-se do envoltório material, é recuperada a plenitude das funções, podendo avaliar o resultado das experiências vividas, das construções edificadas e dos planos anteriormente traçados, se foram executados conforme sua elaboração ou se houve malogro entre a intenção e a ação. Sempre, porém, luz a Divina Mi-*

sericórdia, amparando, inspirando, conduzindo, ensejando o crescimento infinito do Espírito.

No entanto, em face da rebeldia que se demora na conduta de expressiva maioria, eis que adia a felicidade, equivocando-se, para depois reparar; comprometendo-se, para mais tarde recuperar-se; adquirindo resistências, para vencer o mal que nele permanece, avançando sempre e sem cessar. Mesmo nas aparentes existências malsucedidas, adquire valores que irão contribuir para a sua plena realização, porquanto nada permanece inútil nesse processo ascensional. A aprendizagem, por isso mesmo, é conseguida através do erro e do acerto, da percepção do fato e de como realizá-lo, bem como da iluminação, que são verdadeiras metodologias para aprimorar cada aluno na Escola da vida.

É mediante esse agir e arrepender-se, quando equivocado, que surgem as vinculações dolorosas, exigindo reparações igualmente aflitivas. Isto, porque raramente o erro é individual. Quase sempre acontece envolvendo outras pessoas com as quais se convive ou com quem se estabelecem programas de afetividade, de interesses comuns, de lutas necessárias.

E toda vez que alguém defrauda a confiança, ou burla o respeito e a dignidade de outrem, estabelecem-se vínculos perturbadores entre o agente e a sua vítima que, destituída de elevação moral, ao invés de esquecer e perdoar, atormenta-se nos cipoais da vingança, desejando cobrar os males dos quais se crê objeto. Não estando preparados para entender que o mecanismo do progresso exige disciplina e testemunho, os temperamentos arbitrários rebelam-se e se propõem a fazer justiça com as próprias mãos, em atentado grave contra a ordem estabelecida e a própria Vida.

Ninguém, porém, pode ser juiz honesto em causa própria, por impossibilidade harmonizar ou de eliminar as emoções que ditam comportamentos quase sempre egoísticos e perturbadores.

Assim, as malhas da rede obsessiva se vão estabelecendo, vinculando negativamente uns indivíduos aos outros, aqueles que se agridem e se desconsideram.

Por consequência, a obsessão é pandemia que permanece quase ignorada, embora a sua virulência, para a qual, na sua terrível irrupção, os homens ainda não cogitaram providenciar vacinas preventivas ou terapias curadoras. Tão antiga e remota quanto a própria existência terrestre — por decorrência das afinidades perturbadoras entre os homens —, todos os guias religiosos se lhe referiram com variedade de designações, sempre se utilizando dos mesmos métodos para a sua erradicação, tais: o amor, a piedade, a paciência e a caridade para com os envolvidos na terrível trama.

Passados os períodos em que viveram, os seus discípulos, quase de imediato, olvidaram-se de levar adiante, pela prática, essas específicas lições que receberam. Em face da tendência para o envolvimento emocional com o mitológico, não poucas vezes têm confundido a revelação do fenômeno mediúnico com ideias de arquétipos que jazem semiadormecidos no inconsciente e que passam a ocupar as paisagens mentais, sem os correspondentes critérios de compreensão, para investir esforços na sua equação, desse modo, transferindo-os para a galeria do fantástico e do sobrenatural.

Desejando que o auditório absorvesse as reflexões psicológicas e históricas da sua proposta, silenciou por breves segundos, dando prosseguimento:

— Graças à valiosa contribuição científica do Espiritismo no laboratório da mediunidade, constatando a sobrevivência do ser e o seu intercâmbio com as criaturas terrestres, a obsessão saiu do panteão mítico para fazer parte do dia a dia de todos aqueles que pensam.

Enfermidade de origem moral, exige terapêutica específica radicada na transformação espiritual, para melhor, de todos aqueles que lhe experimentam a incidência. Ocorre, no entanto, como é fácil de prever-se, que essa psicopatologia, qual sucede com outras tantas, sempre apresenta, no paciente que a sofre, graves oposições para o seu tratamento, quando, ainda lúcido, ele se recusa receber a conveniente orientação, e, à medida que se lhe faz mais tenaz, as resistências interiores se expressam mais vigorosas. De um lado, em razão da vaidade pessoal, para não parecer portador de loucura, particularmente porque assim se sente, e por outro motivo quando sob os camartelos das obsessões, porque o agente do distúrbio cria dificuldades no enfermo, transmitindo-lhe reações violentas, para ser evitado o tratamento especial. Em todos os casos, porém, o tempo exerce o papel elevado de convencer a vítima da parasitose espiritual, *através do padecimento ultriz, quanto à necessidade de submeter-se aos cuidados libertadores.*

Iniciando-se de forma sutil e perversa, a obsessão, salvados os casos de agressão violenta, instala-se nos painéis mentais através dos delicados tecidos energéticos *do perispírito, até alcançar as estruturas neurais, perturbando as sinapses e a harmonia do conjunto encefálico. Ato contínuo, o quimismo neuronial se desarmoniza em face da produção desequilibrada de enzimas que irão sobrecarregar o sistema nervoso central, dando lugar aos distúrbios da razão e do sentimento. Noutras vezes, a incidência da energia mental do obsessor sobre o paciente invigilante irá alcançar, mediante o sistema nervoso central, alguns órgãos físicos que sofrerão desajustes e perturbações, registando distonias correspondentes e comportamentos alterados. Quando se trata de Espíritos inexperientes, perseguidores desestruturados, a ação magnética se dá automaticamente, em razão da afinidade existente entre o encarnado e o desencarnado, gerando descompensações mentais e emocionais. Todavia, à medida que o Espírito se adestra no comando da mente da sua vítima, percebe que existem métodos muito mais eficazes para uma ação profunda, passando, então, a executá-la cuidadosa-mente. Ainda, nesse caso, aprende com outros cômpares mais perversos e treinados no mecanismo obsessivo as melhores técni-cas de aflição, agindo conscientemente nas áreas perispirituais do desafeto, nas quais implanta delicadas* células *acionadas por* controle remoto, *que passam a funcionar como focos destrui-dores da arquitetura psíquica, irradiando e ampliando o cam-po vibratório nefasto, que atingirá outras regiões do encéfalo, prolongando-se pela rede linfática a todo o organismo, que pas-sa a sofrer danos nas áreas afetadas.*

Estabelecidas as fixações mentais, o hóspede desencar-nado *lentamente assume o comando das funções psíquicas do seu* hospedeiro, *passando a manipulá-lo a bel-prazer. Isso, po-rém, ocorre em razão da aceitação parasitária que experimenta o enfermo, que poderia mudar de comportamento para melhor, dessa forma conseguindo anular ou destruir as induções nega-tivas de que se torna vítima. No entanto, afeiçoado à acomo-dação mental, aos hábitos irregulares, compraz-se no desequi-líbrio, perdendo o comando e a direção de si mesmo. Enquanto se vai estabelecendo o contato entre o assaltante desencarnado e o assaltado, não faltam a este último inspiração para o bem, indução para mudança de conduta moral, inspiração para a fe-licidade. Vitimado, em si mesmo, pela autocompaixão ou pela rebeldia sistemática, desconsidera as orientações enobrecedoras que lhe são direcionadas, acolhendo as insinuações doentias e perversas que consegue captar.*

Muita falta faz a palavra de Jesus no coração e na mente das criaturas humanas em ambos os lados da vida. Extraordi-nária fonte de sabedoria, as Suas lições constituem mananciais de saúde e de paz que plenificam, assim que sejam vivenciadas, imunizando o ser contra as terríveis perturbações de qualquer ordem. Mas o mundo ainda não compreende conscientemen-te o significado do Mestre, na Sua condição de Modelo e Guia da Humanidade, o que é lamentável, sofrendo as consequências dessa indiferença sistemática.

Novamente, o orador fez oportuna pausa na sua alocução.

Enquanto isso ocorria, o meu cérebro esfervilhava de interrogações em torno do tema palpitante. Não havia, porém, tempo para desvincular-me do raciocínio fixado nas suas palavras.

Dando continuidade, Dr. Ignácio Ferreira aduziu:

— *Como a inspiração espiritual se faz em todos os fenômenos da Natureza, inclusive nas atividades humanas, é compreensível que, além das tormentosas obsessões muito bem catalogadas por Allan Kardec — simples, por fascinação e subjugação —, os objetivos mantidos pelos perseguidores sejam muito variados. Eis por que as suas maldades abarcam alguns dos crimes hediondos, tais como: autocídios, homicídios, guerras e outras calamidades, em face da intervenção que realizam no comportamento de todos aqueles que se afinizam com os seus planos nefastos. Agindo mediante hábeis programações adrede elaboradas, vão conquistando as resistências do seu dependente mental, de forma que, quase sempre, porque não haja uma reação clara e definitiva por parte da sua vítima, alcançam os objetivos morbosos a que se entregam enlouquecidos.*

Quando das suas graves intervenções no psiquismo dos seus hospedeiros, *suas energias deletérias provocam taxas mais elevadas de serotonina e noradrenalina, produzidas pelos neurônios, que contribuem para o surgimento do transtorno psicótico maníaco-depressivo, responsável pela diminuição do humor e desvitalização do paciente, que fica ainda mais à mercê do agressor. É nessa fase que se dá a indução ao suicídio, através de hipnose contínua, transformando-se em verdadeiro assassínio, sem que o enfermo se dê conta da situação perigosa em que se encontra. Sentindo-se vazio de objetivos existenciais, a morte* se lhe apresenta como solução para o mal-estar que experimenta, não percebendo a captação cruel da ideia autocida que se lhe fixa na mente. Não poucas vezes, quando incorre no crime infame da destruição do próprio corpo, foi vitimado pela força da poderosa mentalização do adversário desencarnado. Certamente, há para o desditoso atenuantes, em razão do processo malsão em que se deixou encarcerar, não obstante as divinas inspirações que não cessam de ser direcionadas para as criaturas e as advertências que chegam de todo lado, para o respeito pela vida e sua consequente dignificação.

O mesmo fenômeno ocorre quando se trata de determinados homicídios, que são planejados no Mundo espiritual, nos quais os algozes se utilizam de enfermos por obsessão, armando-lhes as mãos para a consumpção dos nefastos crimes. Realizam o trabalho em longo prazo, interferindo na conduta mental e moral do obsesso, a ponto de interromperem-lhe os fluxos do raciocínio e da lógica, aturdindo-os e dominando-os. Tão perversos se apresentam alguns desses perseguidores infelizes quão desnaturados, que se utilizam da incapacidade de reação dos pacientes para os incorporar, podendo saciar sua sede de vingança contra aqueles que lhes estão ao alcance. Utilizando-se do recurso da invisibilidade material, covardemente descarregam a adaga do ódio nas vítimas inermes, tombando mais tarde na própria armadilha, porquanto não fugirão da Justiça Divina, instalada na própria consciência e vibrando nas Leis Cósmicas, que sempre alcançam a todos.

De maneira idêntica, desencadeiam guerras entre grupos, povos e nações cujos dirigentes se encontram em sintonia com as suas terríveis programações, formando verdadeiras legiões que se engalfinham em lutas encarniçadas, visando a alcançar os objetivos infelizes a que se propõem. Passam desconhecidas essas causas, que os sociólogos, os políticos, os psicólogos, os religiosos não conseguem detectar, mas que estão vivas e atuantes nas paisagens *terrestres, e a reencarnação se encarregará de corrigir sob a sublime direção de Jesus.*

Quedou-se o orador em rápida reflexão, enquanto nos dávamos conta da gravidade das obsessões geradoras de tumultos e desgraças coletivas, através daqueles que se lhes tornavam instrumentos dóceis ao comando, na condição de inimigos da Humanidade. O tema apresentava-se muito mais profundo e grave do que podíamos imaginar, embora não ignorássemos, por dedução, que assim ocorria.

Não havia tempo para mais amplas ponderações, porque o preclaro orador continuou com a palavra:

— *Na raiz de inumeráveis males que afetam a coletividade humana, encontramos o intercâmbio espiritual manifestando-se com segurança. As obsessões campeiam desordenadamente. Isso não implica dar margem ao pensamento de que as criaturas terrestres se encontram à mercê das forças desagregadoras da Erraticidade inferior. Em toda parte está presente a Misericórdia de Deus, convidando-nos ao bem, ao amor, à alegria de viver. A opção inditosa, no entanto, de grande número de criaturas é diversa dessa oferta, o que facilita a assimilação das ideias tenebrosas que lhes são dirigidas. Assim mesmo, ante a preferência das terríveis alucinações, o amor paira soberano, aguardando, e, quando não é captado, a dor traz de volta o calceta, encaminhando-o para o reto proceder mediante o oportuno despertar.*

Todos esses criminosos espirituais, terminadas as batalhas em que se empenham, passam a experimentar incomum frustração por haverem perdido as metas que desapareceram e por darem-se conta dos tormentos íntimos em que naufragam, descobrindo-se sem objetivo nem razão de continuar a viver... E, como não podem fugir da vida em que se encontram, são atraídos compulsoriamente às reencarnações dolorosas, experimentando os efeitos das hecatombes que ajudaram a ter lugar.

Mergulham, então, na grande noite terrestre do abandono, da loucura, das anomalias, emparedados em enfermidades reparadoras, experimentando rudes expiações, que lhes serão a abençoada oportunidade para reencontrar o caminho do futuro...

O Mestre Jesus foi enfático ao enunciar: "Vinde a mim todos vós que estais cansados e eu vos aliviarei", complementando com segurança: "Em verdade vos digo que ninguém sairá dali [do abismo] enquanto não pagar até o último ceitil". Ele alivia todos aqueles que O buscam sob o pesado fardo das aflições, entretanto, é necessário que a dívida moral contraída contra a Vida seja resgatada até o último centavo, quando então o devedor se sentirá equilibrado para conviver com aquele que lhe padeceu a impiedade, sendo perdoado e reconciliando-se com a própria consciência e o seu próximo. Somente, portanto, através do perdão e da reconciliação, da reparação e da edificação do bem incessante é que o flagelo das obsessões desaparecerá da Terra de hoje e de amanhã, pelo que todos nos devemos empenhar desde este momento.

Demonstrando emoção bem controlada, concluiu:

— *O amor é o bem eterno que sobrepaira em todas as situações, mesmo nas mais calamitosas, apontando rumos e abrindo espaços para a realização da felicidade total. Vivê-lo em clima de abundância, é o dever a que nos devemos propor, inundando-nos com a sua sublime energia que dimana de Deus.*

Que esse amor, procedente de nosso Pai, permeie-nos todos os pensamentos, palavras e ações são os votos que formulamos ao terminarmos a rápida análise em torno desse tema palpitante.

Logo foi concluída com simplicidade e profundeza a exposição, o venerável Eurípedes assomou à tribuna e dirigiu palavras estimuladoras aos presentes, encerrando a reunião com sentida prece, que a todos nos reconfortou.

Porque diversos ouvintes se houvessem acercado do Dr. Ignácio Ferreira, fizemos o mesmo, endereçando-lhe algumas rápidas questões, que foram respondidas com bonomia e gentileza. Interessado em aprofundar estudos sobre o tema exposto e outros que haviam conduzido pacientes espíritas desencarnados à internação no nosocômio espiritual, indaguei ao gentil diretor se me permitiria realizar um estágio naquele reduto de amor e de recuperação mental e emocional, a fim de ampliar estudos e conhecimentos que me facultassem maior crescimento íntimo.

Como se aguardasse a solicitação apresentada, o dedicado médico, com suave expressão de júbilo no rosto, aquiesceu de imediato, oferecendo-se, inclusive, para acompanhar-me, quanto lhe permitissem os deveres e, quando impossibilitado, proporcionar-me-ia a ajuda de devotado psiquiatra que ali colaborava com devotamento e abnegação.

Sem titubear, aceitamos a gentileza e despedimo-nos, logo alguns dos amigos se preparavam para sair, rumando com eles aos deveres a que nos vinculamos.

A noite, salpicadas de estrelas e banhada de luar, era um convite a reflexões profundas sobre o amor de nosso Pai, sempre misericordioso e sábio.

Banhado por essa mágica claridade dos astros, pude ver o planeta terrestre querido, de onde procedia, envolto em sombras no seu giro colossal em torno do Astro-rei e não sopitei o sentimento de gratidão e de saudade das suas paisagens *inesquecidas*.

5

CONTATO PRECIOSO

No dia seguinte, ainda vibrando de emoção pelas lições recebidas na véspera, dirigi-me ao Sanatório Esperança estuante de alegria, por considerar excepcional a oportunidade de aprendizagem naquele reduto de bênçãos que o amor havia erguido para auxiliar os combalidos e fracassados nas lutas espirituais da Terra.

Conhecia, através de referências, desde há muito, aquele nosocômio, que ouvira em algumas das conversações habituais com diversos amigos. Todavia, por reconhecer a precariedade dos meus conhecimentos a respeito das doutrinas psíquicas e das conquistas realizadas por especialistas dessa área, nunca me atrevera a solicitar oportunidade para conhecer mais de perto as enobrecedoras realizações que ali tinham lugar.

Embora soubesse algo da finalidade a que se destinava, ignorava os métodos e as terapêuticas utilizadas no tratamento dos pacientes espirituais. Eram, portanto, compreensíveis a euforia e a expectativa que me assaltavam.

O dia estava esplêndido, banhado de suave luz e agradável temperatura, quando, vencendo alguma distância e atravessando os jardins bem cuidados, enriquecidos de flores e arbustos formosos, dei entrada no agradável *hall*, dirigindo-me à recepção.

Solicitando o encontro com Dr. Ignácio, fui informado de que ele me esperava no seu gabinete, que me foi gentilmente indicado. Um voluntário, que ali encontrava, ofereceu-se para conduzir-me à sala, elucidando-me que estava em estágio, na fase do atendimento, a fim de preparar-se para iniciar estudos especiais sobre a problemática do comportamento humano, quando se encontrasse habilitado.

Muito simpático, logo me informou que houvera desencarnado fazia vinte anos, havendo sido atendido naquele nosocômio, onde despertara em lamentável estado de perturbação espiritual, de que se foi libertando — graças ao amparo e empenho dos médicos e enfermeiros que o atenderam —, até que pôde ensaiar os primeiros passos pelo ambiente, dando-se conta da realidade da vida e procurando adaptar-se ao novo hábitat, embora as saudades dilaceradoras que conservava em relação à família, aos amigos, bem como às tarefas interrompidas que ficaram no domicílio carnal.

Escutava-o, atento, como se estivesse recordando-me dos primeiros tempos, quando chegara àquela Comunidade, recambiado pela morte à Pátria de origem.

Gentil e jovial, elucidou-me que houvera sido vítima de si mesmo, porquanto, portador de mediunidade psicofônica, tivera ensejo de travar contato com a Doutrina codificada por Allan Kardec, porém, por negligência e perturbação, nunca se interessara em aprofundar os estudos e educar o comportamento que, embora não fosse vulgar, igualmente não se fizera portador de títulos de enobrecimento.

Consorciando-se com uma jovem que acreditava ser-lhe *alma gêmea*, sentiu-se amparado emocionalmente, de maneira a manter o equilíbrio sexual, que lhe constituía motivo de desequilíbrio antes do matrimônio, dificultando-lhe preservar-se fiel ao compromisso mediúnico, que abraçava desde os dezessete anos, quando recém-saído de um tormento obsessivo simples...

Nesse ínterim, chegamos à antessala do diretor daquela área, específica para os obsidiados desencarnados, fazendo-nos anunciar e aguardando o convite para sermos recebidos. Como o infatigável dirigente se encontrasse em reunião, acomodamo-nos, e o novo amigo prosseguiu:

— *Após haver passado por diferentes terapias de adaptação, estou agora sendo utilizado na recepção para acompanhamento de visitantes, preparando-me para futuros cometimentos.*

Sinceramente sensibilizado pela sua gentileza, apresentei-me com breves considerações, e continuamos a agradável conversação.

— *Chamo-me Almério* — informou-me com um sorriso afável — *e fui uma vítima a mais da própria leviandade no trato com os tesouros da vida espiritual, razão porque fui recolhido a este hospital.*

Recordo-me de que, desde criança, vez por outra, era acometido de claridivências, detectando seres infantis, que se me acercavam em festa, convivendo com eles por alguns minutos. Outras vezes, defrontava monstros pavorosos que me ameaçavam, levando-me ao desespero e a desmaios, dos quais acordava banhado por álgido suor. O carinho vigilante de minha mãe sempre me socorria, defendendo-me desses fantasmas terrificantes. Por algum breve período, tive a impressão de que amainara a ocorrência para, a partir dos catorze anos, distúrbios nervosos tomarem-me com certa periodicidade, fazendo-me tremer e quase convulsionar. Fui levado ao médico que, após exames superficiais, atribuiu tratar-se de epilepsia, havendo-me receitado medicamentos que mais me atordoavam e, de alguma forma, diminuíam aquele desagradável tormento. Tomando conhecimento do que sucedia comigo, uma vizinha nossa sugeriu aos meus pais que me encaminhassem a um Centro Espírita, por acreditar que se tratava de um distúrbio no campo mediúnico, portanto, de uma obsessão que estivesse em processo de instalação. Embora meus genitores estivessem vinculados à religião católica, não titubearam, conduzindo-me ao Núcleo que fora indicado, por ser aquele da frequência da generosa amiga.

Almério fez uma pausa, como se estivesse recapitulando páginas importantes do livro da sua existência mais recente, após o que, tranquilamente continuou:

— *A primeira visita foi inesquecível, porque, atendido carinhosamente pela diretora da Casa, enquanto conversávamos fui acometido da crise, facilitando-lhe o diagnóstico espiritual. Conhecedora dos tormentos da obsessão, D. Clarice usou de palavras bondosas para com o perturbador, enquanto me aplicava a bioenergia através de passes vigorosos em clima de oração. De imediato, retornei ao estado de paz, de modo que a entrevista foi encerrada, após ser-me oferecida a terapia para o equilíbrio da saúde, que consistia em fazer parte de um grupo juvenil de estudos espíritas, a fim de que me pudesse iniciar no conhecimento da Doutrina, após o que, e somente então, ser-me-ia permitido participar das atividades mediúnicas.*

Na minha condição juvenil, felizmente, não tivera tempo para derrapar nas viciações que estão ao alcance da mocidade. Não obstante, cometera os equívocos pertinentes à condição de jovem, por fazerem parte do cardápio comportamental destes tumultuados dias da Humanidade.

A mediunidade, em razão da frequência à Instituição Espírita, talvez, pelo clima psíquico ali existente, irrompeu com melhor definição, assegurando-me tratar-se de um compromisso sério, que deveria abraçar, mas para o qual seria necessário abandonar a mesa farta dos prazeres, que se encontravam diante de mim, convidativa, e que eu não estava disposto a fazê-lo. Preparava-me para o vestibular, numa tentativa de conseguir uma vaga na faculdade de Farmácia, quando fui acometido por uma crise mais forte, que me deixou prostrado, acamado, exigindo a presença da devotada diretora da Casa Espírita, que me socorreu com fluidoterapia e palavras de muito encorajamento, recomendando-me a leitura saudável de O Evangelho segundo o Espiritismo, *de Allan Kardec, para robustecer-me moralmente, ajudando-me a superar a agressão espiritual.*

A Entidade, que insistia em me afligir, estava-me vinculada por fortes laços do passado próximo, quando fora molestada pela minha irresponsabilidade e não se encontrava interessada em liberar-me com facilidade da sua sujeição. Tornava-se indispensável que, mediante a minha reforma íntima, demonstrasse-lhe a mudança que se operara dentro de mim, e do esforço empreendido para reparar os males que lhe houvera feito. Esse programa de iluminação interior iria exigir-me um grande tributo, porque anelava por viver como as demais pessoas, amealhar um bom pecúlio para, mais tarde, construir família e desfrutar dos favores da vida. O meu passado espiritual, porém, era muito severo, e fui constrangido a trabalhar-me para algumas adaptações à circunstância que então se apresentava...

Eis, pois, como me iniciei no Espiritismo, através das bênçãos do sofrimento, que não soube aproveitar o quanto deveria.

O novo amigo silenciou discretamente. Passados alguns segundos de reflexão, parecendo aturdido, referiu-se:

— *Rogo-lhe desculpas por haver-me disparado neste relato autobiográfico, sem dar-lhe oportunidade de uma conversação mais simpática, egoisticamente pensando no meu próprio caso. Como vê, estou aprendendo a disciplinar-me, sem conseguir silenciar os anseios do* ego *doentio, cumulando-o de comentários desinteressantes...*

Interrompi-o, com delicadeza, explicando-lhe que sua narração me proporcionava imensa alegria, ademais da sua amizade, simples e desinteressada, que me havia recebido com amabilidade e confiança.

— *Constitui-me* — disse-lhe, sinceramente — *um imenso prazer iniciar os meus estudos neste nosocômio, aprendendo, desde o primeiro momento em que aqui me apresento, lições de inapreciável valor. Sou-lhe, portanto, muito reconhecido, e agradeceria que, enquanto esperamos o nosso dirigente, continue com a sua agradável e proveitosa narração.*

Estimulado e desculpando-se, Almério deu prosseguimento:

— *Graças ao apoio de pessoas abnegadas na Casa Espírita, dos meus pais e do meu guia espiritual, consegui adentrar-me na faculdade e iniciar o curso que desejava. Concomitantemente, continuei participando das atividades da juventude, porém, quase indiferente pelo estudo da Doutrina e a sua incorporação interior na conduta diária. O ambiente tumultuado da faculdade, as minhas predisposições para comprometimentos na área sexual, facultaram-me comportamentos perturbadores e vinculações com Entidades enfermas que enxameiam nos antros de prostituição, nos motéis da moda, frequentados por semelhantes encarnados que ali dão vazão aos seus instintos primários e tendências pervertidas.*

Já participava das atividades mediúnicas, ao lado de pessoas enobrecidas e caridosas, sem que os seus exemplos repercutissem nos meus sentimentos exaltados pelo sexo em desvario e por falsa necessidade que lhe atribuía. Tornei-me, desse modo, portador de psicofonia atormentada, que o carinho dos dirigentes encarnados e espirituais tentaram a todo esforço equilibrar, mas as minhas inclinações infelizes dificultavam esse saudável empreendimento. Acredito que a generosa D. Clarice percebia o meu conflito, no entanto, honrada e discreta, esperava que o meu discernimento e as orientações espirituais que me chegavam em abundância me despertassem para a realidade, que não podia ser postergada.

Tormentos da obsessão

Foi nesse ínterim que, orando fervorosamente, supliquei auxílio aos Céus, prometendo-me alteração de conduta e identificação mais segura com o compromisso aceito espontaneamente... E a minha oração foi ouvida, porquanto, nessa mesma semana, conheci Annette, que seria mais tarde a carinhosa esposa que me auxiliaria na educação das forças genésicas.

O amigo deve saber quanto é importante a disciplina sexual na vivência mediúnica. Como as energias procriativas e vitais não devem ser desperdiçadas, mas canalizadas com propriedade e sabedoria. O seu uso indevido, além de produzir conexões viciosas com Espíritos enfermos e vampirizadores, debilita os centros de captação psíquica, dificultando o correto exercício da faculdade. O casamento, portanto, constituiu-me verdadeira dádiva de Deus, que me conduziu a uma conduta melhor em intercâmbio enobrecido.

As lutas prosseguiram com certa harmonia, até quando me diplomei e consorciei-me com a mulher amada. O nosso relacionamento foi muito equilibrado e, conhecedora dos meus compromissos, Annette não teve qualquer dificuldade em acompanhar-me aos estudos espíritas e participar das reuniões doutrinárias, a princípio, e depois, das sessões práticas e de socorro espiritual aos desencarnados.

Almério empalideceu subitamente, e percebi-lhe uma leve sudorese na testa.

Preocupado, interroguei-lhe se estava sentindo-se mal, ao que respondeu:

— *Encontro-me bem, muito obrigado! É que me acerco dos momentos graves da narrativa, e sinto-me constrangido. Afinal, o amigo não me conhece, e eu o bombardeio com uma narrativa tão pessoal e íntima, que certamente o surpreende e o desagrada. Com certeza, é descortesia de minha parte o que lhe estou fazendo, quando deveria estar apresentando-lhe alguns dos admiráveis programas de nosso hospital-santuário.*

Toquei-lhe o ombro afavelmente, animando-o a continuar, não porque estivesse picado pela curiosidade doentia, mas porque senti que lhe fazia bem a catarse, tanto quanto me era útil para o aprendizado que iria iniciar.

Narrei-lhe algumas das próprias experiências de quando me encontrara no corpo físico, assim como dos estudos que relatei em algumas das obras psicografadas que havia enviado aos queridos viajantes terrestres, a fim de o tranquilizar, asseverando-lhe mesmo que houvera sido a Providência que o destacara para acompanhar-me, ajudando-me a entender os sublimes mecanismos da evolução, das lutas de aprimoramento moral e das conquistas espirituais de todos nós. Por fim, expliquei-lhe que a demora em ser atendido pelo nosso abnegado Dr. Ferreira parecia proposital, ensejando-nos aprofundamento da amizade recém-iniciada.

O novo amigo sorriu, um pouco desconcertado, e anuiu, dando curso à sua muito oportuna exposição.

— *Não obstante todo o empenho a que me entregava* — esclareceu, com sinceridade — *para a renovação interior e o desempenho das tarefas em andamento, um ano após o casamento passei a experimentar inexplicável impotência sexual, gerando-me graves conflitos e dificuldades em torno do relacionamento conjugal. Sentindo-me fracassado e sem esperanças, procurei ajuda médica, após uma grande relutância, fruto da ignorância e da conceituação machista, e o especialista nada detectou, na minha constituição orgânica, que justificasse o problema, encaminhando-me a um sexólogo que, inadvertidamente, recomendou-me extravagante terapia, perturbando-me além do que já me encontrava transtornado. Nesse período, o exercício mediúnico tornou-se-me penoso e angustiante, por dificuldades de concentração e de equilíbrio emocional.*

Foi quando resolvi pedir socorro ao mentor de nossa Sociedade que, solícito, através da mediunidade sonambúlica de Eduardo, por quem se comunicava desde há muito tempo, aconselhou-me a reconquistar o equilíbrio mediante a confiança em Deus, explicando-me tratar-se de uma disfunção psicológica, em cuja raiz estava a influência perversa da minha adversária espiritual...

Equipado com o esclarecimento oportuno, procurei reanimar-me, elucidando a esposa a respeito da terapia em desdobramento e pedindo-lhe a compreensão, que nunca me foi negada, já que sempre se conduziu como digno exemplo de companheira ideal e madura, embora contasse apenas vinte e quatro anos de idade. A tentativa de renovação interior, porém, não havendo proporcionado resultados imediatos, diminuiu de intensidade, enquanto a volúpia do desejo incontrolado me inquietava em angústia crescente.

Nesse período, em que a mente se encontrava agitada, passei a vivenciar sonhos eróticos, nos quais a lascívia me dominava, particularmente com uma mulher que se me apresentava, ora linda e maravilhosa, noutros momentos, desfigurada e perversa. Muitas vezes me arrastava a antros de perversão, onde me sentia exaurir, despertando, socorrido pela esposa que percebia minha agitação e lamentos, e sentindo-me tão depauperado quão perdido em mim mesmo. Não experimentava a necessária coragem para narrar-lhe o pandemônio em que me debatia, evitando que identificasse os meus tormentos mentais... O drama prolongou-se por mais de seis meses, quando algo inusitado ocorreu.

O amigo silenciou brevemente, concatenando as ideias, após o que prosseguiu:

— *Participando das reuniões mediúnicas de socorro aos desencarnados, fui instrumento de terrível comunicação, que acredito era necessária para o esclarecimento da minha provação, certamente providenciada pelos benfeitores espirituais. Tratava-se de Entidade feminina que se dizia minha vítima, de quem abusara, explorando-a sexualmente até arruiná-la. Pior do que isso, informava que eu era casado naquela ocasião, mas vivia clandestinamente com jovens seduzidas em orgias e alucinações. Não fora ela a primeira... no entanto, havia sofrido muito sob os impositivos das minhas perversões. Duas vezes, sucessivamente, concebera e, sentindo-se feliz pelo fato, esperava receber apoio, que lhe neguei sem qualquer compaixão, levando-a ao abortamento insensato.*

Na primeira ocasião do crime, ela pôde ceder sem maior relutância, por manter a ilusão de que eu possuísse algum sentimento de afetividade e prazer em conviver ao seu lado, mesmo que fugazmente. Todavia, na segunda concepção, recusando-se ceder à minha insistência, foi levada, quase à força, quando já se encontrava no quinto mês de gravidez, para o hediondo infanticídio, que se transformou numa tragédia de alto porte.

A inabilidade do médico, na clínica sórdida onde recebia as clientes infelizes, ao extrair o feto, provocou uma hemorragia, não conseguindo deter o fluxo sanguíneo, e, embora transferida de emergência para o pronto-socorro da cidade, menos de duas horas depois seguia pela morte o destino da filhinha covardemente assassinada... Narrou, então, os sofrimentos indescritíveis que experimentou e a sede de vingança que tomou conta da sua mente... No entanto, perdeu-se num dédalo de aflições sem-nome.

Só mais tarde, quando eu me encontrava na passada reencarnação, no período infantil, é que conseguiu, com a ajuda de alguns especialistas em obsessão, reencontrar-me, o que lhe houvera proporcionado infinito prazer.

Desde então, continuou explicando, seguiu-me e pretendia levar a cabo o plano de interromper-me a existência carnal, auxiliada como se encontrava por outros Espíritos a quem eu prejudicara, e que estavam igualmente dispostos a conseguir o mesmo fanal.

A lúcida doutrinadora tudo fez para explicar-lhe o erro em que se movimentava, não havendo conseguido resultados expressivos. Envolvendo-a, por fim, após diversas tentativas de esclarecimentos, em ternura e vibrações de paz, a atormentada inimiga retirou-se do campo mediúnico em que se comunicava. Mas não se desvinculou de mim, porquanto, onde se encontra o devedor, aí estagia o cobrador... Terminada a reunião, fui elucidado quanto aos meus deveres imediatos em favor da libertação, beneficiando o Espírito infeliz, quanto a mim próprio. No entanto, os vícios do pretérito tornaram-se-me grilhões indestrutíveis, que eu não conseguia romper. Mantendo a mente aturdida pelos desejos que o corpo não atendia, lentamente derrapei em perigosa depressão — que se tornou grave, graças às reações que me acometiam —, maltratando a família, os amigos, e deixando-me sucumbir cada dia mais, ao ponto de recusar-me prosseguir nas atividades espirituais e profissionais, mergulhando no fosso profundo e escuro da subjugação, que poderia ter sido evitada, caso me houvesse resolvido pela luta.

Novamente interrompeu a história. Respirou, quase penosamente, e vendo-o sofrido, propus-lhe que deixasse para próximo encontro a conclusão do seu drama, ao que ele redarguiu:

— *Apesar da angústia que me produz a lembrança, desta vez, em face da espontaneidade com que brotam da alma as evocações, experimento certo bem-estar, como se me conscientizasse em definitivo dos graves erros, sem escamoteamento das próprias responsabilidades, nem fugas injustificáveis do enfrentamento, que são passos decisivos para o recomeço em clima de renovação legítima.*

Sorriu ligeiramente e, ante a minha anuência com um movimento simples da cabeça, concluiu:

— *Naquele transe, sob a indução cruel, que me houvera conduzido ao transtorno psicótico maníaco-depressivo, em*

*uma noite de alucinação, porquanto podia ver a mulher-ver-
dugo de minha existência e os seus asseclas, fui induzido a in-
gerir algumas drágeas de sonífero, quase automaticamente, sem
qualquer reflexão, a fim de apagar da mente aqueles terríveis
pesadelos e libertar-me dos vergonhosos doestos que me atira-
vam à face, humilhando-me, escarnecendo-me, e sempre mais
me ameaçando. À medida que as substâncias passaram a atuar
no meu organismo, cruel torpor e enregelamento tomou-me
todo, produzindo-me a parada cardíaca, e a desencarnação...*

*Muito difícil explicar os sofrimentos que então passei a
experimentar. No princípio, era o pesadelo do* morrer não estar morto, a vida sem vida*, as sensações da matéria em decomposição e a crua perseguição que não cessava. Não saberia
dizer por quanto tempo estive sob as torpes e excruciantes vin-
ganças daqueles irmãos mais desditosos.*

*As preces da esposa sofrida, dos meus genitores e dos
amigos da Instituição religiosa, passaram, então, a alcançar-
-me como orvalho refrescante no tórrido padecimento que não
diminuía. Um dia, que ainda não posso identificar, senti-me
sair do antro para onde fora levado pelas mãos perversas que
me induziram ao suicídio, embora sem a minha concordân-
cia, o que representava um atenuante para a desdita, passando
a dormir sem a presença dos sicários, e a despertar, para logo
adormecer, até que a memória e o discernimento ressurgiram,
auxiliando-me no processo de recuperação. E senti-me amparado neste verdadeiro santuário.*

*Graças a Deus e aos bons Espíritos, aos corações ami-
gos e caridosos, aqui me encontro abraçando um novo trabalho com vistas ao futuro, que a Terra-mãe me concederá, pela
nímia Misericórdia do Céu.*

*Tenho orado em favor daqueles que sofreram a minha
perversão e loucura, propondo-me espiritualmente a socorrê-los,
quando as circunstâncias o permitirem. Somente o perdão*

*com a reconciliação real, edificando os sentimentos das víti-
mas com os algozes, conseguirá produzir em todos a paz e a
lídima fraternidade.*

Almério agora, quando encerrara a narração, apresentava-se corado e sorria, exteriorizando real alegria. Deixava-
-me a impressão que houvera retirado um peso da consciência
e, talvez, por primeira vez, encarara-se sem constrangimento
nem desculpas em relação aos atos conturbadores praticados.

Agradeci-lhe a confiança e a gentileza de oferecer-me
a sua história, que me proporcionaria muito material para
reflexões, e pedi-lhe, ato contínuo, que durante o meu estágio naquele nosocômio, quanto lhe permitissem os deveres,
que eu gostaria de contar com a sua companhia fraterna para
conversações, troca de opiniões e mesmo sua ajuda, desde que
ali habitava, há muito tempo, o que me seria muito valioso.

Ele não se fez de rogado e, num gesto muito amigo,
abraçou-me, exteriorizando gratidão e votos de muito êxito.

Encontrávamo-nos abordando outros temas, quando fui chamado nominalmente, para o encontro com o Dr.
Ignácio, que se encontrava aguardando-me. Despedi-me do
jovem companheiro e segui ao gabinete onde teria a entrevista com o nobre psiquiatra.

6

INFORMAÇÕES PRECIOSAS

Com jovialidade irradiante, o Dr. Ferreira recepcionou-nos, exteriorizando os júbilos que o invadiam, em face da possibilidade de esclarecer-me acerca das nobres atividades daquela Casa de Socorro.

Por minha vez, profundamente sensibilizado, não tinha como expressar-lhe o reconhecimento que me dominava, retribuindo-lhe com simplicidade a generosa maneira de estimular-me ao progresso íntimo.

Convidando-me a sentar-me em confortável poltrona, passou a explicar-me parte da complexidade dos labores que tinham lugar naquele admirável nosocômio espiritual.

Esclareceu-me que era responsável somente por um dos pavilhões que albergava médiuns e alguns outros equivocados, enquanto diversos trabalhadores, respectivamente se incumbiam de administrar outros setores que acolhiam diferentes ordens de portadores de alienações espirituais e que haviam fracassado no projeto reencarnatório.

A supervisão geral era realizada por uma coligação constituída pelos diretores dos diversos núcleos, sob a presidência do *apóstolo sacramentano*, encarregado das decisões finais.

Outrossim, lidadores da psiquiatria, que ali trabalhavam com terapias valiosas, ofereciam também seu contributo, na condição de responsáveis pelas clínicas, nas quais estagiavam.

A ordem, a disciplina e o respeito pelas atividades pertinentes a cada área constituíam valioso recurso para a harmonia geral e o contínuo aprimoramento de técnicas terapêuticas como métodos de socorro que se multiplicavam conforme as necessidades que ocorressem.

— *Vige, em todos os momentos* — expôs com delicadeza —, *o sentimento de amor, entre aqueles que aqui laboramos, constituindo o elo forte para todos nós. As decisões são tomadas sempre após diálogos construtivos e nunca vicejam o melindre, a censura ou qualquer outra expressão perturbadora de comportamento, qual sucede nas diversas entidades terrestres. O exemplo de engrandecimento moral e de abnegação, oferecido por Eurípedes, sensibiliza e dá segurança, por haver-se transformado no servidor de todos, em vez de constranger os menos hábeis com as suas valiosas conquistas.*

Fazendo uma breve pausa, apresentou-me o programa que me propunha para o período do estágio solicitado.

— *Não ignoramos* — acrescentou — *que o amigo Miranda vem-se aprofundando nas psicogêneses da obsessão e suas sequelas, das enfermidades mentais que as precedem ou que as sucedem e, por isso mesmo, quanto me seja possível, acompanhá-lo-emos nas visitas às enfermarias e apartamentos que hospedam os irmãos em recuperação moral e comportamental.*

Noutros momentos, o irmão Alberto será o seu cicerone constante, autorizado a atendê-lo quanto seja possível e os nossos regulamentos permitam.

Chamado, nominalmente, pelo interfone sobre a mesa, o companheiro, deu entrada na sala um homem de sessenta anos presumíveis, cordial e gentil, que deveria ser o bondoso orientador de que eu necessitava.

Apresentados amavelmente pelo incansável diretor, disse-nos:

— *O caro Alberto aqui se encontra em ação há mais de vinte anos, desde quando se despiu do corpo físico e foi recolhido carinhosamente, de imediato passando à condição de cooperador infatigável.*

Havendo exercido a mediunidade socorrista por quatro lustros em venerável Instituição Espírita, atravessou o portal do túmulo portando títulos de merecimento, que o credenciaram a tornar-se valioso auxiliar no despertamento de consciências em hibernação ou nubladas pelos fluidos tóxicos remanescentes das subjugações perversas de que foram vítimas. Ele terá expressivas experiências para repartir com o nosso querido estagiário.

Antes que o novo amigo pudesse dizer algo, desculpando-se ante as referências justas, prosseguiu:

— *O caro Miranda é estudioso das faculdades mediúnicas e suas distonias, com expressiva folha de serviço ao intercâmbio saudável entre as criaturas deambulantes no corpo físico e fora dele. Fui informado, hoje mesmo, através do nosso serviço de esclarecimento, a respeito das atividades espirituais que vem desenvolvendo do* lado de cá *há mais de cinquenta anos... Portanto, identificados pelos mesmos objetivos, tenho certeza de que formarão um par de trabalhadores abençoados, fiéis aos propósitos do ministério de iluminação interior e da saúde integral a que se afeiçoam.*

Agradecendo, algo canhestro, apertamo-nos as mãos com sorriso fraternal, enquanto concluía:

— *Nesta primeira fase, o nosso Alberto irá levá-lo a conhecer superficialmente o nosso pavilhão.*

Rogando-lhe permissão, expressamos reconhecimento e saímos do seu gabinete, facultando-lhe dar prosseguimento aos compromissos graves que lhe dizem respeito, comprometendo-se reencontrar-nos logo mais.

Quando nos encontramos no amplo corredor de acesso aos vários setores, com cortesia Alberto chamou-me a atenção para a estrutura do edifício desenhado com cuidados especiais.

— *Utilizamo-nos durante o dia* — começou a elucidar-me — *do máximo da luz natural do Sol, cuja intensidade é coada pelas lâminas especiais transparentes, que constituem grande parte do teto, ao mesmo tempo beneficiando a flora abundante que decora o imóvel, enquanto emana energias revigorantes. Mantemos todas as plantas vivas e evitamos colher as flores, a fim de que sejam mais duradouras nas suas hastes e se renovem com facilidade.*

Olhei para a frente e percebi paralelamente destacados os blocos das enfermarias que se deslocavam da via central, intercalados por áreas retangulares externas que davam um aspecto agradável, qual se fosse uma clínica especial, sem as características convencionais, frias e rígidas dos hospitais terrestres. A um observador menos cuidadoso, pareceria um hotel de grande porte, reservado para o repouso de convalescentes.

Notando a minha admiração, o generoso amigo aduziu:

— *Realmente, essa foi a preocupação dos construtores deste nosocômio: retirar ao máximo qualquer motivo que induza à depressão ou à angústia, propondo bem-estar e recuperação. Igualmente, houve o cuidado de organizar um ambiente saudável sem os atavios que levam a devaneios e a reminiscências perturbadoras da caminhada terrestre... Nesta parte superior, pois que nos encontramos no primeiro piso, estagiam os pacientes melhorados, enquanto os mais aflitos e desesperados permanecem no térreo e no piso inferior, onde identificam paisagens menos belas, em face do estado de estremunhamento e perturbação em que se demoram.*

Na realidade, eu não me houvera dado conta que o pavilhão se erguia suavemente do solo, e que os pisos se destacavam com ligeira inclinação, diferindo das edificações a que me encontrava acostumado.

Anotando as observações que detectava, agradeci a Deus a incomum oportunidade que ora me era concedida, e que deveria aproveitar ao máximo.

Informou-nos Alberto que naquela unidade hospitalar estavam internados 100 pacientes, aproximadamente 40 em boa fase de recuperação, com lucidez, e mais sessenta, que ainda experimentavam os tormentos que os assaltaram na etapa final, que lhes precedeu à desencarnação. Variavam os dramas de consciências, todos, porém, quase sempre vinculados à conduta no exercício da mediunidade.

Dando ênfase à informação, comentou:

— *A mediunidade é bênção, sob qualquer aspecto considerada, porque faculta a constatação da sobrevivência do Espírito à disjunção molecular, o que é fundamental para uma conduta compatível com os fatores que geram felicidade. Logo após, enseja oportunidades valiosas para o exercício da autoiluminação, pelas instruções de que o médium se faz portador, adotando-as, de início, para si mesmo, antes que para os outros. Por fim, podendo exercer uma forma de caridade especial, que é a de auxiliar no esclarecimento daqueles que se demoram na ignorância da sua realidade após a desencarnação, granjeando amigos e irmãos excepcionais, que se lhe incorporam à afetividade.*

A mediunidade, portanto, exercida com a lógica haurida na Codificação Kardequiana, constitui valioso patrimônio para a elevação e a paz. O médium, por isso mesmo, é donatário transitório de oportunidades ímpares para a plenitude, não se podendo permitir as leviandades de utilizar esse nobre recurso de maneira comprometedora, vulgar, insensatamente. Todo aquele que se facultar desvirtuar-lhe a finalidade nobre, qual acontece com qualquer faculdade física ou moral, sofrerá as inevitáveis consequências de que não se libertará com facilidade. No entanto, é bem reduzido o número daqueles servidores que se desincumbem a contento desse ministério, quando o abraçam.

Parecendo reflexionar com cuidado, logo prosseguiu:

— *Seria de pensar-se que essa concessão não deveria ser delegada àqueles que moralmente são débeis, mas somente a quem possuísse resistências contra o mal que nele mesmo reside. A questão, porém, não está bem colocada nesses termos. A Divindade faculta a todos os seres humanos ensejos incomuns, nas mais diversas áreas, para propiciar-lhes o progresso moral. Com a mediunidade não ocorre de forma diferente. Embora nem todos os indivíduos possuam faculdades ostensivas, que se expressem em forma sonambúlica ou inconsciente, quanto gostariam muitos, que justificam suas dúvidas por tomarem parte nas comunicações mais ou menos lúcidas na área da consciência, o fenômeno é bem caracterizado, oferecendo fatores para avaliação equilibrada de quem se empenhe em realizá-lo. À medida que o seu exercício se faz equilibrado, sistemático, ordeiro, surgem melhores possibilidades para o intercâmbio, ampliando os recursos do medianeiro, que deverá aprimorar-se mais, ante o estímulo de que se vê objeto.*

Todos sabemos, quando portadores de algum senso e consciência, que as faculdades genésicas têm finalidade específica, proporcionando a procriação e, para tanto, ensejando o prazer que leva ao êxtase. Não obstante esse conhecimento, a utilização do sexo se transformou em um mercado de sensações, sem qualquer sentido afetivo ou de intercâmbio emocional.

No que diz respeito ao desempenho mediúnico, o sexo equilibrado é de vital importância, por oferecer energias específicas *para potencializar os mecanismos delicados de que se utilizam os Espíritos. Simultaneamente, a faculdade mediúnica, em razão dessas energias que movimenta, irradia, qual ocorre com outras faculdades artísticas, culturais, científicas, um campo vibratório que proporciona bem-estar àqueles que se lhe acercam, envolvendo-os em encantamento e admiração. Isso também se dá em relação à mediunidade, pelo fato de parecer algo mágica ou sobrenatural, muito do agrado dos sensacionalistas e supersticiosos.*

Como efeito, não são poucas as pessoas que se sentem atraídas pelos médiuns, a princípio sem se darem conta da ocorrência fascinante, terminando por envolver-se emocionalmente em afetividade apaixonada, injustificável. Do mesmo modo, os Espíritos ociosos e perversos, que sempre procuram perturbar aqueles que se voltam para o bem, não logrando agir diretamente sobre o instrumento mediúnico, despertam sentimentos perturbadores que vicejam nos invigilantes, que se deixam arrebatar, comprometendo-se e prejudicando aquele que lhe tombe na armadilha bem urdida... Ao mesmo tempo, outros fatores que geram ganância, heranças infelizes do ego *em desgoverno, como o dinheiro fácil, os sonhos do triunfo e da glória efêmeros, as vaidades infantis, que lhes dão a impressão de serem indivíduos privilegiados, que se acreditam possuir somente méritos e destaques, são terríveis adversários do bom desempenho da mediunidade.*

Perscrutando o imenso corredor, pelo qual transitavam médicos, enfermeiros, assistentes sociais, psicólogos e alguns pacientes em recuperação, o amigo concluiu com alguma melancolia:

— A maioria dos que aqui se encontram em tratamento foi vítima de perturbações na área sexual, que os fizeram

derrapar em compromissos graves perante a própria e a Consciência Divina. Certamente, outros igualmente caíram nos referidos perigos à mediunidade, procurando, no íntimo, satisfações hedonistas, sexuais...

Enquanto caminhávamos, o bondoso cicerone referia-se aos problemas que mereciam maiores considerações, chamando-me a atenção para o estado dos enfermos e explicando, ligeiramente, com o respeito que cada qual nos merece, os esforços que agora desenvolviam para se reabilitar dos enganos a que se atiraram.

Visitamos, passo a passo, a clínica de avaliação, para onde eram trazidos aqueles que se encontravam melhorados, quando eram submetidos a testes psicológicos, de modo a medir-lhes o grau de entorpecimento mental e de vinculação com os dramas vividos, após o que eram encaminhados às enfermarias próprias.

Fomos travando conhecimento com diversos operosos funcionários especializados, sempre corteses, que trabalhavam com a face radiosa de alegria saudável, sem os ruídos costumeiros que são apresentados como júbilo.

Visitamos uma clínica para tratamento de choques eletromagnéticos, que se aplicavam em baixa voltagem, com objetivo de produzir estímulos nas sinapses eletroquímicas dos neurônios, especialmente naqueles enfermos que haviam sido portadores do transtorno maníaco-depressivo ou obsessivo-compulsivo, permanecendo com as suas sequelas. Esse processo facultava a liberação das energias deletérias que se haviam fixado no perispírito e continuavam aturdindo-os.

Acompanhamos um tratamento aplicado por jovem psicoterapeuta feminina, que dialogava com uma dama amargurada, que resistia em responder às perguntas que lhe eram dirigidas. Sem qualquer enfado, cansaço ou irritação, a psicóloga narrou-lhe pequena história, que lhe atraiu a atenção.

Contou, com simplicidade, que a existência terrena pode ser comparada a alguém que possui um tesouro valioso e sai em busca de outro perfeitamente dispensável, mas que acredita ser o único que lhe trará felicidade, tombando depois em frustração e desespero.

Para ilustrar, referiu-se a uma antiga lenda oriental, na qual uma jovem senhora, caminhando com o filhinho nos braços, passou por uma estranha gruta, de onde uma voz agradável e sedutora chamou-a nominalmente, convidando-a a entrar e apropriar-se dos tesouros ali existentes, belos e raros, como os olhos humanos nunca viram antes. Ficando aturdida, foi tomada de curiosidade, pelo fato de ouvir a desconhecida voz e pela proposta fascinante. Como novamente escutasse o convite para se tornar muito rica, ouviu com nitidez a voz lhe dizer que tudo poderia recolher antes de sair, que passaria a pertencer-lhe, porém, no momento em que se afastasse da caverna, uma pesada porta desceria e não mais se abriria. Tivesse, pois, cuidado, porquanto estava diante de incomum felicidade, mas não podia voltar ao local depois que a porta fosse cerrada.

A felizarda olhou em volta e, como não visse ninguém, imaginou que nada teria a perder se se adentrasse, o que fez de imediato, ficando deslumbrada ao contemplar joias de peregrina beleza, gemas preciosas, colares reluzentes, vasos de ébano e alabastro, estatuetas de incomparável perfeição cobertas de lápis-lazúli, esmeraldas, diamantes, rubis, pérolas.

Não retornara à realidade, quando ouviu a voz repetir:

— *Retira o que quiseres para levar, mas tem tento, porque após saíres a porta descerá, fechando-se para sempre, e o que ficar atrás nunca mais será recuperado.*

Tomada por imensa ganância, começou a recolher as peças que lhe pareciam mais valiosas, e porque desejasse a maior quantidade, colocou o filhinho que tinha nos braços, em lugar confortável no solo, continuando a colocar na barra da saia transformada em depósito, tudo quanto podia carregar.

Quando acreditou estar com um fardo infinitamente valioso, saiu apressadamente e viu descer a porta pesada.

Respirou aliviada e sorriu.

Encontrava-se radiante de felicidade, quando subitamente recordou-se do filhinho que havia deixado na furna...

Os olhos da paciente brilharam inteligentes, e ela perguntou:

— *E a mãe, como ficou?*

— *Desesperada!* — replicou a psicoterapeuta. — *Agora que tinha tudo quanto havia anelado, perdera o filho, esquecido na caverna, o seu maior tesouro. Assim agimos em nosso dia a dia terreno. Possuímos o que há de mais importante para a felicidade, e, no entanto, continuamos na cova das ambições procurando fantasias e brilhos secundários, perdendo o tesouro da paz, sem o qual caímos no fosso do desespero sem remédio...*

...E prosseguiu na sua atividade maravilhosa, trazendo aqueles que se atiraram no desfiladeiro sombrio do mutismo e do isolamento para recomeçar o treinamento para a realidade.

7

A AMARGA EXPERIÊNCIA DE LEÔNCIO

Gentilmente assessorado por Alberto, dirigimo-nos a uma das enfermarias de amplas proporções, que era dividida habilmente em agradáveis e cômodos apartamentos para atendimento individual dos pacientes.

Adentramo-nos em um deles, que se apresentava acolhedor.

Ampla janela abria-se para o jardim verdejante, onde árvores frondosas abrigavam folhagem luxuriante e roseirais abriam-se com abundância de perfumadas flores.

O cômodo reconfortante transpirava paz, pintado em suave tonalidade verde, apropriada para o repouso e a reflexão.

Reclinado sobre duas amplas almofadas, encontrava-se um senhor de pouco mais de sessenta anos, de semblante sério, mas que não denotava sofrimento ou simples circunspeção. Sentada próxima à cabeceira da cama, uma dama que irradiava paz conversava afavelmente em doce tonalidade de voz.

Quando nos notaram a entrada, Alberto explicitou:

— *Perdoe-nos a invasão de privacidade.*

De imediato, foi advertido quanto ao prazer que a sua visita lhes proporcionava. Certamente muito querido, foi recebido com real alegria, o que deveria acontecer com frequência.

— *Desejo apresentar-lhes um novo amigo* — explicou o visitante —, *que se encontra realizando estágio em nossa clínica. Trata-se do irmão Miranda, trabalhador afeiçoado aos problemas pertinentes aos distúrbios espirituais, nos quais vicejam as interferências dos irmãos alucinados e doentes, que se comprazem no mal por ignorância.*

Sorri jovialmente e acerquei-me do leito, cumprimentando fraternalmente o convalescente e a nobre senhora, que se apressou em dizer:

— *É sempre com renovada alegria que recebemos companheiros dedicados ao estudo dessa grave epidemia, que tem sido motivo de martírio para as criaturas humanas, até hoje ainda não combatida com a eficiência que merece. E parece- -me bastante estranho, por ser, talvez, a* doença *mais antiga da Humanidade, em relação a outras tantas prejudiciais. Basta que nos recordemos que, em todos os períodos do pensamento histórico, a obsessão e suas sequelas se têm apresentado ceifando a saúde física e mental dos indivíduos. Terrivelmente ignorada, ou simplesmente desconsiderada, vem prosseguindo no seu triste fanal de vencer aqueles que lhe tombam nas malhas coercitivas. Todos os esforços, portanto, direcionados para a desmistificação e o combate a esse terrível mal devem ser envidados por todos aqueles que nos encontramos forrados pelos ideais superiores e que haurimos na palavra de Jesus o direcionamento correto para a felicidade.*

Parecendo que esperavam alguma palavra de minha parte, algo timidamente, concordei, acrescentando:

— *Na raiz de todos os problemas que aturdem o ser humano sempre encontraremos o Espírito como seu responsável, em face dos comprometimentos que se ocasionou. Criado,* simples *e ignorante, com neutralidade interior, defrontando as* opções de agir correta ou incorretamente, tudo quanto lhe ocorre provém da preferência que se permitiu de início, cabendo-lhe o reencontro com o equilíbrio que lhe direcionará os passos para o futuro. A obsessão encontra-se incursa nesse raciocínio, porquanto, somente ocorre em razão do comportamento irregular de quem se desvia do roteiro do bem fazer, criando animosidades e gerando revides. Certamente, haverá muitas antipatias gratuitas entre as pessoas, que resultam de preferências psicológicas, de identificações ou reações afetivas.

Os dardos atirados pelas mentes agressivas e inamistosas são inevitáveis para aqueles contra quem são dirigidos. No entanto, a conexão somente se dará por identidade de sintonia, por afeição à afinidade em que se manifestam. Por esse motivo, a obsessão sempre resulta das defecções morais do Espírito em relação ao seu próximo, e desse, infeliz e tresvariado, que não se permite desculpar e dar novas chances a quem lhe haja prejudicado. Não ignoramos aquelas que têm gênese nas invejas, nas perseguições aos idealistas e trabalhadores do bem, mas que também somente se instalam se houver tomada psíquica naquele que se lhes torna objeto de perseguição.

Porque percebesse o interesse real pela exposição não proposital, continuei:

— O indivíduo que ama a retidão de princípios e os executa firmado em propósitos de elevação moral, mesmo quando fustigado pela pertinácia dos irmãos desajustados e perversos de ambos os planos da vida, não se deixa afetar, permanecendo nas disposições abraçadas, fiel ao programa traçado. Pode experimentar alguma aflição, como é natural, mas se robustece na oração, no prazer do serviço que realiza, nas leituras edificantes, na consciência pacificada. Simultaneamente, torna-se amparado pelos Espíritos nobres, seus afeiçoados desencarnados, aqueles que foram beneficiados por sua bondade fraternal, que acorrem a protegê-lo e sustentá-lo nas atividades que *lhe dizem respeito. Jamais se curvam sob as forças tenebrosas do mal, aqueles que se entregam a Deus, a Jesus e ao bem, nas fileiras do dever a que se apegam.*

Sentia-me enrubescer, quando, silenciando, Alberto aduziu:

— *Tem toda a razão o nosso estagiário. Nenhuma sombra, por mais densa, consegue diminuir a claridade, assim como força alguma da desagregação moral e espiritual logra romper o equilíbrio da Lei de Amor.*

Dando novo curso à conversação, informou-me que o nosso visitado chamava-se Leôncio e a dama devotada, D. Matilde, sua genitora, que o precedera no retorno à Pátria pela desencarnação.

— *Leôncio* — explicou gentilmente — *encontrava-se naquele apartamento há alguns poucos meses, após tratamento prolongado na área de psiquiatria do hospital, na parte inferior do edifício. Desencarnara fazia pouco mais de quinze anos, e naquele momento se encontrava em perfeito refazimento, reidentificando-se com os superiores objetivos da vida.*

Sentindo-se indiretamente convidado à conversação edificante, o paciente apresentou uma expressão de melancolia e com gentileza comunicou:

— *Eu sou um hóspede feliz deste abençoado reduto de misericórdia. Aqui cheguei em lamentável situação moral e espiritual, que somente a complacência divina pode socorrer. Em realidade, não me recordo dos detalhes que me envolveram a chegada. Antes, eu conhecera o amor e o experienciara através do lar ditoso em que renasci, do carinho dos meus genitores devotados e, mais tarde, da esposa e dos filhos queridos. No entanto, a grandeza do amor que experimentamos neste remanso dedicado à saúde, transcende quaisquer palavras, porquanto os missionários que o construíram, e o mantêm há longos anos, optaram pelo trabalho incessante em favor do próximo, quando*

*poderiam estar desfrutando de outros ambientes de luz e de re-
conforto moral... Renunciaram à felicidade de fruir paz, adotando a alegria de oferecê-la àqueles que a malbarataram por
conta da própria irresponsabilidade. Medito longamente nos
enunciados luminosos de Jesus, que aqui se vivem, e no ensinamento superior de Allan Kardec, a respeito da caridade, que é
a essência do trabalho desenvolvido neste hospital, a fim de que
se me insculpam a ferro e fogo no Espírito, para que jamais volva a olvidá-los...*

Silenciou brevemente, e após solicitar-nos, a Alberto
e a mim, que nos sentássemos em cômodo divã próximo, o
que aquiescemos, talvez por considerar oportuno, deu curso à edificante conversação:

— *Renasci, na Terra, há pouco mais de setenta anos, em
formoso lar, onde o amor e o dever constituíam diretrizes de
segurança. Desde cedo ouvi e senti o respeito pelo nome de Jesus e por Sua doutrina. Assim, portanto, fui educado na escola do exemplo, ao lado de outros irmãos consanguíneos. Meus
pais eram católicos, porém, se dedicavam com fidelidade aos
ensinamentos da Igreja que frequentavam e para a qual nos
conduziram com carinho.*

*À medida que crescemos e adquirimos maioridade, fo-
mos optando pelas doutrinas que nos pareciam mais compatíveis com o desenvolvimento intelectual e moral. Consegui, por
minha vez, adentrar-me em uma universidade, que era um
dos meus sonhos mais ardentes, e concluí o curso que elegera.*

*Foi nesse período que passei a me interessar pelos fenô-
menos mediúnicos e paranormais, nos dias febricitantes em
que a Parapsicologia era apresentada como a grande esclarecedora e devoradora de superstições, mitos e crenças... Apro-
fundei-me no estudo das diferentes correntes russa, holandesa,
inglesa, americana e brasileira, se podemos classificá-las desse modo, adotando o comportamento acerca dos fenômenos de*

natureza eminentemente psi *e aqueloutros mediúnicos, que me levaram ao estudo sério do Espiritismo.*

Afeiçoado à Literatura, à Filosofia, à História, encontrei nos postulados espíritas a lógica profunda e a ética feliz para uma existência ditosa. Havendo-me dedicado à arte de escrever, *já que era profissionalmente ligado a um grande periódico, no qual estava presente com regularidade e comentava acontecimentos inusuais, passei a divulgar a Doutrina Espírita com entusiasmo e quase exaltação.*

De temperamento forte e presunçoso, esqueci-me que todos têm liberdade para pensar e agir conforme lhes pareça melhor, e que ninguém foi designado para ser defensor do Espiritismo, *num arremedo de postura zelote, que hoje reconheço como abominável, conseguindo ferir* gregos e troianos, *conforme o velho conceito, quando deveria ater-me ao lado nobre das questões, apresentando os postulados superiores do pensamento dos imortais e do codificador, sem preocupações mesquinhas e exibicionistas.*

Interrompeu a narração por um pouco, após o que, medindo as palavras com acentuado cuidado, voltou a narrar:

— *Consorciei-me com excelente companheira, que me foi enviada por Deus para ajudar-me na travessia terrestre, e experimentei a honra da paternidade várias vezes. Reconheço que fui esposo e pai cuidadoso, cumpridor dos deveres, que procurou transmitir à família as lições libertadoras do Espiritismo. Mas a prosápia intelectual envenenou-me os sentimentos. Soberbo e egoísta, lentamente me deixei fascinar pela absurda ideia de que me cabia a missão de preservar a memória do mestre de Lyon, lutando, qual Dom Quixote contra os fantasmas monstruosos que detectava nas pás dos moinhos de vento da ilusão, passando a agredir sistematicamente nomes respeitáveis e instituições venerandas, por discrepâncias de minha parte.*

Possuidor de palavra fácil, usei a tribuna espírita muitas vezes, apresentando temas relevantes, mas sempre os concluindo com dardos venenosos bem dirigidos contra os inimigos que criava ou supunha possuir. Simultaneamente, consegui escrever páginas repassadas de beleza, que ainda confortam muitas pessoas que as leem. As paixões que predominavam no ser que sou, com o tempo assomaram, tomaram-me o fôlego, e tornei-me pessimista, agressivo, antipático.

Como seria de esperar, muitos daqueles a quem agredi pela imprensa, reagiram com o seu direito de defesa, dando curso a discussões infelizes e desnecessárias, que a morte a mim demonstrou serem somente fruto da vaidade e da exibição do personalismo doentio. É que, no meu inconsciente, qual ocorre com muitos outros viandantes terrenos, agasalhava a ideia de passar à imortalidade... humana. Consegui, por fim, ser mais detestado do que estimado. Não me dava conta, eu que ensinava aos outros, que estava sendo arrastado vigorosamente a rude obsessão, em face do cerco organizado por adversários soezes do Cristo e da Doutrina Espírita.

Como consequência, passei a nutrir vigorosa antipatia por médiuns e dirigentes de reuniões que se me apresentavam como ignorantes e incapazes de contribuir em favor da Causa Espírita, quando, em uma reunião experimental, dentre as muitas que visitava com o fim de desmascarar médiuns e exibir-me, encontrei aquela que seria o pivô dos meus desconcertos emocionais. Tratava-se de jovem e encantadora médium psicofônica e clarividente de excelentes recursos, porém, em fase primária de educação da faculdade. Relativamente frágil e muito insegura, inspirou-me imediata afeição, que não pude identificar de momento, tal a qualidade de que se constituía.

O certo é que, à medida que voltei àquele Núcleo, ao qual se vinculara, passei a oferecer-me para ministrar cursos de passes e outros, atraindo-a com persistente indução. Não me passavam, então, pela mente, ideias perturbadoras ou desejos malsãos. Telementalizado, porém, pelas Entidades infelizes, consegui que ela se me afeiçoasse, derrapando posteriormente em adultério nefando.

O irmão Leôncio empalideceu ante a lembrança daqueles acontecimentos sombrios e fez-se ligeiramente trêmulo. Tentando, porém, controlar a emoção, prosseguiu, de voz embargada:

— *O escândalo, que tem pernas curtas, logo aconteceu, envolvendo a moça que, admoestada carinhosamente, foi afastada da Instituição, quanto eu mesmo, cortesmente, pelo seu diretor, até que a minha família tomou conhecimento e não mais pude ocultar a verdade, massacrando, com a conduta irrefletida e doentia, corações afetuosos e sensíveis. Incapaz de continuar no lar, após exculpar-me com a esposa dilacerada, retirei-me para viver com a aturdida vítima da minha sedução. A sua faculdade incipiente, ante a conduta reprochável que passou a manter, tornou-se campo de perturbação e enfermidades que a vitimaram, levando-a à prematura desencarnação.*

Não me perdoando a série de desatinos, transferi-me de cidade, abandonei os deveres espirituais, quando mais deles necessitava, e derrapei por completo na obsessão. O desequilíbrio mental assaltou-me e passei aos alcoólicos em fuga espetacular da realidade. Nesse comenos, soube da desencarnação da esposa devotada e somei, às dores antigas, mais essa aflição, perdendo totalmente o interesse pela existência física. A queda no fosso de si mesmo não encontra apoio ou piso de sustentação, abrindo-se o abismo e cada vez mais se tornando profundo. Esquecido dos e pelos amigos, uni-me a grupos de dipsomaníacos elegantes e vulgares até que a morte me convidou o corpo ao túmulo e o Espírito à consciência dos atos.

Novamente se aquietou ante o respeitoso silêncio de todos nós. Enquanto a genitora lhe acariciava a cabeça, como a estimulá-lo a prosseguir, ele assim o fez:

— *Fui arrastado por antigos asseclas, inimigos que eu arregimentara em reencarnações anteriores, quando me houvera tornado* membro-soldado *do* Exército de Jesus, *e impusera a crueldade como instrumento de conversão religiosa... Agora se desforçavam com inclemente perversidade, arrastando-me para regiões inferiores onde experimentei as mais rudes humilhações e desacatos de outros mais arrogantes adversários. O meu sofrimento era tão atroz e a consciência de culpa tão severa, que não me recordava das blandícias da oração nem da intercessão divina sempre ao alcance de todos os calcetas e criminosos.*

Por fim, depois de excruciantes sofrimentos, recordei-me de Jesus e passei a suplicar-Lhe misericórdia e compaixão. Essa atitude, porém, era reflexo das intercessões de minha mãe e de minha esposa, então recuperada das dores que lhe houvera infligido e que me perdoara os delitos que eu cometera, apiedadas das minhas refregas e sofrimentos superlativos.

Desse modo, em uma das excursões realizadas pela rainha Santa Isabel, de Portugal, às regiões de supremo desconforto e dor, o apóstolo de Sacramento me retirou do abismo, prendendo-me numa das redes magnéticas atiradas sobre o paul de degradação e vergonha, recambiando-me para este Abrigo, onde permaneci longamente em recuperação, libertando-me dos pesadelos que me continuaram afligindo. Transferido para este recinto onde me encontro, agora livre das marcas hediondas das regiões trevosas onde estive, permanecem as reminiscências dos erros, a amargura do insucesso, mas também a esperança do futuro, acenando-me com oportunidades de reparação.

Quando silenciou, o suor porejava-lhe na face pálida e as lágrimas corriam-lhe em abundância silenciosa e depuradora.

Dona Matilde, traduzindo expressiva alegria no rosto, enquanto o filho se refazia, completou:

— *A jovem, por haver sido vítima da própria ignorância e insensatez, foi amparada devidamente em outro pavilhão do nosso hospital. E apesar desta clínica ser dedicada a pacientes específicos, ele aqui foi amparado para receber assistência mais especializada através dos médiuns que cooperam com o nosso serviço de recuperação espiritual.*

Conforme os amigos podem depreender, mais se pede àquele que mais recebe, *de acordo com o ensinamento sábio de Jesus, e a responsabilidade do nosso Leôncio é muito grave em razão do seu profundo conhecimento do Espiritismo, que não soube aplicar como recurso e combustível para a autoiluminação, preocupado como se encontrava em combater os outros, esquecido de si mesmo... Mas, como tudo acontece conforme a* vontade Deus, *haverá tempo para recomeço e trabalho, alegria e serviço, reparação e crescimento interior. Hoje vivemos alegres, porque a minha nora querida tem estado conosco, e os filhos que ambos deixaram na Terra, felizmente conseguiram superar os traumas sofridos, não havendo, portanto, maiores danos como consequência da deserção ao dever.*

Sentia-me fascinado com o ocorrido a Leôncio, e a mente esfervilhava de perguntas que a oportunidade não me permitia apresentar.

Agradecendo-lhe a generosidade da narração, edificante para mim e rica de advertências para todos que dela tomem conhecimento, passamos a outros temas agradáveis, após o que, alguns minutos transcorridos, pedimos licença para nos afastarmos, prosseguindo com a nossa visita de aprendizagem e tomada de conhecimento dos fatores que levam o indivíduo que possui tudo, no entanto invigilante, a delinquir.

Quanto é grave o comportamento de querer mudar o mundo sem a preocupação de realizar mudanças internas, fundamentais, para que assim o mundo venha a tornar-se melhor. É sempre mais fácil exigir dos demais, impor ao próximo, vigiar os atos alheios, do que voltar-se para si mesmo, sendo exigente consigo e contemporizador e com as deficiências que registre nas demais pessoas.

8

INDAGAÇÕES ESCLARECEDORAS

Logo nos afastamos do apartamento aconchegante e indaguei ao preclaro Alberto:

— *Sem desejar envolver-me em julgamento apressado, gostaria de entender como pôde o amigo Leôncio, portador de tantos recursos de elevação e conhecimentos profundos da Doutrina da razão, envolver-se nessa teia de prejuízos graves?*

Lúcido e ponderado, sem qualquer expressão de censura, explicou-nos:

— *Caro Miranda, a existência terrestre, como sabemos, é sempre inçada de perigos, que repontam do passado delituoso e das atrações que se multiplicam exuberantes, ao calor das paixões que remanescem dos instintos e são imperiosas no seu cerco à lógica, à razão.*

Reencarnado, o Espírito perde temporariamente parte da lucidez que possui, a fim de que aprimore os sentimentos e engrandeça-se nos testemunhos. Não obstante, no fragor das lutas renhidas, envolve-se com entusiasmo ou desinteressa-se de levar adiante os objetivos para os quais retornou ao proscênio terrestre, quando sofre injunções difíceis.

Invariavelmente, os primeiros tentames de crescimento se fazem com relativa facilidade, tornando-se desafiadores à medida que se expande o campo de ação e se dá o reencontro com as experiências pretéritas que ficaram interrompidas, mas as personagens que delas participaram continuam vivas e atuantes... É nessa fase que irrompem as lembranças, agora transformadas em sentimentos e emoções, sem claridade de entendimento, conduzindo a comportamentos que surpreendem pelo inesperado da circunstância.

Nosso caro Leôncio experimentou a dádiva do conhecimento espírita, mas lhe faltaram os recursos morais, que embora vicejassem no íntimo e o orientassem de alguma forma, não eram suficientes para superar as tendências em predomínio no ego: a vaidade exacerbada, o temperamento agressivo e soberbo, a presunção do conhecimento acadêmico, a ambição por exercer um ministério missionário... Foi nessa deficiência do Espírito, que se abriram as brechas para as agressões impudentes dos seus adversários pessoais, bem como aqueloutros do ideal libertador.

Facultando-me tempo para reflexão, calou-se por breve momento, para logo dar seguimento aos comentários:

— *O conhecimento intelectual nem sempre oferece discernimento emocional, e não são poucos aqueles que, possuidores de grande cultura, falham em questões pertinentes ao sentimento, ensoberbecendo-se e mantendo distância mental das pessoas que consideram inferiores. Infelizmente, os preconceitos de toda ordem sempre surgem na utópica superioridade daqueles que se atribuem valores que realmente não possuem.*

Afirma-se, com certa sabedoria, que Deus pôs o conhecimento na cabeça, para bem conduzir o indivíduo através da razão, porém o sentimento foi colocado no coração, para que a ardência das emoções possa derreter o gelo da inteligência. Há, desse modo, uma distância significativa entre conhecer e vivenciar, ensinar e sentir, compreender e amar em profundidade, ajudando sempre e sem cessar.

O Espiritismo é dirigido à lógica e à razão, porém, tem as suas raízes fincadas no amor, o que permite que todos os indivíduos o assimilem pelo entendimento e pelo sentimento, quando desvestido das linguagens complexas que, não poucas vezes, alguns dos seus profitentes o revestem, em exibicionismos literários desnecessários e de resultados negativos. Há muita facilidade em dizer coisas simples de maneira interpolada, mas é muito difícil exprimir temas complexos de forma fácil, o que resulta em possuir mais do que conhecimento, mas sim a sabedoria.

O nosso confrade tornou-se duelista da palavra, esgrimindo o verbo com terminologia aguçada como lâmina para ferir, esquecendo-se de que a nossa é a proposta de ajudar sempre, porquanto Jesus e Allan Kardec sempre se conduziram dessa forma. Mesmo quando assumiram postura austera, jamais recorreram à violência ou ao desrespeito acusador em relação aos seus adversários. O Espiritismo é a grande luz que predominará um dia no arquipélago de estrelas do conhecimento, orientando e iluminando mentes e corações para o autoencontro e a plenitude.

Eu concordava totalmente com as suas elucidações claras e robustas. Apesar disso, desejando melhor entender o acontecimento de que tomáramos conhecimento, ainda interroguei:

— *Leôncio referiu-se a ter sido* membro-soldado *do* Exército de Jesus. *O que desejou dizer?*

Elegante e generoso, o diligente companheiro esclareceu:

— *Devemos recordar-nos de que, nos séculos XV e XVI, na Espanha, dois acontecimentos graves na área da religião assinalaram toda uma época de terror para a Humanidade.*

O primeiro teve lugar quando o monge dominicano Tomás de Torquemada foi nomeado um dos inquisidores da fé, no ano de 1482. Homem culto e perverso, logo se reuniu com os legistas João de Chaves e Tristão de Medina, de imediato redigindo as Instruções e Ordenanças dos Inquisidores, *que somente por ele, pessoalmente, condenaram à fogueira de 8.800 pessoas, e mais 96.504 que experimentaram outras punições. Ainda graças a ele, os* Reis Católicos, Fernando e Isabel, *expulsaram do país mais de um milhão de judeus que de lá fugiram a fim de escapar às hediondas perseguições.*

O segundo foi a criação da Companhia de Jesus, *pelo também dominicano Inácio de Loyola, que, após o insucesso como cavaleiro, renunciou às batalhas, mergulhou o pensamento na história da vida dos santos e tornou-se peregrino, trocando a sua pela indumentária de um mendigo. Posteriormente visitou a* Terra Santa, *ordenou-se monge e criou a referida Ordem que, se de um lado sensibilizou homens notáveis para o ministério da evangelização dos povos, como José de Anchieta e Manoel da Nóbrega, por outro submeteu os silvícolas do Novo Mundo e de outras áreas da Terra a arbitrariedades inimagináveis, inclusive, quase destruindo-lhes a cultura e a fé primitiva... Juntando-se a esses dois visionários, que nos merecem respeito, mas que exorbitaram no comportamento religioso a que se entregaram, muitos homens se ofereceram para servir a Jesus, desde que não abandonassem, naturalmente, o mundo nem os seus bens, motivando desgraças inomináveis, cujos frutos amargos ainda se encontram na árvore dos remorsos de incontáveis criaturas...*

O nosso caro Leôncio fez parte das hostes desses soldados de Jesus, *que se permitiam todas as arbitrariedades sob o amparo da justiça religiosa e o apoio da secular, contraindo dívidas inumeráveis, que continuam pesando na economia moral de cada um. Embora haja retornado à Terra mais de uma vez em experiências expiatórias, na mais recente, aquinhoado com a luminífera mensagem do Consolador, para poder reparar e libertar muitos encarcerados na ignorância religiosa, eis que volveu à conduta soberba e perniciosa de ontem, sintonizando com os desafetos que o vêm perseguindo desde aqueles já recuados dias... Ao invés de haver utilizado a incomum oportunidade para desalgemar-se, continuou no ergástulo a que se permitiu espontaneamente. O período de sofrimento nas regiões purificadoras o auxiliará a agir corretamente em futuros cometimentos. O reencontro com a consciência pessoal e a Cósmica, presentes no próximo, mesmo ferido, é inevitável para todas as criaturas.*

Ante o silêncio que se fez natural, meditando, recordei-me da informação de D. Matilde, quanto ao seu internamento naquele e não em outro pavilhão, por motivos especiais. Para não perder o ensejo de aprendizagem, novamente indaguei:

— *Quais os* motivos especiais *para que o irmão padecente viesse para esta clínica e não para outra qualquer, já que essa era quase específica para médiuns fracassados?*

Como se esperasse pela interrogação, com a gentileza de paciente professor, o cicerone disposto explicou:

— *O grave comprometimento com o erro não anulou as boas obras que foram praticadas. O irmão Leôncio deixou na Terra um patrimônio literário muito nobre, que vem ensinando e orientando muitas vidas a encontrar o rumo da felicidade mediante o esclarecimento correto e oportuno. As suas defecções são pessoais, e por elas vem respondendo, mas também os labores de engrandecimento moral oferecem-lhe créditos relevantes, que diminuem as consequências funestas da sua invigilância. Nada desaparece na contabilidade da vida, constituindo sempre valor que faz parte das operações evolutivas dos seres. Ao lado disso, os seus afetos, particularmente a genitora, credora de muitos títulos de enobrecimento, e sua esposa, que conseguira manter o amor acima das vicissitudes, as orações de muitos corações que lhe são afetuosos, intercederam em seu favor, facultando-lhe conquista especial da misericórdia de Deus, que nunca se expressa em regime de exceção, por estar aberta a todos os seres do Universo.*

Ademais, em razão da hipnose profunda de que foi vítima nos recintos expungitivos por onde passou, fixando nele as atrocidades anteriormente praticadas, que necessitavam ser apagadas por intermédio de terapia baseada nas vivências passadas, de forma que, somente o presente e o futuro pudessem direcionar-lhe os passos, sem os clichês perversos insculpidos no inconsciente profundo, impondo-lhe amargura e remorso pouco edificantes.

Aqui estagiam médiuns psicofônicos muito hábeis e portadores de excelentes recursos de ectoplasmia, facultando que sejam realizadas sessões próprias para essa finalidade: cirurgias para a extração de células fotoelétricas implantadas no encéfalo perispiritual, clichês insculpidos na memória psíquica, etc. Foi, portanto, uma providência terapêutica e não uma concessão de privilégio, o que lhe aumentam também a responsabilidade e o compromisso para com a Vida.

— *E que lhe está reservado para o futuro?* — tornei a inquirir com real interesse, igualmente pensando nas experiências que eu próprio deveria enfrentar em relação ao porvir.

Sorrindo com jovialidade, sem apresentar qualquer laivo de irritação com uma indagação tão ingênua, Alberto contestou:

— *Para todos nós, caro Miranda, estão reservadas as oportunidades abençoadas de crescimento e evolução, não importando qual seja o contributo de dor e luta que nos seja imposto. Evolução é processo de renovação constante e de crescimento interior passo a passo com alegria e tirocínio em torno da Realidade. Ainda não foram desenhados os projetos específicos para o retorno do nosso Leôncio à Terra.*

Muitos que lhe estão vinculados encontram-se no plano físico, e creio que somente após reunir novamente o clã, revisar conquistas e prejuízos, os mensageiros da Verdade irão definir diretrizes para o seu recomeço, tendo em vista as possibilidades do paciente então renovado e rico de entusiasmo pelo recomeço.

A Terra é colo gentil de mãe devotada, que sempre nos recebe de volta, ensejando-nos amadurecimento e libertação de grilhões, a fim de que também ela ascenda na escala dos mundos conforme está programado.

Silenciou o bom condutor, ensejando-me reflexionar um pouco e voltar a nova indagação:

— *E a jovem médium, como se encontra? Volverá a manter relacionamento com Leôncio?*

— *Conheço a moça enganada* — prosseguiu com a sua gentileza e sinceridade — *e tenho-lhe acompanhado o processo de recuperação. Pelo fato de haver sido mal orientada, a sua responsabilidade é menor, mesmo em relação ao fracasso no campo mediúnico, no qual deveria exercer a faculdade atormentada, contribuindo para o bem de muitos Espíritos que, através do seu concurso, receberiam a orientação terapêutica para se libertarem dos sofrimentos em que estorcegam.*

Destituída como se encontrava de sentimentos pervertidos ou intenções malsãs, foi considerada em nossa Instituição como sendo vítima das circunstâncias e da própria fragilidade moral, recebendo carinhosa ajuda. Atualmente vem trabalhando mediunicamente, colaborando no socorro aos desencarnados portadores de alucinações dolorosas que, nos seus fluidos, encontram campo de refazimento e, mediante a doutrinação que recebem, passam a ter diminuídos os sofrimentos. Sempre há oportunidade para todos quantos honestamente se empenhem na tarefa de recuperação de si mesmos e de fraternidade em relação ao seu próximo.

A moeda de amor que direcionamos a outrem é raio de luz em nosso caminho em sombras, clareando-nos a marcha. Certamente, em momento próprio, defrontar-se-ão esses Espíritos amigos

e de sentimentos controvertidos, para que programem a sublima-
ção do amor através de algum mecanismo da reencarnação. Por
enquanto, é prematura qualquer conjectura em torno de como
isso acontecerá, cabendo a cada qual o estabelecimento de metas
renovadoras e felizes.

Sentia-me encantado com as informações esclarece-
doras. O dia estava esplendente de luz, que penetrava suavemente pelo teto e pelos lados do edifício, derramando
claridade suave e benfazeja. E porque as horas corressem
céleres, retornamos ao gabinete do doutor Ignácio Ferreira,
para aguardarmos novas instruções. Certamente ficaram
por visitar muitos outros setores do pavilhão, o que ocorreria em momento adequado.

9

TAREFAS RELEVANTES

Quando voltamos ao gabinete do psiquiatra amigo, fomos recebidos com gáudio e interesse em torno do que houvéramos observado, e quais eram as nossas opiniões a respeito do trabalho. Naturalmente, escusando-nos de apresentar conceitos precipitados e usando prudência, referi-me à agradável oportunidade de aprender e renovar-me sob a orientação fraternal de Alberto, que aliava, à condição de cicerone, a sabedoria do bom professor, que muito me surpreendera positivamente.

Dispensando-lhe os serviços, pois que se encontrava comprometido com novas tarefas naquela tarde, doutor Ignácio convidou-me a um passeio pelo jardim externo do pavilhão, a fim de nos reabastecermos de energias vitalizadoras extraídas da Natureza.

A temperatura amena e o favônio caricioso que bailavam no ambiente calmo estimulavam-nos a caminhar entre as aleias bem traçadas com buxos formosos e pelos jardins floridos que trescalavam perfumes variados. Tínhamos a impressão de nos encontrarmos em uma estância de paz, distante das aflições terrenas, o que era realidade, pois essa fora a intenção do idealizador do conjunto hospitalar, a fim de que os pacientes se refizessem das turbulências vividas, recompondo-se e reformulando conceituações sobre a vida.

Intrigavam-me a argúcia para o bem e a elevação espiritual de Eurípedes Barsanulfo, o abnegado servidor de Jesus, que abraçara o martírio nos primórdios do Cristianismo nas Gália Lugdunense, assinalando o seu sacrifício com a coragem e a fé inamovível no Herói da Cruz.

Porque a circunstância fosse favorável, e sabendo que o nobre médico privava da intimidade do grande Apóstolo, interroguei-o com delicadeza a respeito do lídimo cristão.

Sem fazer-se rogado, o benfeitor entreteceu considerações justas sobre a sua mais recente existência na Terra, que dava continuidade a experiências luminosas que lhe assinalaram a evolução. Em face do seu interesse pelo atendimento psiquiátrico aos falidos no ministério da fé espírita, informou-nos que, desde há dois séculos, aquele Espírito de escol se interessava pela interpretação do homem, pelo aprofundamento na sua psicologia e por uma formulação de proposta iluminativa para a sua perfeita integração no equilíbrio.

— *Depois de inumeráveis existências profícuas* — informou-nos o amigo, enquanto caminhávamos pela alameda —, *o missionário do amor renascera em Zurique, no ano de 1741, com o nome de Johann Kaspar Lavater, havendo manifestado desde muito jovem acentuado pendor místico, que o levou através dos anos à adoção da religião dominante na área do protestantismo. Havendo sido ordenado pastor, contribuiu grandemente para a divulgação do pensamento cristão, desvestido de qualquer dogmatismo, paixão de seita ou denominação estranha.*

Orador incomum e pensador profundo, com imensa habilidade para desenovelar Jesus dos símbolos neotestamentários em que fora situado pelos Concílios e interesses subalternos das religiões do passado, seus sermões atraíam grande público, especialmente porque, àquela época, apoiavam a revolução das ideias novas que se alastrava pela Suíça, recém-chegada da França.

Logo depois, porque a Revolução Francesa extrapolasse na difusão das teses materialistas, favorecendo o racionalismo absoluto, colocou-se contra o absurdo da negação de Deus e da imortalidade da alma, permanecendo vinculado às correntes místicas e sentimentais, nas quais melhor identificava Jesus e os Seus propósitos de amor para com a Humanidade. As suas reminiscências de outras existências, de sacrifício e dedicação à fé cristã tornaram-no admirado e respeitado.

Exilado para a Basileia, pela sua lealdade ao pensamento cristão original, permaneceu devotado ao apostolado, retornando, mais tarde, quando foi ferido numa das lutas pela tomada da cidade por Masséna, no ano de 1799, de cujas consequências veio a desencarnar em 1801. Admirado teólogo, passou a ser considerado o criador da moderna fisiognomonia, em razão do livro que deixou e foi publicado mais tarde sob o título de A arte de conhecer os homens pela fisionomia.

Convidando-me a sentar em gracioso banco sob uma pérgola florida, atraente e confortável, prosseguiu, explicando-nos:

— *A fisiognomonia é uma velha arte, ou ciência para alguns estudiosos, de se conhecer as qualidades inatas e os valores morais dos indivíduos através do exame e cuidadosa interpretação da fisionomia de cada um. Trata-se, sem dúvida, de crença antiga, através da qual a fisionomia é reflexo do ser humano em si mesmo. Fosse hoje, e poderíamos aduzir que isso teria alguma razão graças ao perispírito, que se encarrega de modelar no corpo os valores ético-morais da criatura, muitas vezes desvelando o seu mundo interior pelos reflexos que a face exterioriza.*

Muitos sábios gregos cuidaram de estudá-la, dentre os quais Galeno, Plínio, Cassiodoro, além de diversos escritores do passado que fizeram a mesma coisa. Esquecida por um largo período, ressurgiu na Renascença, despertando o interesse de inúmeros pesquisadores, especialmente do célebre Tommaso Campanella, que muito a divulgou, baseando-se no trabalho de Porta, intitulado Da fisiognomonia humana. *Novamente esquecida, foi restaurada por Lavater, e passou a merecer alguma consideração a partir daí, no século XIX, ligando-se à nascente Frenologia, sendo, sem qualquer dúvida, ambas doutrinas precursoras da atual Biotipologia.*

Cremos, pessoalmente, ser provável que César Lombroso utilizou-se de alguns dos seus postulados, a fim de estabelecer as bases da sua tese na Antropologia Criminal, através de estudos antropométricos cuidadosos, procurando demonstrar que os criminosos pertencem a um tipo biológico especial da humanidade, biótipo representativo de um grupo próprio, descendente do gênero humano. Esse ser apresentaria uma degenerescência que o rebaixaria ao nível inferior, ao estágio de selvageria, pouco superior ao dos lunáticos. Igualmente supunha, o grande investigador italiano, que as características mentais decorreriam da hereditariedade, sendo, portanto, de origem fisiológica, expressando a representação de um ser degenerado e primário, muito diferente do indivíduo humano normal, e expressando-o nos traços físicos, mentais e nervosos. Centralizava no conceito do atavismo *as anomalias mentais, como uma regressão a um tipo inferior de ser humano, graças à hereditariedade e não aos fatores ambientais. Embora rechaçado no seu tempo, contribuiu de alguma forma para a introdução de novos métodos para o tratamento dos criminosos e de muitos alienados mentais...*

Apesar de haver travado conhecimento com os fenômenos mediúnicos, que após estudados levaram-no ao Espiritualismo e mesmo ao Espiritismo, faltou-lhe um conhecimento profundo da reencarnação como das Leis de Causa e Efeito, *para entender que* todo Espírito é o autor do seu destino,

insculpindo em cada experiência carnal as conquistas e pre-
juízos que decorrem da sua conduta. Desse modo, o atavismo
que o leva a uma aparente queda na escala inferior da evolu-
ção trata-se apenas do distúrbio que o Espírito se impõe para
aprender a valorizar a vida, mediante expiações engrandece-
doras e provações regenerativas.

No caso dos criminosos natos, que tanto o preocupavam,
identificamos, sim, em cada um deles, o Espírito primário,
em processo de ajustamento às Leis da Ordem e da Discipli-
na, desarmonizado no grupo social. Identificados, devem me-
recer tratamento especializado, a fim de evitar que derrapem
nos crimes hediondos ou sejam vítimas da própria impulsivi-
dade, sendo trucidados por outros mais perturbados. A reen-
carnação é, portanto, a chave para equacionar o enigma *que*
o notável antropólogo criminalista não conseguiu, detendo-se
apenas nos efeitos, na constituição do crânio e noutras carac-
terísticas mentais e nervosas.

Parecendo ordenar o raciocínio em espontânea reflexão, logo depois deu curso à narração:

— *Sempre interessado no progresso do ser humano e na*
sua transformação moral, a fim de conquistar a felicidade, Eu-
rípedes tem trabalhado, desde recuados tempos, para conseguir
esse desiderato. Enquanto viveu na organização física e amou,
ajudando a edificar vidas, na sua querida Sacramento, na re-
cente reencarnação, onde deixou pegadas luminosas, que pros-
seguem apontando os rumos do Mestre, não mediu sacrifícios
para se transformar no lídimo discípulo fiel de Jesus em todas
as circunstâncias.

Regressando à pátria espiritual e constatando a falência
de muitas existências que se deveriam ter entregado ao minis-
tério do bem, e retornavam na condição de Espíritos desvaira-
dos, hebetados, tristes, fracassados e arrebanhados para regiões
de muita sombra e dor, nas quais se homiziam os adversários da

Luz, empenhou-se em erguer este santuário para a saúde mental, que é também albergue para repouso e refazimento dos descuidados filhos do Calvário *que se esqueceram do Mestre, deixando-O abandonado...*

Nas palavras finais, o médico denotava emoção na voz e compaixão pelos combalidos que foram arrebatados pela loucura a que se entregaram espontaneamente, porque nunca faltam advertências e consolações, socorros e apoio, mesmo quando, obstinadamente, os aprendizes preferem afastar-se dos mestres e das suas lições de amor.

Os doces perfumes pairavam na leve brisa, e harmonias, para mim desconhecidas, tocavam-me as mais delicadas fibras do Espírito.

— *O processo de evolução* — continuou espontaneamente a enunciar — *é lento, porque aqueles que nele estamos envolvidos optamos pelo imediato, que são as ilusões que afastam aparentemente as responsabilidades e as lutas, intoxicando-nos os centros do discernimento e entorpecendo-nos a razão. Luz, porém, em toda parte o Amor de Nosso Pai, convidando à renovação e ao trabalho, à conquista de si mesmo como passo inicial para a aquisição da alegria, da paz e da felicidade de viver.*

Dia virá, e já se anuncia, em que o Evangelho de Jesus tocará os corações com mais profundidade, e o ser humano se levantará dos vales por onde deambula, galgando a montanha da libertação, a fim de contemplar e fruir os horizontes infinitos e plenificadores. Até que chegue esse momento, que todos nós, aqueles que amamos e já despertamos para as responsabilidades que nos dizem respeito, nos demos as mãos e, unidos, sirvamos sem reclamação, ampliando o campo das realizações enobrecedoras.

Depois de um sorriso muito especial, tocou-me no ombro, e com gesto de simpatia e muita cordialidade, concluiu o passeio, convidando-me:

— *Retornemos ao pavilhão, porquanto, logo mais, quando o manto da noite descer sobre a Terra e nossa Região, teremos muito trabalho pela frente e algumas realizações especiais.*

Sem qualquer delonga, levantamo-nos e, silenciosos, beneficiando-nos das bênçãos da Natureza, respirando em ritmo tranquilo e profundo, seguimos na direção da entrada do formoso nosocômio.

10

EXPERIÊNCIAS GRATIFICADORAS

Hospedado em agradável apartamento, situado no pavilhão por onde caminhamos pela manhã, atendendo à gentileza do seu diretor que no-lo ofereceu para o período reservado ao nosso estágio, quando retornamos e despedimo-nos, fomos conduzidos por Alberto ao novo domicílio.

Ficando a sós, após agradecer ao dedicado companheiro, não me pude furtar a reflexões oportunas.

Para onde dirigisse o pensamento, encontrava presente a misericórdia de Deus através dos Seus Embaixadores. O amor desse Espírito superior, o venerável Eurípedes, conseguira edificar um ninho de paz para alguns dos náufragos da jornada terrestre, especialmente aqueles que não deveriam fracassar ante o fragor das marés bravias que se sucedem na sociedade terrestre, e, não obstante, sucumbiram... Honrados pelo conhecimento da Revelação Espírita, como se houveram enganado, a ponto de retornarem em situação calamitosa?! Os esclarecimentos e advertências oferecidos pelo Espiritismo constituem um barco de segurança para a travessia orgânica no processo evolutivo. No entanto, fazia-se expressivo o número daqueles que, mesmo informados da realidade da vida, optaram pelas enganosas paixões de breve duração, entorpecendo a consciência nos vapores do egoísmo e dos desejos infrenes que os conduziram ao malogro.

Não são poucas as pessoas que, ignorando a Doutrina Espírita e respeitando-a, acreditam que o fato de alguém esposar as lições que defluem das páginas luminosas da Codificação e das obras que lhe são subsidiárias, de imediato o torna um ser renovado e imbatível. Isso deveria ocorrer, sem dúvida. No entanto, em razão das heranças ancestrais negativas e das múltiplas vinculações com o vício, cujos resíduos permanecem por longo período impregnando o perispírito, nem sempre o candidato à edificação de si mesmo consegue o objetivo a que se propõe. Para que isso aconteça, torna-se imprescindível todo o empenho e sacrifício pessoal, renunciando às fortes tendências perturbadoras, a fim de realizar a transformação moral imprescindível à felicidade.

O expositor, o escritor, o médium espírita, melhor do que qualquer outro adepto da *Doutrina do Consolador*, são portadores de altas responsabilidades, devendo insculpir na conduta os conteúdos que oferecem aos demais. Com destaque, porém, o medianeiro esclarecido, por sentir e manter contato direto com o mundo extrafísico, tornando-se instrumento das comunicações dos imortais, está consciente do significado dos valores morais que deve cultivar, a fim de não se deixar dominar pelas fantasias e fanfarronices do gozo exorbitante, do egoísmo, do orgulho e da presunção que o tentam constantemente, mas não dispõem de recursos mais valiosos e profundos para o convencer.

Sucede, no entanto, que o conhecimento apenas não basta para oferecer resistência a pessoa alguma ante as inclinações para o mal e para a desordem interior. Após consegui-lo, faz-se imprescindível vivenciá-lo, passo a passo, momento a momento, mantendo vigilância e coerência na conduta, a fim de não se comprometer negativamente, desviando-se do caminho da retidão.

Simultaneamente, e não podemos olvidar, há um adversário traiçoeiro e perverso, sempre alerta, para torpedear as aspirações de soerguimento daqueles que se encontram comprometidos com a retaguarda. São os inimigos espirituais, que devem merecer muita atenção. Testemunhas e acompanhantes dos homens terrestres, inspiram-nos, participam das suas atividades, tornam-se companheiros inseparáveis do seu comportamento. É, no entanto, graças ao livre-arbítrio de que cada qual dispõe, que conseguem interferir nas vidas com as quais se associam, materializando os seus intentos malsãos em razão da predominância das inclinações vinculadas ao egotismo, ao orgulho, à soberba, aos interesses mesquinhos, que permanecem com as suas sequelas tormentosas naqueles que lhes tombam nas armadilhas.

Por outro lado, os bons Espíritos não cessam de inspirar, de interceder, de oferecer proteção a quantos se lhes facultam a ajuda, utilizando-se de todos os recursos possíveis para que os seus afeiçoados consigam desobrigar-se dos compromissos assumidos, alcançando o patamar da vitória.

Precatem-se, portanto, aqueles que aspiram pela felicidade e por alcançar êxito nos empreendimentos que realizam, com os recursos da oração, da paciência e do trabalho elevado, com o intuito de manter o pensamento em faixa superior de reflexões, evitando, desse modo, ser alcançados pelos petardos mentais e hipnoses dos seus comparsas de ontem, hoje investidos de propósitos doentios e vingativos.

Encontrava-me, desse modo, extasiado com os providenciais recursos de atendimento aos que tombaram nos fundos abismos da insensatez durante a jornada humana.

Refletindo acerca das instruções recebidas, e diante da vida estuante, recordava-me da frase lapidar que encima incontáveis sepulturas terrestres: *Repousa em paz*. Apesar disso, constatava que somente existe movimento, nunca repouso absoluto, mesmo em relação à matéria que experimenta os fenômenos transformadores das células e moléculas. O Espírito, esse peregrino da imortalidade, mesmo quando em profunda hibernação, que é sempre transitória, está vivo e pulsante.

Ao mesmo tempo, como é lamentável a informação inverídica de algumas religiões sobre o sono perene até o momento em que soarão as trombetas anunciando o *Dia do Juízo Final*. A simbologia, que assinalava o despertar de cada consciência, foi transformada em realidade, sem qualquer análise da sua possibilidade.

Em toda parte, a vida estua de maneira dinâmica. Morre uma forma para dar lugar a outra mais específica, ininterruptamente. A cada instante, essa alteração se apresenta no Universo. Galáxias são absorvidas pelos *buracos negros* e outras surgem gloriosas. No entanto, na óptica desses religiosos ortodoxos, o Espírito deve permanecer em atitude inútil ou, segundo os negadores da vida, sucumbindo ante o fenômeno biológico da desintegração molecular. São conclusões ingênuas de ambos os grupos, porque acostumados ao conceito antropomórfico de Deus, esquecem-se de aprofundar-Lhe a grandeza.

Naquela Comunidade, a ação era a mola mestra a vibrar com dinamismo em toda parte. Continuação natural das realizações terrenas, convidava-nos ao trabalho de autoaprimoramento, de construção do bem em favor do próximo e de nós mesmos, sem que isso constituísse violência aos falsos créditos para a santificação.

O mesmo Sol que aquece a Terra e o incomparável zimbório estrelado a que me acostumara contemplar enquanto no corpo físico, ali estavam irradiando beleza e concitando-me a reflexões graves sobre a excelsitude do Amor e a necessidade de crescimento moral e espiritual.

Constituída de material específico, maleável à ação do pensamento, quase tudo se assemelhava a uma cidade terrestre aprimorada, sem os excessos de perturbação e tumulto, porém, igualmente regida por leis e estatutos próprios.

Compreensivelmente, o céu de delícias, no qual o trabalho é abominado, não deixa de ser monotonia, insensatez e cansaço... Da mesma maneira, o inferno com as suas labaredas que ardem e queimam as *carnes da alma*, sem nunca as consumir, não resiste a qualquer indagação da lógica sobre o amor que nunca perdoa e sempre castiga com a eternidade o erro relativo que foi praticado...

O Espírito é legatário de si mesmo, armazenando sempre as experiências e ascendendo de esfera em esfera, cada vez menos densa, até alcançar a Erraticidade superior de constituição sublime.

Vigem e estuam em todo lugar o movimento, o trabalho de solidariedade e de socorro de reeducação. Sempre existem soluções para os dramas mais complexos e as desgraças mais tenebrosas.

Não me podia furtar, portanto, ao mergulho na gratidão ao Criador e a Jesus, que no-lO desvelara, cujo exemplo de dedicação e sacrifício infunde em milhões de vidas o desejo de servi-lO e distribuir misericórdia, compaixão e auxílio por amor.

Os minutos corriam céleres, pois que os momentos de júbilo parecem ser portadores de velocidade incomum, enquanto aqueles de sofrimentos apresentam-se lentos e intérminos...

Procurando sintonizar com a psicosfera reinante, aguardei a noite amiga para iniciar-me na ação socorrista e aprender a experiência do serviço fraternal.

Após orar, agradecendo ao Senhor as concessões de que me via objeto, procurei alguns momentos de repouso, pensando nas atividades que deveriam ter lugar naquele pavilhão, conforme anunciara o gentil orientador.

Às vinte e duas horas, Alberto me veio buscar, conduzindo-me até um recinto simples, onde se encontravam presentes diversos Espíritos treinados nas excursões às zonas excruciantes e expungitivas das faixas inferiores, o Dr. Ignácio e o amorável Eurípedes.

Reunidos em clima de amizade e expectativa, o benfeitor exorou a superior proteção para a tarefa programada através de sentida oração, gerando um clima psíquico de inefável harmonia, após o que, sintetizou:

— *Desceremos em grupo a especial região terrestre de muito sofrimento espiritual, onde se homiziam atormentados e atormentadores em desesperação recíproca, todos eles, porém, irmãos nossos que se deixaram colher na rede das dissipações que se permitiram, sucumbindo ante o fascínio das obsessões e da desenfreada conduta nas paixões tenebrosas.*

Não nos cabe, em momento algum, julgar aqueles que se equivocaram, nem revidar às provocações dos seus sicários impenitentes, igualmente infelizes, na loucura que se permitem. A Misericórdia de Deus estende-se a todos igualmente, no entanto, somente aqueles que começam a despertar para a realidade de si mesmos logram beneficiar-se.

Fez uma pausa oportuna e, com entonação de voz que traía responsabilidade e zelo, acrescentou:

— *Todas as criaturas terrestres* — Espíritos reencarnados que são — *possuem percepção mediúnica, que o futuro se encarregará de estudar com seriedade, a fim de ser utilizada com elevação, tornando-se um sentido a mais que será conquistado a pouco e pouco, lentamente incorporando-se aos demais sensoriais. O eminente codificador informou que a* mediunidade radica-se no organismo, *sendo, portanto, uma conquista do processo evolutivo para facilitar o crescimento do Espírito, que no corpo imprimiu essa função.*

Aqueles, no entanto, que são portadores de capacidade ostensiva e se comprometeram antes do berço em vitalizá-la pelo exemplo de honradez e abnegação, quando se entregaram ao uso infeliz das forças de que eram portadores, ataram-se a infelizes adversários pessoais, assim como do bem, que lutam milenarmente para a instalação da loucura no mundo. Alguns deles, que se rebelaram contra Jesus, por haver, no corrente milênio, sido vítimas das injustiças e dos crimes hediondos praticados contra as suas existências e as daqueles a quem amavam, pelos falsos cristãos do período medieval, transformaram-se em justiceiros e vingadores, que pensam desafiar as Soberanas Leis da Vida, sem compreenderem que são utilizados, na alucinação a que se entregam, pela Divina Justiça, que lhes permite serem os braços que alcançam os delinquentes que com eles sintonizam, para despertarem após as dores extenuantes que lhes são impostas.

Rabinos judeus e mulás *muçulmanos, que foram suas vítimas preferidas durante o período da hedionda Inquisição, transferiram o seu horror ao suave Mestre, em nome de Quem os seus algozes se apresentavam, permanecendo nessas províncias de aberrações e crueldade, distantes da esperança e da compaixão. No entanto, isso ocorre em razão do livre-arbítrio de cada um, porquanto, no momento em que é disparado o raio do arrependimento e a súplica lhes escapa do coração dirigida ao Pai, são-lhes enviadas as providências necessárias para os atender. Nunca cessa o amor soberano em favor dos seres sencientes.*

Novamente fez silêncio, enquanto o pulsar da Natureza, clara pelos pirilampos estelares, tornava-se lição viva de misericórdia dirigida a todos.

Logo após, concluiu:

— Nossa atividade, logo mais, terá lugar em nosso querido planeta, em região pantanosa, que a imaginação humana descreveria como infernal. Nosso objetivo é resgatar Ambrósio, que ali se encontra há quase duas dezenas de anos... Guardaremos vigilância e oração em nossa vilegiatura espiritual e faremos parte da caravana da nobre Entidade que fora na Terra a rainha Isabel de Portugal, considerada santa, que se dedica a esse mister há muitos anos como mensageira do Amor, mantendo irrestrita confiança em Deus.

De imediato, notificados que a caravana da magnânima benfeitora chegaria em breves momentos, dirigimo-nos ao jardim, a fim de aguardá-la.

A minha mente atropelava-se com interrogações que a ocasião não permitia esclarecer.

Procurei relaxar ante um gesto fraterno de Alberto, que parecia entender-me a perplexidade e a inquietação, passando a manter uma conversação descontraída e promissora com o gentil amigo.

Vimos acercar-se então o grupo de trabalhadores especializados em libertação magnética de Espíritos aprisionados em regiões dolorosas sob o comando da nobre senhora. Vestida com traje largo e simples, que exteriorizava suave claridade procedente do Espírito, sem qualquer sinal exterior de grandeza, a santa da caridade trazia na mão direita um bordão de substância transparente levemente azulada, enquanto a sua aura irradiava incomparável majestade. Aproximadamente cinquenta colaboradores apresentavam-se equipados com redes muito delicadas e macas alvinitentes, alguns archotes apagados e mais ou menos dez enfermeiros encontravam-se a postos. A um sinal do Dr. Ignácio, Alberto e eu nos acercamos da comandante, sendo apresentados carinhosamente, na condição de aprendizes daqueles serviços específicos de socorro aos infelizes espirituais.

Expressando um sorriso de indefinível beleza e humildade, a senhora nos distendeu uma nívea mão com dedos delicados, que osculei com emoção e reconhecimento pela oportunidade que me facultava junto aos seus cooperadores. Não disse qualquer palavra, nem era necessário enunciá-la. O amor irradia sentimentos que o verbo não pode traduzir.

Antes de descermos ao abismo terrestre, e porque todos nos encontrássemos em silenciosa expectativa, a Entidade santificada exorou a proteção do Médico Divino para o ministério de amor e, silenciando, avançou por todos nós, seguida na direção do querido planeta.

Seria difícil para mim explicar o admirável fenômeno de volitação que nos reunia sob a mesma vibração no harmonioso deslocamento.

Podíamos ver-nos aproximando-nos da Terra, que se agigantava diante de nós, até pararmos em um lugar lúgubre, de aspecto truanesco.

Não haviam passado vinte minutos, segundo os meus cálculos, e sentíamos as emanações deletérias da região enfermiça e sombria, onde nenhum sinal de vida se manifestava. Ao lado de pântanos pútridos, cavernas se abriam profundas em montanhas escuras que limitavam a área do paul dantesco. Reunindo-nos à borda do lamaçal, demo-nos conta da escuridão reinante, como se nuvens carregadas cobrissem a área, vez que outra sacudida por trovões espocantes e relâmpagos velozes. Concomitantemente, o exalar de matéria em decomposição e os fogos-fátuos que eram percebidos falavam sobre a zona morbífica em que nos adentrávamos.

À medida que nos adaptávamos ao ambiente hostil, percebemos as emanações carregadas que subiam do lodo, tornando sempre mais densas as nuvens que pairavam ameaçadoras, como se estivessem carregadas de tormentas incomuns, prestes a desabar frenéticas e destruidoras.

A senhora postou-se à frente, enquanto os cooperadores de imediato a seguiram formando uma fila indiana silenciosa e austera. O nosso pequeno grupo ficou entre os que carregavam as tochas e os padioleiros vigilantes. Erguendo o bordão que derramava suave claridade, iniciou-se a marcha sobre o tremedal. Os archotes foram acesos e produziam uma luz branca que não se expandia, suficiente, porém, para iluminar o charco que borbulhava ameaçador.

Acompanhando o Dr. Ignácio e Alberto, que sempre seguiam as pegadas que eram deixadas pelos visitantes, eu mantinha a mente em Jesus e os sentimentos adornados de compaixão. Nesse estado de alma, pude perceber que, de momento a momento, na sombra das lamas agitadas erguiam-se cabeças que clamavam por misericórdia e apoio, para logo afundarem no lodo asfixiante. O vozerio, as exclamações, os pedidos de socorro e as queixas misturavam-se a blasfêmias e recriminações que aumentavam à medida que nos adentrávamos pela furna aberta na rocha por antigas correntes d'água, que a tornava perigosa, escorregadia...

Sem nenhuma palavra, conseguia captar o pensamento do Dr. Ferreira, infundindo-me ânimo e silenciando-me as inquietações que começavam a assaltar-me. A densa treva era cada vez mais escura, impedindo quase a irradiação dos archotes acesos. Entre um e outro relâmpago, pudemos perceber que acima do lamaçal pairavam Entidades perversas, que pareciam flutuar no ambiente, de aspecto indescritível, que as oleogravuras religiosas não conseguem imitar pelo seu aspecto degenerado e apavorante, que aplicavam relhos naqueles que se erguiam do charco imundo suplicando amparo.

Tormentos da obsessão

— *São os perturbadores da ordem que nos visitam, objetivando roubar nossos escravos. Pancada neles...*

E gargalhadas estentóricas produziam estranhos ecos na furna imensa.

— *Ataquemo-los!* — gritou alguém de aspecto feroz, exibindo sua carantonha deformada, enquanto ameaçadoramente eliminava fumaça arroxeada pelas narinas, erguendo bidentes e chibatas que estalavam no ar pesado.

E como logo voltava a escuridão, passado o instante do relâmpago, somente ouvíamos os protestos e desafios, que não recebiam qualquer resposta.

A caravana avançava decidida, entre acusações e doestos, acrimônias e agressões verbais, até que vimos erguer-se o bastão da senhora e os archotes aumentaram a luminosidade. Nesse momento, apresentou-se uma área imensa dentro da caverna, na qual estorcegavam Espíritos aprisionados às paredes, fazendo recordar alguns dos suplícios da mitologia grega, surrados sem piedade, outros acorrentados por pés e mãos, carregando pedras pesadas e removendo-as de um para outro lugar, enquanto no lodo, afogando-se sem cessar, inúmeros se erguiam e novamente desciam em terrível e inominável sofrimento.

Novamente o bordão se ergueu, e as redes foram atiradas sobre o lameirão, tornando luminosas as malhas que pareciam pirilampos sobre o lodo. Muitas cabeças que surgiram, percebendo o recurso que poderia ser salvador, agarravam-se-lhes e gritavam por socorro, enunciando os nomes de Jesus, de Deus, de Maria, de alguns dos santos das suas antigas devoções, alardeando arrependimento e suplicando amparo. De energia magnética, muito bem constituídas, a novo sinal as redes foram puxadas pelos braços fortes dos seus condutores, e observamos que, enquanto algumas se despedaçavam, deixando no lugar, em agonia, aqueles que

as seguraram, outros eram colhidos e arrastados até os cara-
vaneiros, que os retiravam e os colocavam, debilitados, nas
macas que de imediato eram distendidas para os receber.

Por algumas vezes, repetiu-se o admirável concurso
de proteção aos infelizes.

Percebendo a ocorrência, seres monstruosos, que haviam sido vítimas de zoantropia por hipnose, e que se deslocavam no ar tentando impedir o atendimento, eram rechaçados por outras redes protetoras que foram atiradas sobre
o grupo, impossibilitando qualquer investida maléfica dos
dominadores da região.

Enquanto se travava uma verdadeira batalha, em que
os perversos administradores da paisagem purgatorial tentavam anular o esforço dos missionários do amor, o venerando Eurípedes acercou-se de uma parede que exsudava
putrefação e rompeu com as mãos as cadeias que prendiam
um Espírito desfalecido e deformado, que lhe tombou nos
braços, antes que os sicários vigilantes pudessem interferir...
Ato contínuo, dois auxiliares tomaram-no e o colocaram em
maca protetora, iniciando-se o retorno, deixando para trás
o abismo aterrador.

Nesse comenos, *cães* amestrados foram trazidos e ati-
çados contra a caravana. Não me atrevi a olhá-los na escuridão banhada levemente pelos archotes e os relâmpados
contínuos, porque o benfeitor me inspirava à oração e ao
mergulho íntimo no amor de Deus. Mais tarde, vim a saber
que se tratava de terríveis mutilações experimentadas pelo
perispírito de muitos seres desditosos que se vitimaram na
Terra e foram arrastados para aquele sítio infeliz, onde experimentaram hipnoses terríveis e deformantes.

Quando, por fim, chegamos à orla daquele verdadeiro
purgatório, que superava tudo quanto a imaginação pudesse definir, observamos que os Espíritos recolhidos foram de

imediato atendidos com fluidoterapia, recebendo ligeiro asseio e atendimento para que viessem a adormecer, para não serem criados impedimentos na viagem de retorno ao hospital.

Novamente, sob o comando da rainha Isabel, a caravana ascendeu e, à medida que se aproximava da nossa comunidade, podíamos ver o querido planeta mergulhado em sombras, menos densas do que aquelas localizadas onde estivéramos, banhando-nos da claridade das estrelas que adornavam o zimbório sobre a cidade onde residíamos.

Logo chegamos, e os pacientes foram levados com o grupo de visitadores, enquanto o enfermo espiritual, que fora retirado das paredes e do ergástulo, foi encaminhado à parte inferior do nosso pavilhão, para receber o tratamento que lhe seria dispensado.

Só então fui informado pelo Dr. Ignácio, que se tratava de Ambrósio, que motivara a excursão de misericórdia e de socorro, não obstante também já fossem credores de auxílios aqueloutros que vieram trazidos ao Núcleo de renovação e tratamento.

11

O INSUCESSO DE AMBRÓSIO

De certo modo, já familiarizado com incursões à Erraticidade inferior, aquela expedição, todavia, pelas características de que se revestia, ensejou-me interrogações, que tive oportunidade de apresentar ao gentil diretor no dia imediato.

Impressionara-me profundamente com a *fácies* do irmão Ambrósio, tendo em vista os sinais das sevícias que lhe haviam sido aplicadas e que se apresentavam na forma, dando-lhe um aspecto dantesco. Os traços humanos haviam sofrido graves alterações e todo ele se apresentava esquálido, destroçado, inspirando compaixão e produzindo choque emocional em quem o fitasse.

Adormecido, ao ser transportado ressonava de maneira particular, em um repouso assinalado pelo terror, natural reminiscência dos sofrimentos e pavores que experimentara durante o largo cativeiro naquela região de furnas macabras.

Concomitantemente, exteriorizava odores pútridos que remanesciam da decomposição cadavérica, ainda impregnada no perispírito, que igualmente se apresentava sob deformações responsáveis pela maneira como se encontrava em espírito.

Andrajoso, quase despido, a cabeleira desgrenhada, como se houvesse crescido desordenadamente, misturava-se à barba hirsuta, de aspecto imundo, a envolver a cabeça, o rosto e parte do tórax.

Os seus gemidos eram gritos de indefinível dor, que antes provocavam nos algozes que o martirizavam chalaça e mais azedume, e agora um grande respeito e compaixão em nós.

Naqueles dédalos de onde provinha, não luziam a misericórdia nem a esperança, e alguém menos habituado ao trabalho nas zonas espirituais inferiores suporia tratar-se do inferno mitológico das religiões, ultrapassando, porém, as figurações horrendas das imaginações terrestres...

Quando o Dr. Ignácio nos convidou a visitá-lo, agora internado em nosso pavilhão, não sopitei o interesse de aprender mais e, rogando-lhe licença, apresentamos-lhe algumas das inquietações que me ardiam na mente.

Com a afabilidade que lhe é natural, o distinto esculápio não se fez rogado, permitindo-nos fossem-lhe propostas as questões.

— *Por que a Caravana* — iniciei — *era presidida pela nobre benfeitora de Portugal?*

Sem qualquer enfado ou indisposição, respondeu-me:

— *Desde quando desencarnara, deixando luminosas lições de caridade, que a celebrizaram na Terra, e podendo desfrutar de justas alegrias em regiões ditosas, a fim de prosseguir no seu desenvolvimento espiritual, a extraordinária senhora optara por continuar amparando o povo que o matrimônio lhe havia concedido para ser também sua família espiritual. Por consequência, dedicou-se a socorrer igualmente os desencarnados retidos em lúgubres paisagens de recuperação dolorosa, trabalhando para retirá-los dali, oferecendo-lhes as oportunidades sacrossantas do amor e do perdão. Em face das faculdades* mediúnicas incontestáveis que lhe exornaram a existência física, especialmente a de ectoplasmia, que lhe permitira a realização de vários fenômenos grandiosos, e que foram tomados por milagres pela ignorância vigente na época, poderia movimentar essas forças agora intrapsíquicas, direcionando-as em favor dos Espíritos mais infelizes, aprisionados ao remorso, à consciência culpada, que se tornaram vítimas fáceis de si mesmos e dos seus adversários inclementes quão odientos.

Fez uma breve pausa, e logo adiu:

— Com um vasto patrimônio de realizações espirituais, fez-se muito amada, e quando se propôs a esse especial ministério de socorro, muitos valorosos Espíritos se apresentaram para assessorá-la, contribuindo para a diminuição dos angustiosos sofrimentos daqueles que estagiam nas esferas desditosas e de difícil acesso. Não que a Misericórdia Divina deixe de possuir recursos extraordinários de atendimento aos párias morais, que se permitiram homiziar com outros semelhantes em conúbios nefastos. Graças, porém, à sua elevação moral, granjeada no sacrifício e na abnegação, e à especialização que se permitiu através dos tempos nesse gênero de atendimento, a sua irradiação vibratória produz um vigoroso campo de defesa, que os petardos mentais e as agressões dos verdugos desencarnados da Humanidade não conseguem cindir.

Silêncio, oração mental e amor são os equipamentos exigíveis para que se possa tomar parte na sua caravana, ao lado de muito bem elaborada disciplina interior, feita de confiança em Deus e respeito às Suas Leis, a fim de que a perturbação e o receio não produzam brechas, tornando vulnerável o conjunto.

Para evitar reações desnecessárias dos habitantes e controladores desses lôbregos sítios, ela diminui a potência da energia que pode exteriorizar, irradiando apenas a claridade suficiente para iluminar a área visitada, mantendo os objetivos traçados, sem deixar-se atrair por simulações e armadilhas dos *hábeis artesãos do mal e da crueldade. Com certeza existem numerosas caravanas equivalentes, no entanto, compromissos espirituais existentes entre ela e o nobre Eurípedes atraem-na periodicamente à nossa Comunidade hospitalar, a fim de oferecer a sua valiosa e sábia ajuda.*

— *E por que a fila indiana, para conduzir-se no paul tormentoso?* — inquiri, interessado.

— *Por precaução* — redarguiu, calmamente. — *O campo de energia por ela aberto, ao marchar à frente do grupo, cria defesas em favor daqueles que seguem na retaguarda. Ademais, o* terreno *pantanoso encontra-se empesteado de vibriões mentais e de detritos psíquicos que poderiam reter os caminhantes descuidados, quais armadilhas distendidas por todos os lados para impedir a fuga dos prisioneiros espirituais.*

Da mesma forma que na Terra a astúcia perversa se utiliza de engrenagens sórdidas para reter e malsinar suas vítimas, considerando-se ser o nosso o Mundo causal, *convém não esqueçamos que aqui a mente dispõe para o bem como para o mal, de muitos arsenais de força, de que se utiliza conforme o estágio de evolução em que se encontra.*

Porque o clima da conversação fosse agradável, prossegui, indagando:

— *O nosso irmão Ambrósio constitui-se merecedor de um socorro especial, tendo-se em vista haver sido ele o motivo central da incursão vitoriosa?*

Desenhando um suave sorriso na face, em razão da pergunta algo ingênua, o amigo educado retrucou:

— *Não há privilégios nas Leis Divinas, caro Miranda, conforme sabemos. Nem pessoas ou Espíritos existem que sejam especiais... O nosso irmão Ambrósio, que hoje se encontra conosco, partiu da Espiritualidade na direção do planeta terrestre cantando hosanas de esperanças e retornou destroçado, aprisionado no calabouço que abriu para si mesmo através da invigilância, em razão de haver falido nos propósitos que se comprometeu tornar realidade.*

Há quase setenta anos mergulhou no corpo físico, sob a carinhosa assistência de benfeitores que o inspiraram e se prontificaram a ajudá-lo por mais de meio século em atividades espirituais significativas. Enriquecido com mediunidade ostensiva, preparou-se para cooperar com a divulgação da Doutrina Espírita, devendo entregar-se com abnegação e humildade. Em razão dos seus esforços direcionados para o bem, não seriam regateados valores que o auxiliassem na desincumbência da tarefa.

Recuperado de graves delitos, cometidos no campo do sacerdócio católico no passado, no qual se comprometera terrivelmente, o exercício da mediunidade iluminada pela Codificação Espírita ser-lhe-ia a estrada de Damasco *para o verdadeiro encontro com Jesus. Embora a terapia valiosa de que fora objeto, não conseguiu superar inteiramente o* homem velho *e os vícios derivados do egoísmo e da presunção, voltando a enrodilhar-se em cipoais mais vigorosos, agora sem escusas, em razão do conhecimento que possuía sobre a vida espiritual...*

Fazendo uma reflexão mais cuidadosa, concluiu:

— *...O corpo é ainda uma armadura muito pesada para o Espírito que sente o bloqueio dos compromissos e desvaira nos arrazoados da insensatez, mesmo quando advertido e orientado com segurança.*

Nosso amigo e irmão Ambrósio renasceu em cálido ninho doméstico, onde o amor vicejava, a fim de dispor de forças para enfrentar e superar as agressões dos adversários desencarnados, que o vigiavam desde a infância. Como não esquecemos, nesse período, os médiuns ostensivos experimentam grandes aflições propiciadas pelos seus inimigos de ontem, que tentam perturbar-lhes a marcha, impedindo por antecipado a realização dos programas para os quais renasceram.

Por isso mesmo, o carinho dos pais, as orientações espirituais, particularmente as espíritas, constituem o valioso recurso para criar resistências morais nos futuros trabalhadores da Causa do Bem, que se poderão dedicar sem receio aos compromissos iluminativos. Foi o que aconteceu com o nosso candidato à reabilitação. Se foi acicatado e perseguido por diversos companheiros inamistosos que o afligiam, não lhe faltara o devotamento dos pais, especialmente da mãezinha que também era portadora de percepção mediúnica, ajudando-o no exercício da oração e dos bons costumes, a fim de que se imunizasse contra as heranças infelizes que se lhe encontravam vivas no íntimo, mas também como tesouro de sustentação para as lutas do futuro.

Caminhávamos lentamente pelo corredor, na direção da enfermaria em que se encontrava o recém-chegado. Segurando-me o braço, afetuosamente, e mudando o tom de voz, o nobre médico aduziu:

— *A mediunidade é compromisso de alta significação que ainda não encontrou a necessária compreensão entre as criaturas encarnadas no mundo físico. Por um atavismo perverso, que teima em permanecer dominante, é quase sempre tida como* favor *divino para eleitos, força sobrenatural, mecanismo prodigioso e equivalentes, que tornaria o medianeiro um ser especial, quando não combatido tenazmente, tornando-se-lhe uma armadilha cruel que o leva à presunção e ao despautério. Mesmo que procure viver com simplicidade e demonstre que é somente instrumento do Mundo espiritual, que a ocorrência do fenômeno independe da sua vontade, as criaturas viciadas nas superstições e interessadas nas questões imediatistas o envolvem em bajulação, em excesso de cortesias, em destaques embaraçosos que quase sempre terminam por perturbar-lhe a marcha... As heranças do pensamento mágico, com que acompanham as manifestações mediúnicas, fazem que se transfiram para o médium os méritos que pertencem à Vida, empurrando-o para tropeços e compromissos negativos, sem forças para resistir aos assédios de todo porte que a circunscrevem em área muito apertada e conflitiva.*

Por outro lado, vigem a intolerância sistemática e a perseguição gratuita à faculdade mediúnica, por uns considerada como de natureza demoníaca, por outros tida como transtorno patológico ou sagacidade de malabaristas interessados em enganar ou fruir resultados monetários para o próprio bem. Embora injustas, apoiam-se em algumas ocorrências infelizes que assinalam personalidades frágeis ou enfermiças, cuja conduta sempre oferece margem para essas inditosas afirmações, totalmente destituídas de significado ou de lógica.

O nosso Ambrósio conseguiu atravessar a infância relativamente bem, suportando o cerco da hostilidade dos inimigos da Verdade, amparado pelos genitores vigilantes. Durante a adolescência, quando os fenômenos se fizeram mais ostensivos, foi levado a uma célula do Espiritismo Cristão, recebendo apoio e orientação segura para a desincumbência dos compromissos que ficaram firmados na retaguarda. A adolescência, com os seus tumultos orgânicos, produziu-lhe alguns distúrbios que foram superados com boa orientação, e quando chegou a idade da razão, dedicando-se ao trabalho mediúnico, atraiu a atenção das pessoas desacostumadas com as autênticas manifestações espíritas, que começaram a cercá-lo de privilégios, exaltando-lhe a personalidade e impregnando-o com as infelizes influências, qual se tratasse de um semideus em missão especial na Terra.

Terminados os estudos e passando a exercer a função que elegera como recurso para uma vida honrada, graças à fácil exteriorização do ectoplasma, produzia manifestações físicas seguras, que fascinavam os companheiros honestos e deslumbravam os incautos. As mensagens que retratavam os seus autores com riqueza de detalhes tornaram-se motivo de interesse e de atração para os corações saudosos, que se reconfortavam, e o campo de serviço ampliou-se-lhe, fascinante e rico de oportunidades. Logo se criou uma pequena corte de assessores ociosos e de pessoas desinteressadas do Espiritismo, mas desejosas de projeção e de oportunismo, atraindo-o, lentamente, para o abismo no qual se precipitou.

Demonstrando compaixão e entendimento na face e na voz, o dedicado amigo prosseguiu:

— Embora inspirado e bem direcionado pelos seus mentores espirituais, começou a negligenciar as advertências, supondo-se infalível e possuidor de recursos que não lhe pertenciam, tornando-se verdadeiro infante adulado, *e exibindo os distúrbios do passado que começaram a ressumar do inconsciente profundo. Logo se fez exótico, tomando atitudes estranhas e sintonizando com Entidades vulgares que lhe exploravam a vaidade exacerbada, empurrando-o para o anedotário chulo nas palestras doutrinárias que se permitia proferir, perdendo o equilíbrio total e a compostura a pouco e pouco. Os conflitos sexuais, que estavam sob controle, também começaram a assomar nesse comenos, e tornou-se propagandista do exercício livre das paixões da libido, em tons de modernidade, como se liberdade e licenças morais fossem a mesma coisa.*

Inspirado e açulado por Entidades vulgares dos comportamentos do sexo ultrajado, vampirizadoras das energias humanas, foi empurrado para atitudes públicas e particulares reprocháveis, gerando vexame nas pessoas sinceramente vinculadas à Doutrina Espírita e embaraçando aquelas outras menos informadas em face das propostas expendidas, todas estranhas aos cânones espiritistas.

Não demorou muito, e começou a sentir a mudança radical que passou a operar-se em torno da faculdade mediúnica. Os Espíritos nobres, rechaçados pela sua vacuidade e presunção, foram afastados por ele mesmo; e outros, de elevação suspeita, pseudossábios e perversos, começaram a influenciá-lo, especialmente uma legião de artistas plásticos do fim do século passado e começo deste, que mantinham as paixões que os consumiram, nele encontrando campo psíquico para o prosseguimento das alucinações a que se entregaram. Os efeitos físicos foram cessando, e sob a tutela das insinuações perturbadoras, começou a preencher por conta própria os espaços mediúnicos com astúcia e manobras espúrias, sem entender a lição silenciosa que lhe era ministrada pelos guias espirituais, chamando-lhe a atenção, aos retos deveres, à honestidade, ao afastamento das companhias malsãs de ambos os planos da vida.

A perda e a suspensão da mediunidade são efeitos naturais das Leis Soberanas, que fazem parte do ministério a que se entregam todos aqueles que pretendem servir ao bem, em razão da não propriedade desses recursos, mas apenas da possibilidade de sua utilização para fins edificantes e libertadores. São uma verdadeira providência superior para advertir os incautos e trazê-los de volta ao caminho do dever, o que nem sempre, porém, sucede.

Fascinado pela chamada vida social, recalque natural de dificuldades vividas na infância, passou a desfilar como ser excepcional, que provocava exclamação e inveja nos círculos frívolos dos meios em que comparecia festivamente. Distanciando-se dos enfermos e sofredores, fez-se rude no trato com as demais pessoas, subestimando-as, soberbo nas expressões comportamentais, verdadeiro astro da mediunidade de ocasião, e em tudo quanto realizava em nome da caridade, disfarçava embutidos os sentimentos de autopromoção e exibicionismo, longe, portanto, do amor ao bem e do culto irrestrito do dever.

Desnecessário dizer que passou da obsessão simples para a fascinação, quando não lhe faltaram corresponsáveis, e, por *fim, tombou, aturdido, na* subjugação, *que o fez mais agressivo, quando não totalmente vulgar.*

Estávamos chegando à pequena e especial enfermaria na qual se alojava o enfermo, quando o dedicado diretor concluiu:

— *Nesse estado de alienação espiritual e moral, tornou-se a estrela das festas da futilidade, aplaudido pelos incautos, seus semelhantes, e mentalmente foi acometido pelos acicates dos inimigos desencarnados que o exploravam e o induziam à perda do contato com os benfeitores da Vida maior. Numa noite de horror, após a exibição em uma das promoções que realizava com frequência para lisonjear o próprio* ego, *foi acometido de uma isquemia cerebral inesperada, e não obstante atendido com urgência, padeceu um bom par de meses em tratamento hospitalar, sucumbindo sob o assédio dos inimigos que o arrastaram para a repugnante região de onde foi agora retirado.*

A mediunidade é ponte de serviço, pela qual chegaram à Terra as informações do Mundo espiritual, ensejando a Allan Kardec a construção *da incomparável obra que legou à Humanidade como patrimônio indestrutível para os tempos do futuro. No entanto, não é imprescindível para a preservação da Doutrina, que a dispensa, sendo o seu exercício, sem a prudência e orientação do Espiritismo, sempre um risco de imprevisíveis consequências para o seu usuário, assim como para todos aqueles que compartilham das experiências sem controle.*

Silenciando, convidou-nos a entrar.

Deparei-me com uma cena inesperada. O enfermo encontrava-se sob forte indução hipnótica, ainda em sono provocado. O aspecto horrendo permanecia como na véspera. Assistido por enfermeiros dedicados, gritava com regular frequência, como se continuasse sob os açoites e lapidações que experimentara. Os odores fétidos, embora diminuídos, em razão do ambiente assepsiado, continuavam, causando algum mal-estar.

— *Nosso amigo encontra-se em sono profundo, que lhe foi aplicado* — esclareceu Dr. Ignácio — *porque, ao despertar, em face do longo período em que esteve prisioneiro, poderia sair correndo em desespero, pensando fugir da rocha a que se encontrava atado. O nosso labor inicial é fluidoterapêutico, a fim de desvesti-lo das couraças vibratórias em que se encontra envolvido, até podermos chegar mais tarde ao seu psiquismo anestesiado pelas energias dos algozes que o entorpeceram desde os dias quando transitava no corpo físico.*

Oremos com unção, a fim de que nossa mente possa envolvê-lo em vibrações de harmonia, dissipando as camadas de energia deletéria que o subjugam, mantendo as imagens cruéis que o dilaceram mentalmente.

Sem mais detalhes, o amigo silenciou e mergulhou em profunda oração, sendo acompanhado por mim e pelos demais auxiliares presentes. Lentamente, uma suave claridade em tons alaranjados desceu sobre o enfermo e um suave perfume invadiu o ambiente contrastando com as emanações enfermiças que foram ultrapassadas. Após alguns minutos de oração silenciosa, que se transformaram em bálsamo para o internado, fomos convidado a sair, deixando-o entregue à enfermagem competente.

No lado externo, Dr. Ignácio informou-nos que, à noite, seria realizada uma reunião especial de tratamento, contando com a presença da senhora Maria Modesto Cravo e do venerando Eurípedes Barsanulfo, para a qual me convidava.

Acompanhamo-lo até a porta do gabinete onde nos despedimos, ali encontrando Alberto, que se dispôs a continuar conosco.

12

TERAPIA ESPECIAL

À hora aprazada, encontrávamo-nos na enfermaria onde se recuperava o irmão Ambrósio. Dr. Ignácio requisitara a presença de duas damas que não conhecíamos, a fim de contribuírem com as suas faculdades mediúnicas na atividade programada.

Estávamos em silêncio e recolhimento, quando deram entrada no agradável recinto o venerando Eurípedes Barsanulfo e dona Maria Modesto, que eu iria conhecer com mais identificação a partir daquele momento.

O apóstolo sacramentano saudou-nos com equilibrada jovialidade, enquanto a senhora Modesto limitou-se a desenhar um sorriso na face delicada, meneando a cabeça em gesto de cumprimento silencioso.

A enfermaria mantinha-se em penumbra, e pairava a agradável psicosfera amena que fora providenciada desde a manhã.

Éramos, ao todo, oito participantes da empresa espírita para o atendimento ao enfermo cujo drama nos compungia.

Eurípedes, tomando a palavra, sintetizou o programa a ser desenvolvido:

— A transferência do nosso querido paciente para este recinto não rompeu os vínculos energéticos mantidos com alguns dos verdugos que o retinham na furna de aflições. Foi deslocado espiritualmente, sim, mas as fixações psíquicas encontram-se-lhe imantadas através do perispírito denso de energias morbosas.

Iremos tentar deslocar algumas das mentes que prosseguem vergastando-o, atraindo os seus emissores de pensamentos destrutivos a conveniente e breve diálogo, para, em ocasião própria, torná-lo mais prolongado, por cuja terapia procuraremos liberá-lo das camadas concêntricas de amargura e de culpa, de necessidade de punição e de fuga de si mesmo, até o momento de o despertarmos do sono reparador, que lhe foi imposto por força das circunstâncias.

De imediato fomos convidados a sentar-nos, os médiuns em torno da mesa próxima ao leito do paciente, e os demais ao lado, em um convívio dulçoroso e fraterno.

O nobre Eurípedes levantou-se, e proferiu comovida oração:

— Jesus, Incomparável Benfeitor!

Tu, que elegeste o amor como solução para todos os graves problemas humanos, inunda-nos desse sublime tesouro, para bem atendermos aos deveres que nos dizem respeito neste momento.

Logo a morte se Te assenhoreou no Gólgota, e o teu corpo foi inumado, desceste em espírito ao Abismo, a fim de buscar Judas, que houvera enlouquecido, deixando-se arrastar pelas forças hediondas da Treva, e o libertaste para recomeçar novas experiências iluminativas...

Incapazes de agir com a Tua superior vontade e poderosa energia, ajudaste-nos a retirar da região aflitiva o Teu discípulo desvairado, agora necessitado de socorro específico, para que as pesadas escamas da ignorância e da loucura sejam-lhe igualmente liberadas.

Porque se acumpliciou com a sombra, perdeu o contato com a Tua claridade mirífica, permanecendo nesta demorada situação de horror.

Ajuda-nos a libertá-lo daqueles que lhe engendraram a escravidão e, não obstante o largo período de impiedade com que o seviciaram, ainda teimam em reconduzi-lo para os hediondos sítios onde esteve até há pouco.

Penetra-nos com a Tua sabedoria e guia-nos no difícil dédalo, cujo acesso está ao nosso alcance, para que não nos percamos nas suas rotas mentirosas.

Irriga-nos de ternura e conduze-nos com segurança no labor que realizaremos em Tua homenagem.

Ao silenciar, pairavam no ar vibrações harmoniosas, interrompidas somente pela agitação de Ambrósio que, no entanto, estava mais calmo.

Poucos minutos após, uma das damas convidadas começou o transe psicofônico atormentado, agitando-se e blasfemando em desconcerto emocional profundo, com a voz alterada e roufenha.

Palavras agressivas e gestos de violência denotavam o baixo nível evolutivo do comunicante desencarnado, enquanto exteriorizava vibrações morbíficas, penosas.

Eurípedes, profundamente concentrado, deixou-o falar, facultando maior entrosamento com a médium, e enquanto todos nos uníamos em prece silenciosa, o visitante blasonou, agressivo:

— *Com qual direito os senhores se adentram em nosso recinto de justiça, sem nosso consentimento, com a presunção de libertar o réprobo e infame criminoso? Onde ele estiver, não conseguirá ficar livre dos nossos vínculos que foram muito bem fixados durante os seus largos anos de dependência do nosso alimento mental. Não lhes parece muita a audácia da invasão?*

Sem qualquer desagrado ou agressividade como revide, o benfeitor esclareceu:

— *Não ignoramos o seu relato e o lamentamos muito, tendo em vista a sua consciência de parcial responsabilidade no que nos narra, o que torna o irmão acusado, recém-libertado de sua região, vítima de si mesmo, mas também do caro visitante.*

Não somos responsáveis pela apontada invasão da sua área para ajudar o aflito que pôde fruir de lucidez e anelar pela libertação, recordando-se que também é filho do Amor. Foi ele próprio quem nos propiciou a busca, terminada a prova reparadora que se impôs, ao permitir-se o conúbio moral com os amigos...

Cada qual sintoniza com aquilo e aqueles com os quais se compraz. No momento em que muda o direcionamento da aspiração, passa a sintonizar noutra faixa psíquica e emocional, estabelecendo novos compromissos...

— *E quem são os senhores* — interrompeu com insolência maldisfarçada —, *que se atrevem a adentrar-se pela nossa província?*

Com a tranquilidade da sabedoria e da fé, respondeu o amigo gentil:

— *Que saibamos, todo o Universo pertence a Deus, e as dominações transitórias mudam de mãos conforme as circunstâncias. Desse modo, inspirados pelo Pai Doador e Seu Filho, todo amor, buscamos atender aqueles que Os evocam, e mesmo encontrando-se retidos nos antros de perversão, têm o direito de ser liberados.*

Graças à interferência de Isabel de Portugal, a nobre rainha das rosas, apiedada dos infelizes, foi possível buscar a ovelha perdida para recolocá-la no rebanho, já que se houvera extraviado por si mesma, atraída pelo canto enganoso do amigo infeliz e dos seus cômpares.

A um sinal discreto, Dr. Ignácio levantou-se e começou a aplicar passes dispersivos no *chakra coronário* da médium em transe, para logo distribuir vigorosas energias na mesma região, que facultavam ao agressor a perda do controle da situação.

Ato contínuo, o orientador prosseguiu:

— *Não pretendemos mudar-lhe a maneira de pensar, de ver e de entender os atuais acontecimentos. Os irmãos cruéis existem e proliferam, porque são alimentados psiquicamente por aqueles que preferem o engodo, o crime e a irresponsabilidade, trabalhando com eficiência os braços da justiça desvairada que os alcançará nas suas Esferas espirituais. Reconhecemos que a sua, como a existência de justiceiros espirituais, é resultado da alucinação que grassa no mundo das fantasias até o momento quando se instale a verdade nas mentes e nos corações.*

Fez uma breve pausa, e notamos que o verdugo passava por uma rápida alteração com sinais de entorpecimento mental.

A seguir, o doutrinador completou:

— *O nosso desejo, no momento, é diluir os laços psíquicos que o atam ao nosso irmão, rompendo as vinculações doentias que têm vicejado até então entre ambos. Confiemos, outrossim, que num dia não longínquo, o irmão Ambrósio certamente será o mensageiro da Luz para o felicitar também. Por enquanto, o amigo ficará hospedado conosco em recinto próprio, onde começará com as reflexões que lhe permitirão retroceder ou avançar, conforme o seu livre-arbítrio.*

Quando silenciou, o agressor, adormecido, foi deslocado do perispírito da médium e acomodado em maca próxima que o aguardava.

Imediatamente, dona Maria Modesto, a instância do mentor, concentrou-se especialmente, e vimos Dr. Ignácio tomar de delicado aparelho, constituído por duas cápsulas côncavas, ligadas entre si por um tubo transparente, colocando, cada uma, respectivamente, na cabeça de Ambrósio e da médium.

A seguir, parecendo ligadas por corrente elétrica desconhecida, sendo, no entanto, de natureza psíquica, vimos que o tubo passou a deslocar um tipo de energia viscosa que se desprendia do interior da cabeça do enfermo e que inundava o cérebro da senhora, fazendo-a agitar-se.

Era a primeira vez que observava esse tipo de transferência de energia psíquica, mente a mente, com finalidade terapêutica em caráter mediúnico.

A médium foi sendo envolvida pela massa volátil e densa, que fora do tubo e do capacete movimentava-se em torno da sua cabeça, prolongando-se descendentemente ao tórax, parecendo produzir-lhe fortes dores. Gemidos e expressões de pavor tomaram-lhe a face e a voz, enquanto Eurípedes, atento, acompanhava o fenômeno peculiar.

Subitamente, propôs à senhora em transe profundo, inundada pelas sucessivas camadas de espesso vapor, que liberasse as aflições que a angustiavam. Vimos, então, o rosto congestionar-se, envolto pela névoa em tonalidade marrom, que eliminava também odor acre, nauseabundo, contorcer-se, transmitindo a todo o corpo os movimentos agônicos, quando começou a falar:

— *A sua vida é nossa, e você deve funcionar como um fantoche sob nosso controle... Ouça nossa voz, que é a única portadora de recursos para o conduzir à felicidade... Somos os conquistadores do Infinito e dominamos as vidas que se nos entregam, porque somos possuidores dos recursos que proporcionam poder na Terra, destaque e glória... Negociemos: você cede um pouco e nós concedemos muito... Não lhe faltarão amor, glória, alegrias e posição de destaque...*

Houve uma pausa rápida, e a ouvimos exclamar em aflição:

— *Morro! Asfixio-me nessa neblina venenosa. Socorro!*

A voz sofrida provocava-nos compaixão, enquanto a sua agitação denotava realmente um grande sofrimento.

O mentor, que se encontrava na retaguarda da senhora, muito sereno, nimbado de suave claridade, intercedeu, ajudando-a com palavras calmantes:

— *Absorva essa energia infeliz para libertar o nosso paciente. O sacrifício de amor arrebenta as algemas da loucura e da perversidade. Ofereça a sua contribuição em forma de misericórdia.*

Simultaneamente, procurava retirar com movimentos rítmicos as camadas que se movimentavam em torno da cabeça e dos ombros da médium, parecendo anéis constritores que apertavam, produzindo asfixia. Da cabeça do orientador, a suave claridade passou a envolver a massa que continuava avolumando-se, até que, a um sinal, o Dr. Ignácio retirou o capacete do paciente, interrompendo o fluxo da nefasta energia.

Eurípedes continuou a operar em silêncio, movimentando as mãos e desprendendo as vibrações poderosas do seu psiquismo iluminado, que se misturavam com aquelas nefandas que foram sendo diluídas, a pouco e pouco, enquanto a médium continuava extravasando mal-estar... Todos orávamos, envolvendo o instrumento medianímico em dúlcidas e ternas energias de amor que a vitalizavam, sustentando-a no cometimento socorrista.

Alguns minutos transcorridos, e o envoltório viscoso começou a desaparecer e a diluir-se, como se fosse transformado em vapor que se fizesse água e escorresse para o piso.

Como a operação transformadora continuasse, a médium foi recuperando as características normais, o ritmo respiratório não mais aflitivo, desaparecendo da cabeça, ainda encimada pelo capacete, as condensações doentias.

Permanecendo em transe, expressou-se noutro tom:

— *Tenho medo e devo obedecer... Sou um réprobo e necessitado... A minha falência moral é sinal de desgraça, mas não há outra alternativa... O que aconteceu comigo? Onde a promessa dos anjos, que já não estão comigo?*

E mudando de tonalidade, pôs-se a gargalhar, estentórica:

— *Gozar é o lema... Viver enquanto o corpo me permite a oportunidade... Logo mais vem a morte e tudo se aniquila, ou não? Deus meu, estou louco! Que me aconteceu? Onde estou e que faço aqui?*

Tratava-se, para mim, de uma estranha comunicação, que não recebia a terapia da palavra gentil do orientador.

Continuou esse estado alterado de consciência na trabalhadora mediúnica.

Eurípedes ouvia-a com atenção, dispersando, agora, ondas quase invisíveis à minha percepção psíquica, até que um grande silêncio tomou conta da enfermaria.

O paciente acalmou-se, quase totalmente, e diáfana luminosidade, além daquela natural que inundava o ambiente, envolveu a sala em tons alaranjados suaves, procedente das ignotas regiões espirituais, em decorrência da concentração e das preces ali vivenciadas.

Dona Maria Modesto retornou ao estado de lucidez, sem denotar cansaço ou mal-estar, nimbada de delicada luz que dela se irradiava. Era portadora de títulos de enobrecimento, que lhe conferiam luminosidade própria pelos serviços de amor direcionados à Humanidade.

Eurípedes, visivelmente jubiloso, após dedicar palavras de reconforto e agradecimento aos presentes, levantou-se e orou:

— *Médico das almas!*

Apresentamo-nos com as nossas dores e queixumes à Tua Misericórdia, como filhos pródigos de volta ao lar paterno, e Tu, Irmão incomparável, recebeste-nos com júbilo e compaixão, envolvendo-nos nos Teus recursos terapêuticos, libertadores.

Desnudamo-nos, abandonando os atavios da mentira e da farsa, e não nos censuraste, nem nos acusaste de queda ou de delito.

Percebeste as chagas do nosso sentimento e colocaste o bálsamo curador, que agora nos diminui as dores, ajudando-nos na recomposição.

Ensejaste-nos a oportunidade de trabalhar na Tua vinha, e embora sabendo que não correspondemos à confiança, não nos cobraste o dever interrompido ou o fracasso cometido.

Somente tiveste compaixão para com a nossa defecção, e bondade para facultar o nosso soerguimento.

Eis-nos novamente de pé, aguardando o que queiras que façamos, já que ainda não sabemos discernir após o torvelinho que nos visitou...

Agradecemos-Te, Compassivo Benfeitor, e nos rejubilamos por estarmos despertos, preparando-nos para novos cometimentos, nos quais esperamos triunfar.

Permanece conosco, particularmente com o náufrago que alcança esta praia de amor, por onde passas, qual acontecia na Galileia do passado, a fim de recolheres os combalidos e cansados, os colhidos pelas ondas furiosas das forças inesperadas e poderosas.

Inundados de júbilo, louvamos-Te e, reconhecidos, pedimos-Te que abençoes a tarefa que ora encerramos.

Todos estávamos sensibilizados. O ambiente calmo exigia silêncio, a fim de que a meditação nos ensejasse o entendimento das ocorrências vividas.

Saímos discretamente, deixando os enfermeiros encarregados de assistir ao irmão Ambrósio, que agora dormia um sono reconfortante, sem os estertores angustiantes, embora a expressão do rosto permanecesse quase a mesma.

Fora da enfermaria, despedimo-nos do terapeuta e da sua auxiliar, das duas damas e do cavalheiro que as acompanhara, ficando com o Dr. Ignácio, que parecia perceber o turbilhão de questões que me agitavam a mente.

Antes mesmo que o interrogasse, o médico convidou-me a um momento de relaxamento no jardim florido da entrada do edifício, para onde nos dirigimos, e enquanto as estrelas lucilavam ante a Natureza também iluminada pela claridade argêntea da lua, explicou-me:

— *Realizamos, há pouco, uma atividade não comum na área dos fenômenos mediúnicos, conforme o habitual entre os encarnados. Trata-se de uma experiência específica para distúrbios profundos, que se fixaram no recesso do perispírito de Ambrósio, alcançando as delicadas tecelagens mentais do Espírito, que lhe sofrem as consequências danosas.*

O objetivo inicial era romper a fixação mental de um dos seus adversários, o que foi conseguido graças à psicofonia atormentada, retirando as energias que lhe estavam imantadas e, momentaneamente, transferindo-as para a médium. Desligado psiquicamente da sua vítima, o retorno se lhe tornará mais difícil, especialmente quando o paciente despertar com outras disposições mentais, não mais facultando campo vibratório para sintonia com esse teor de energia.

Já no caso do fenômeno de que foi objeto a senhora Cravo, observamos que não houve uma incorporação, mas a retransmissão das ideias e pensamentos, no primeiro instante, que foram fixadas no enfermo desde há muitos anos, quando ele se encontrava no exercício da mediunidade e começou a sintonizar com essas Entidades perversas, que o sitiavam. Todas aquelas frases eram hipnóticas, que lhe foram direcionadas através dos tempos e se tornaram gravações verbais *a se repetir sem cessar, levando-o ao desespero, à obediência. Esse é um dos hábeis mecanismos geradores de obsessões, porque o paciente não tem como deixar de estar em contato interno com os comandos devastadores, que terminam por dominar-lhe o raciocínio, a vontade, a emoção...*

Reflexionou um pouco, parecendo coordenar o pensamento, e continuou:

— *Trata-se de técnicos desencarnados que dão assistência ininterrupta às futuras vítimas que, desabituadas ao exercício dos pensamentos edificantes e felizes, acolhem as induções negativas e prejudiciais com as quais passam a sintonizar e comprazer-se, em mecanismos de fuga da responsabilidade, transferindo sempre culpa e dever aos outros, que julgam não lhes conferir a importância que se atribuem.*

Normalmente, sentem-se abandonados por todos e pelas Leis, evitando reconhecer o desleixo pessoal perante o compromisso assumido e passam à posição de vítimas, que não o são, facultando mais franco intercâmbio mental com esses verdugos da sua paz, de que não se dão conta, ou que preferem não cuidar com a necessária atenção. Lentamente, se lhes vão fixando as manifestações da raiva contra os demais, os ressentimentos se lhes aninham na emoção e se entregam ao desvario, conscientes ou não do que está acontecendo. Quanto mais se permitem descuidar, mais amplas possibilidades são oferecidas aos inimigos, que os não liberam, até quando passam ao controle mental soberano, conduzindo-os para as obsessões por subjugação.

Novamente aquietou-se, e, recordando-se do fenômeno, esclareceu:

— Para esse tipo de manifestação psíquica, torna-se indispensável um médium muito sensível e portador de elevação espiritual, a fim de evitar impregnar-se desses miasmas pestilenciais, que se tornam vibriões mentais *e passam a ter vida, embora transitória, enquanto nutridos pelos geradores de energia. Sendo retiradas as frases perturbadoras, são liberados os centros pensantes, e após um período de torpor, enquanto se refazem as* sinapses perispirituais, *que volvem à normalidade ao largo do tempo, o reequilíbrio volta a instalar-se.*

Desse modo, tornou-se dispensável qualquer tipo de esclarecimento, porquanto não se encontrava em comunicação qualquer Espírito, e sim as ideias que atormentaram longamente o desavisado. A atitude do benfeitor era aquela mesma: desembaraçar a médium das correntes mentais absorvidas, a fim de que não permanecessem resíduos mórbidos, enquanto as dissipava com refinada técnica e concentração diluente dos fluidos perniciosos.

Utilizando-se do silêncio natural, indaguei:

— *A médium experimentou dores durante o transe, em face dos gemidos e expressões de angústia que exteriorizava?*

Paciente e educativo, respondeu:

— *No estado de transe sonambúlico, indispensável àquele tipo de ocorrência, pela falta da consciência alerta, não há qualquer sensação de dor ou de sofrimento no médium. São os automatismos fisiopsicológicos que produzem os estertores, as contrações e os gemidos. Devemos, porém, levar em conta que é necessária a abnegação por parte do médium que se oferece para esse delicado mister.*

— *Tendo em vista a informação* — voltei a indagar — *de que se tratava as fixações implantadas no perispírito do paciente, não poderíamos considerar a comunicação como do corpo mental, conforme designação de alguns espiritualistas do passado e do presente, que asseveram ser a criatura humana constituída por sete corpos?*

— *Poderíamos assim denominar parte do fenômeno* — respondeu com sabedoria. — *No entanto, a explicação não se aplica à primeira fase da ocorrência, porque eram as ideias e imagens que foram transmitidas ao paciente e que ora se exteriorizavam. Naquelas em que havia autorreflexão, poderemos considerar como dessa natureza, por haver pertencido ao enfermo. A tese dos sete corpos é muito antiga e iremos encontrá-la nas revelações primitivas do pensamento indiano* — *mais tarde renovadas por Buda* — *e, através dos tempos, por diversas outras doutrinas como a Rosa-cruz, a Teosofia etc. Alguns estudiosos desse conceito, tentando negar a comunicação dos Espíritos desencarnados, recorrem à velha tese da mitologia chinesa sobre as* almas errantes, *que permanecem em volta da Terra, para dizer que são esses* cascões mentais *que se manifestam, enquanto outros apelam para o* corpo mental, *na condição de condensação de resíduos do pensamento que envolvem o* corpo astral... *Preferimos a tese espírita, conforme a desenvolveu o eminente codificador Allan Kardec que, no perispírito, situa recursos ainda não detectados e que serão a chave para decifrar inúmeros problemas que dizem respeito ao ser humano, à vida na Terra...*

Em face da plasticidade de que é portador, o perispírito assimila os pensamentos que são elaborados pelo Espírito, condensando-os e dando lugar às construções que são do particular agrado do seu agente. Eis por que as deformações, que experimentam muitas Entidades, decorrem das próprias elaborações mentais, quando não são ampliadas por processos hipnóticos de companheiros perversos, que os obsidiam, e o fazem porque encontram campo propício às induções perniciosas.

Foi o Dr. Hyppolite Baraduc, o nobre médico francês, que se dedicou à pesquisa do duplo etéreo, *quem denominou essa emanação da mente, que pôde fotografar por* corpo mental. *Trata-se, naturalmente, de um delicado envoltório, qual ocorre com o perispírito em relação ao Espírito.*

A grande verdade é — arrematou com um sorriso — *que somos aquilo que cultivamos mentalmente, abrindo espaço a sintonias correspondentes. Não foi por outra razão que o Mestre galileu nos advertiu: "A cada um conforme suas obras", que são decorrência natural dos seus pensamentos.*

Tormentos da obsessão

Considerando o adiantado da hora, o generoso amigo convidou-me ao repouso, acompanhando-me à porta do meu recanto de paz, embriagado de emoção e reconhecimento a Deus por tantas concessões de que me sentia enriquecido.

13

A EXPERIÊNCIA DE LICÍNIO

As observações da experiência tendo por instrumento o irmão Ambrósio, levaram-me a profundas reflexões. O conhecimento das propriedades do perispírito, conforme as lúcidas referências do eminente codificador do Espiritismo Allan Kardec, é a única forma de compreender-se inúmeros enigmas que dizem respeito à saúde física, mental e emocional dos indivíduos, bem como os processos de evolução do ser humano. *Sede da alma*, arquiva as experiências que são vivenciadas, bem como os pensamentos elaborados, transformando-os em realidade, conforme a intensidade da sua constituição.

Eis por que a fixação de determinadas ideias termina por impor-se na face da criatura, exteriorizando o seu comportamento interior, mesmo quando o disfarce se apresenta ocultando as estruturas reais da personalidade.

Graças a esse poder plástico, que lhe é uma das propriedades básicas, as ideias demoradamente mantidas levam a estados obsessivo-compulsivos, que terminam por alterar a forma do ser que passa a vivenciar uma monoideia degenerativa e desagregadora da *estrutura molecular*, de que esse corpo *sutil* se constitui. Essa condição também permite que Entidades perversas e vingativas induzam as suas vítimas a assumir posturas bizarras e infelizes, mediante largos processos de hipnose ao qual se deixam arrastar. Esse fenômeno ocorre, todavia, porque há uma ressonância vibratória em quem entra em contato com esses técnicos espirituais, encarregados de realizar processos perturbadores. Já podíamos notar na face do nosso recém-chegado os sinais da alteração que se operava, como consequência dos próprios e dos pensamentos que lhe foram transmitidos.

As atividades que haviam sido realizadas traziam como meta libertar o paciente das sucessivas camadas mentais deletérias nas quais se envolveu, realizando-se o processo de fora para dentro, a fim de que, ao despertar para a realidade lúcida, passe a operar a transformação no sentido inverso: do interior para o exterior.

Cada um é, portanto, o arquiteto das suas construções de felicidade ou de desdita.

Jesus foi peremptório, quando propôs: — *Busca a verdade, e a verdade te libertará.*

É de surpreender que muitas pessoas tomem conhecimento da realidade, dos mecanismos libertadores da vida, e, não obstante, optem pela escuridão da conduta, deslizando em compromissos insanos, que as levam a derrapar nas terríveis alucinações que se prolongam por largo período, de forma a insculpir nos refolhos da alma as Leis de Equilíbrio e de Harmonia, indispensáveis à felicidade.

Sucede que as *Leis de Deus estão escritas na consciência*, e, por essa razão, ninguém consegue fugir de si mesmo, porquanto, para onde for, sempre se conduzirá conforme a estrutura moral e espiritual interior. Porque essa realidade se exterioriza em ondas de vibração compatível, os Espíritos nobres como os inferiores as identificam, acercando-se dos seus agentes conforme a sua constituição.

Aguardava o prosseguimento das terapias, quando fui visitar o novo amigo, acompanhado pelo generoso Alberto.

Em retornando à sua enfermaria, fomos gratificados com a visita de bondosa Entidade, que nos foi apresentada como Licínio, que na Terra, por sua vez, exercera também a mediunidade.

O visitante justificou-se, informando que houvera conhecido o nosso Ambrósio, quando ambos exerciam o ministério mediúnico e abraçaram a Revelação Espírita.

— *Tive a alegria de conhecer o caro companheiro, quando fui ouvi-lo por primeira vez em um clube recreativo onde sua palavra era aguardada com entusiasmo.*

Vivamente aclamado, o trabalhador do bem já se encontrava em franca decadência espiritual, porque se embriagara dos vapores da vaidade e da presunção, cercado por um grupo de admiradores que não cessavam de o elogiar, como se ele estivesse a soldo do mundanismo. Já lhe faltava a gentileza no trato com as pessoas e a arrogância se expressava na sua forma de conduzir-se. No entanto, ao levantar a voz e expor o tema que lhe houvera sido proposto, fui tomado de surpresa ao acompanhar-lhe os profundos conceitos éticos e filosóficos, bem como as conclusões espíritas que imprimia às frases muito bem elaboradas. Com uma linguagem clássica, mas sem pedantismo, passeou literariamente pela cultura da imortalidade do Espírito desde priscas eras, chegando à atualidade com ênfase e lógica que a todos sensibilizou.

Enquanto o ouvíamos, eu meditava, analisando a pessoa que chegara, indiferente ao público que ali se encontrava ansioso, e o expositor feliz, quase meigo e rico de conhecimentos, que produzia viva empatia no auditório superlotado. Pude observar então que, durante a sua conferência, em face do significado do assunto, conseguiu romper a carapaça infeliz que o envolvia, entrando em sintonia com o Mundo espiritual que passou a inspirá-lo por intermédio de venerando mensageiro de Esfera mais elevada. O verbo fluía pelos seus lábios em catadupas sonoras e agradáveis, enquanto dele se irradiava a energia do benfeitor que produzia incomparável bem-estar em todo o público. Concomitantemente, eu podia perceber que outros Espíritos dedicados ao socorro pela fluidoterapia aproveitavam-se da concentração natural que se fizera no auditório interessado, passando a descarregar energias saudáveis nas pessoas, que as assimilavam, enriquecendo-se de forças para o prosseguimento da luta.

Também eu me encontrava vivamente emocionado e quase em lágrimas. Nesse estado de espírito, interrogava-me em silêncio: por que o esclarecido orador se permitia derrapar nos equívocos do mundanismo, sabendo-se amparado por elevados guias da Humanidade, aos quais deveria submeter-se em clima de humildade e serviço? Evitei, no entanto, considerações negativas, porquanto todos somos ídolos com pés de barro, frágeis, incapazes de suportar o peso das próprias imperfeições.

Licínio olhou o enfermo com legítimo sentimento de compaixão e solidariedade, logo prosseguindo:

— Terminada a alocução, ruidoso aplauso explodiu natural, resultado do entusiasmo que a todos dominava. Encerrada a solenidade, fez-se um círculo de simpatizantes a sua volta, enquanto os zeladores da sua pessoa procuravam impedir o acercamento dos interessados em travar contato, manter um diálogo complementar ao tema apresentado, em total desconsideração às palavras que haviam sido pronunciadas. Foi com dificuldade que se rompeu o cerco defensor, como se o médium-orador fosse uma estrela dos entretenimentos terrestres e devesse ficar distante dos seus fãs ardorosos.

Infelizmente, ainda não se entendeu que Jesus jamais se escusava. Nunca necessitou de defensores da Sua integridade física, moral ou psíquica. Mesmo na multidão mais compacta, vagamente protegido pelo apóstolo Pedro, que O seguia à retaguarda, quando tocado pela mulher enferma, percebeu-o e ajudou-a no seu apelo mudo... Lentamente, os médiuns vão adquirindo status *de santidade, tornando-se intocáveis, de personalidades extraterrestres ou de missionários especiais que devem evitar o contato com as massas, com os necessitados, exatamente aqueles para os quais veio em serviço. Essa* onda modernista *cultivada por alguns que se inebriam na própria prosápia termina por afogá-los na insensatez e no despautério.*

Convém nunca esquecermos que o Senhor é o nosso Pastor... e nos defende, desde que nos não permitamos a leviandade de buscar os enredamentos com o mal, a perversidade, a vulgaridade. Mantendo-se atitude de equilíbrio e nobreza, coloca-se uma invisível tela transparente de fluidos entre as pessoas e os instrumentos do bem, dificultando atravessar essa delicada mas poderosa barreira vibratória, e franqueando o acesso de todos aqueles que podem, de alguma forma, contribuir espiritualmente a benefício do seu próximo.

Novamente silenciou, recapitulando a experiência, para logo continuar:

— *Com a mente fixa no expositor, ele captou-me a onda psíquica e percebeu que se tratava de uma emissão de simpatia, sorrindo jovialmente e distendendo-me a mão fraterna, que cumprimentei, para surpresa dos seus corifeus levianos... A sua mão puxou-me como se tivesse necessidade de um amigo, e quando estávamos próximos, com um sorriso espontâneo, perguntou-me, jovialmente:*

"É a primeira vez que nos encontramos?"

Por minha vez, sorri afavelmente e retruquei:

"Na atual reencarnação, creio que sim. Porém, acredito que já nos conhecemos..."

Ele anuiu com satisfação e propôs:

"Que não seja, pois, a última. Gostaria muito de privar da sua amizade, que me pode enriquecer na trajetória que ambos estamos realizando."

Ante a surpresa dos seus acólitos, justificou-se com a informação de que outro compromisso o aguardava e saiu, deixando algo frustrados aqueles que o houveram buscado para um convívio fraterno mais próximo.

Voltamos a ver-nos e a estreitar relações nas semanas seguintes, quando tive oportunidade de conviver melhor com as suas aflições e lutas, compreendendo quanto se encontrava amargurado e inquieto, inseguro ante os acontecimentos e, ao mesmo tempo, paradoxalmente entusiasmado com os êxitos sociais e econômicos.

As observações de Licínio, pela maneira tranquila com que eram apresentadas, calavam-me profundamente no coração, facultando-me melhor compreender o médium que naufragara no mar tormentoso de ondas encapeladas dos compromissos espirituais, e aquele outro que, sob o coercitivo das aflições, alcançara o porto de segurança. O primeiro intoxicara os centros do discernimento com os vapores da presunção que se transformara em loucura destrutiva, enquanto o segundo mantivera irretocável o compromisso, fitando o futuro, mas tendo como bússola o dever e como leme as lições sábias da Doutrina Espírita, que introjetara para melhor vivenciá-las no presente.

Interrompendo-me as reflexões, voltei a atenção para os oportunos apontamentos do visitante operoso.

— *A partir daquele contato* — aduziu o trabalhador do bem —, *passei a nutrir imensa simpatia pelo expositor e médium, dando-me conta do perigo que o sitiava, graças ao envolvimento emocional produzido pelos auxiliares e fascinados que constituíam o seu grupo de* adoradores.

No primeiro encontro, terminada a alocução e recuperada a consciência lúcida, o hábito mental doentio, a que se entregava na volúpia dos prazeres dos sentidos, voltou a predominar-lhe na consciência, e logo se lhe acercaram os comensais infelizes da convivência psíquica, adversários de ontem que lhe urdiam cuidadosamente o fracasso, e outros desordeiros de ocasião se lhes associavam, locupletando-se no banquete da vampirização das suas forças e energias morais.

Deteve-se por breves segundos a contemplá-lo, ainda disforme e profundamente adormecido, continuando a esclarecer com outro timbre de voz:

— *A mediunidade, por mais vigor de que se revista, jamais produzirá com dignidade sob o açoite interno dos conflitos humanos, gerando a conduta reprochável do seu possuidor. Compromisso de gravidade, não se pode converter em instrumento de mercantilismo danoso nem de diversão para frívolos, sem consequências de alta periculosidade. Em face das Leis de Afinidade e de Sintonia que vigoram em toda parte, logo a instrumentalidade mediúnica passa a emitir vibrações de baixo teor, torna-se campo de extenuantes combates com predominância de viciações crescentes.*

Não poucas vezes são os Espíritos perversos que promovem a situação afligente, inspirando os médiuns às defecções morais em razão da sua fragilidade em relação aos valores éticos. No entanto, tornando-se presunçosos, recusam-se a meditar acerca das advertências que lhes chegam de ambos os planos da vida, negando-se ao autoexame do comportamento a que se afeiçoam, expulsando do convívio os amigos legítimos, que os passam a considerar como inimigos, enquanto se deixam arrastar pelos demais telementalizados dos referidos cruéis adversários que também os utilizam para a grande derrocada. Perdem os paradigmas da conduta, os parâmetros do equilíbrio, tornam-se irresponsáveis, alteram a linguagem para a compatibilidade com o chulo e o atrevido, enquanto se exaltam pensando erguer-se ao Olimpo da alucinação. Nessa fase, encontram-se instaladas as matrizes das obsessões de longo curso, e a queda ruidosa no abismo é somente questão de tempo.

Olhou-nos com imensa ternura, e completou:

— *Longe de mim analisar as ciladas que foram preparadas para colher o querido irmão Ambrósio. No entanto, por experiência pessoal, conheço a senda de espinhos por onde transitamos todos aqueles que desejamos servir à Causa do Senhor sob chuvas, às vezes, ácidas, ou de pedras, noutras ocasiões, que são sempre as incompreensões de todo jaez. Certamente não é fácil resistir às investidas do mal. Todavia, quando o médium se torna dócil à orientação dos seus guias, seguindo-as, antes que as estabelecendo, ou impondo as que supõe serem corretas, granjeia-lhes a proteção e o concurso. Ocorre, normalmente, que a faculdade que permite as comunicações é neutra em si mesma, dependendo das disposições morais do médium, invariavelmente um Espírito comprometido negativamente com a Vida e as experiências evolutivas.*

Em diversas ocasiões tentei, nos encontros fraternos que o Mundo espiritual nos proporcionou, advertir o amigo iludido, convidando-o a retornar às origens do trabalho, na simplicidade, nos labores desobsessivos e no socorro aos desencarnados em aflição. Demonstrando simpatia e mesmo sensibilizado com minhas palavras, sorria, gentil, e retrucava-me: — Já realizei essas atividades no começo... Agora me encontro noutro patamar, em contato com Entidades superiores que não se envolvem com a problemática dessa natureza, e que me norteiam os passos para grandes cometimentos, para os espetáculos de impacto que posso produzir...

Dei-me conta da gravidade do problema do amigo, mas os deveres aos quais me afervorava, como o atendimento aos pobres físicos, econômicos, morais, foram preenchendo-me as horas e os dias, e, embora ouvindo comentários já desfavoráveis à sua conduta, por alguns daqueles que o perturbaram com a sua bajulação desmedida, prossegui envolvendo-o em orações intercessórias, quando soube, posteriormente, da alienação em que derrapou e da desencarnação, digamos, prematura, que o retirou do corpo.

Encontrava-se com os olhos marejados de lágrimas, o que também ocorria conosco.

Foi nesse clima de solidariedade e compaixão fraternal que Licínio nos convidou à oração em favor do companheiro em processo de recuperação, com o que todos concordamos, vitalizando o enfermo que se beneficiou do concurso espontâneo da caridade fraternal.

Como o visitante estivesse de saída, e eu já houvera estado com o enfermo cordialmente, a instância de Alberto acompanhamos o novo amigo que, muito acessível, demonstrou-se gratificado pela oportunidade de darmos prosseguimento à conversação noutro recinto.

A enfermaria situava-se na parte inferior do pavilhão, onde se internavam os pacientes mais graves. Assim, atravessamos o longo corredor ouvindo as exclamações e gemidos que venciam os obstáculos das enfermarias, o que provocava certo constrangimento pela impossibilidade de fazermos algo que modificasse a situação dos aflitos além do que era realizado.

Chegamos à parte superior e nos afastamos do edifício central, rumando para o parque onde um lago transparente refletindo o céu de azul-turquesa tornava-se convite natural para um diálogo demorado e esclarecedor. A brisa suave carreava ondas de perfumes que nos envolviam agradavelmente. Pequenos grupos espirituais espalhavam-se pelas alamedas coloridas pelas flores primaveris, enquanto outros se encontravam em conversação animada nos diversos recantos programados para esse fim.

Porque nos encontrássemos em silêncio respeitoso, Alberto, mais familiarizado com Licínio, solicitou-lhe que nos informasse um pouco mais sobre as suas experiências mediúnicas, esclarecendo que o interesse era justificado em razão do programa de aprendizado a que me propusera naquele nosocômio espiritual. Informou-o, outrossim, que eu funcionava, às vezes, como repórter de acontecimentos fora do corpo, transferindo as notícias para os amigos da jornada terrestre em convites oportunos para reflexões e auxílios de esclarecimentos.

Sem fazer-se rogado, o amigo sorriu com amabilidade, passando a informar:

— *A mediunidade foi-me no planeta a cruz de elevação moral e prossegue como oportunidade de crescimento interior, em face das aspirações acalentadas de iluminação e paz.*

Quando for realmente valorizada conforme merece, constituirá para as criaturas humanas uma fonte de inexauríveis consolações, assim como incomparável instrumento de evolução. Por mim próprio aquilato as suas bênçãos, porque renasci na Terra com pesada carga de compromissos infelizes que me cumpria atender, reabilitando-me e ressarcindo dívidas. Desde o berço, felizmente, experimentei a pobreza e o desafio das dificuldades domésticas nos braços de genitores atormentados, que se me tornaram verdadeiros benfeitores pelas exigências, às vezes, descabidas e pelos sofrimentos que me impuseram, sem dar-se conta, certamente, do que realizavam, porque, também obsidiados, tornavam-se instrumento daqueles que não desejavam o meu processo de reeducação espiritual. A dor, desse modo, foi-me sempre o anjo alerta, ensinando-me obediência e simplicidade.

Os fenômenos começaram a aturdir-me durante a primeira infância, quando se me apresentavam inúmeros verdugos da paz, aos quais eu houvera criado embaraços em passado não distante. Assustavam-me, ameaçavam-me e agrediam-me com frequência e impiedade. Não obstante, amigos espirituais afeiçoados, como a minha avó materna, a quem não havia conhecido no corpo, sempre interferiam socorrendo-me e orientando-me, carinhosamente ajudando-me a compreender a ocorrência penosa. Na adolescência fiquei órfão de pai, sendo felicitado mais tarde pela presença de um padrasto caridoso que foi enviado pelo Senhor e que me ajudou a encontrar o caminho da renovação de que necessitava. Facultou-me possibilidades para estudar e granjeou-me o trabalho honrado para a conquista do pão diário.

Acompanhando os múltiplos fenômenos de que me fazia objeto, levou-me a uma Instituição Espírita, que passamos a frequentar sob os protestos veementes de minha genitora, e onde aprenderíamos as lições inquestionáveis da Codificação do Espiritismo. Embora vivêssemos em cidade muito católica, não fomos incomodados quando da adoção da nossa fé religiosa, exceto por algumas pessoas menos informadas e mais fanatizadas, o que é natural. Aos 25 anos de idade, consorciei-me e transferi-me para a capital com a esposa, a fim de cuidar dos interesses da firma em que trabalhava com dedicação e respeito.

As sortidas das Entidades perversas eram constantes, criando-me embaraços contínuos onde quer que me apresentasse. Calúnias, acusações sem qualquer justificativa, antipatias inexplicáveis, azedume e desprezo foram as armas de que se utilizaram através de pessoas invigilantes para me aturdirem. A própria esposa — alma querida que Deus pôs no meu caminho, a fim de torná-lo menos áspero — experimentou cruas perseguições por ser-me fiel e permanecer ao meu lado *em todos os momentos difíceis. Não resultando favoráveis esses mecanismos de perseguição, outros surgiram em forma de coima impiedosa por parte de senhoras insatisfeitas e vazias interiormente, que procuravam compensação sexual, passando a atacar-me com exigências descabidas em nome de paixões atormentadas e sem qualquer sentido moral.*

Felizmente, a trama sempre se desfazia, quando nas reuniões de desobsessão os benfeitores traziam à psicoterapia aqueles algozes impenitentes que, através de mim mesmo, beneficiavam-se, mudando de ideias e comportamento. Mas não se tratava de uma tarefa de fácil execução, por motivos compreensíveis, exigindo perseverança, renúncia e coragem de fé.

O narrador fez um silêncio oportuno, dando-nos tempo para a assimilação das suas palavras repassadas de sinceridade, logo prosseguindo ante nosso interesse compreensível:

— *Não fomos abençoados, a minha mulher e eu, com a presença de filhos biológicos, mas o nosso era e é um amor profundo. Aos 28 anos de idade, a esposa contraiu tuberculose pulmonar e, após menos de dois anos de rudes provações e dores, libertou-se do corpo, deixando-me profundamente sofrido. Naqueles dias, a tísica era considerada uma verdadeira* peste branca, *arrasadora e insensível. A fé espírita, no entanto, que já era o bastão de segurança da minha existência, fez-se-me mais vigorosa, sendo-me possível então prosseguir abraçando os compromissos espirituais sem desânimo ou solução de continuidade.*

Naquela época, eram comuns os médiuns denominados receitistas, *que se faziam instrumento de devotados médicos desencarnados, especialmente dedicados à Homeopatia, que atendiam aos enfermos pobres que os buscavam nas reuniões públicas ou lhes escreviam cartas solicitando auxílio. Eu me encontrava entre esses servidores, e de cedo compreendi a soberania das Leis em relação às possibilidades humanas. No começo, após a desencarnação da esposa, experimentei a frustração decorren-*

*te do meu insucesso mediúnico, não conseguindo salvar a com-
panheira enferma que também passara a receber o tratamento
conveniente do esculápio a quem recorrêramos. E isso foi sempre
tido em relevância por alguns companheiros, que expressavam
suas dúvidas quanto à interferência dos bons Espíritos através
da minha faculdade, adindo que eu sequer conseguira curar a
esposa, como se isso dependesse das pequenas possibilidades humanas de qualquer um de nós. Robustecido na fé e sustentado
pela palavra lúcida do meu guia espiritual, prossegui com ar-
dor, sem olhar para trás.*

Mais uma vez silenciou, por alcançar um momento mais delicado da narração. Olhou em derredor, como se
buscasse a alma querida que estivesse prestes a acercar-se-
-lhe, e explicou:

— *Um homem que se consorcia e é feliz, quando lhe
chega a viuvez, esta se lhe torna um fardo pesado em demasia.
Os hábitos conjugais, o companheirismo, a afetividade bem
sustentada agora em falta transformam-se-lhe em vazio existencial que, muitas vezes, conduz o solitário a precipitados relacionamentos como fuga ou busca de solução, ou o empurram
para transtornos depressivos muito graves.*

*Graças à oração e ao apoio da esposa desencarnada, que
passou a visitar-me, fui-me readaptando ao estado de soltei-
ro, quando o cerco dos Espíritos viciosos fez-se-me mais rude,
atirando pessoas desprevenidas na minha direção, inspirando-
-lhes sentimentos contraditórios que eu tinha que administrar
com muito cuidado, em face da invigilância que se permitiam
e da frivolidade com que se apresentavam. Dentre algumas dessas almas atormentadas, uma se me transformou em intolerá-
vel presença. Dizendo-se apaixonada e recorrendo a expedien-
tes falsos sobre sermos almas gêmeas comprometidas, passou a
assumir atitudes incompatíveis com o bom-tom, exigindo-me
adotar um comportamento enérgico, dissuadindo-a de qual-*

*quer próxima ou futura possibilidade de relacionamento ínti-
mo, conjugal ou não.*

*Desarvorada, promoveu um escândalo, no qual, total-
mente incorporada por Entidade leviana do seu mesmo jaez,
acusava-me de má conduta em relação a outra dama, de quem
tinha ciúme, gerando ambiente desagradável e psicosfera venenosa que davam margem a comentários injustos e sempre
do agrado daqueles companheiros desocupados, que se comprazem em gerar situações penosas... Foram dois anos de lutas severas, mas sem desistência de minha parte. Felizmente, o
reto proceder, a severidade imposta aos meus atos, a disciplina
na desincumbência dos deveres fizeram-se os meus argumentos de inocência, que terminaram por prevalecer ante a insidiosa perseguição.*

*Afastando-se da Sociedade, a pobre senhora entregou-
-se ao alcoolismo, semidependente que já o era, havendo sido
essa a brecha moral por onde se infiltraram as influências malsãs... Pouco tempo depois, desencarnou em lamentável situação espiritual, sendo arrebatada pelos seus comparsas de embriaguez etílica. Estou informado que, há pouco, após mais
de vinte anos de padecimentos em regiões de muito sofrimento, foi recambiada à reencarnação em situação de resgate penoso. Nunca esteve fora das minhas orações, porquanto é digna de ajuda e compaixão.*

*No passado próximo, a mediunidade era vivida com
muito sacrifício, em face da ignorância a respeito do Espiritismo e das informações propositadamente deturpadas sobre
os seus postulados. Os médiuns éramos vistos como pessoas es-
quisitas, endemoninhadas, mantenedoras de estranhos pactos
e ritos com Satanás ou, quando não, como possuidoras de dons
mágicos e sobrenaturais, que descaracterizavam o ministério.
Permanecer com simplicidade e trabalhar sem alarde, eram
o compromisso estabelecido, porquanto, como sempre ocorreu,*

Tormentos da obsessão

enxameavam também os oportunistas, os aventureiros, os interessados exclusivamente nas questões materiais, que esperavam recompensas na prática mediúnica...

Foi o caso do nosso irmão Ambrósio, que não teve forças para romper o cerco dos simpatizantes, que se lhe fez em volta sob indução dos embaixadores da Treva, que o atraíram para o poço fundo da falência espiritual, conforme oportunamente os amigos compreenderão.

Não conseguindo colher-me nas suas redes fortes de perturbação, os inimigos da Luz encontraram outra forma de afligir-me. Entre os pacientes que recorriam à nossa Casa, buscando o amparo dos benfeitores, apareceu um senhor de largos recursos financeiros e de projeção social, que se fazia acompanhar de um filho enfermo de leucemia.

Após haver tentado os recursos em voga, nada conseguindo, voltou-se para a assistência espiritual e a medicina homeopática mediúnica. Jamais se lhe prometeu qualquer resultado, senão aquele que a Misericórdia Divina sabe e apenas ela administra. A princípio, o jovem apresentou sinais de melhora, o que muito animou o genitor, para depois ser consumido pela enfermidade pertinaz que o arrebatou do corpo... Não obstante todos procurássemos consolá-lo, subitamente pareceu enlouquecer e acusou-me de exercício ilegal da Medicina, tentando responsabilizar-me pela desencarnação do filho amado.

Foram dias muito sombrios, mas também visitados pelas claridades espirituais, porquanto, o próprio médico do jovem falecido, convidado a opinar, quando se pretendia instaurar um inquérito contra mim, foi taxativo em assinalar que a enfermidade era incurável naquela ocasião e que os dias a mais que o jovem desfrutara poder-se-ia considerar como dádiva de Deus, já que não havia outra explicação... O sofrido genitor aquietou-se, enquanto nós outros ficamos com o coração opresso e a alma retalhada pela amargura da acusação e suas duras penas...

Estávamos comovidos ante os testemunhos silenciosos do trabalhador da Causa do Bem. Quantas renúncias e aflições, que o mundo não conhece, assinalam as almas de escol dedicadas ao ministério da Verdade! Esses são os verdadeiros heróis, aqueles que estão crucificados nas traves invisíveis da calúnia, da perversidade e não se queixam, não blasfemam, antes agradecem a Deus a oportunidade de demonstrar-Lhe amor, sem abandonar a charrua da caridade fraternal.

Ao dar continuidade à narração autobiográfica, Licínio obtemperou:

— *As pessoas inadvertidas e apressadas pensarão que somos apologistas do sofrimento e preferimos a dor como mecanismo de autorrealização em atitude masoquista com que nos comprazemos. Mas estão enganadas. Trata-se da realidade do cotidiano existencial no mundo até hoje. A única maneira que se apresenta como ideal para o indivíduo é o enfrentamento tranquilo e lógico dos desafios, sem deixar-se sucumbir ou perturbar, como sói acontecer com aqueles que, no século, somente esperam o prazer, a glória, a ostentação, vivendo o transitório, o efêmero, o enganoso...*

Sob outro aspecto, a mediunidade bem exercida faculta ao seu possuidor momentos de incomparável beleza e ventura, contatos espirituais insuperáveis, possibilitando a conquista de afeições duradouras e abençoadas, que se lhes tornam enriquecimento especial para os dias do futuro imortal. Ao mesmo tempo, como existem aqueles que criam dificuldades e sombreiam as horas do medianeiro com dores excruciantes, produzindo dificuldade de todo teor, aproximam-se também criaturas de elevada estatura moral, que o cercam de bondade e legítima afetividade, envolvendo-o em orações de reconforto moral e ânimo, a fim de que seja vitorioso no ministério desafiador. Não são poucos esses amigos ideais do servidor de Jesus na mediunidade dignificada, que estão sempre próximos para o ajudar sem qualquer interesse de retribuição, tocados pelos seus exemplos de fé e de coragem, de dedicação e de trabalho.

A consideração foi muito oportuna, funcionando de maneira positiva, evitando que a melancolia ou a angústia assinalasse a narrativa edificante do trabalhador jovial.

E, utilizando-me da interrupção natural, indaguei--lhe, interessado:

— *E a esposa querida ainda se encontra no Plano espiritual, residindo com o amigo?*

— *Sim* — respondeu com espontaneidade. — *Agora preparamo-nos para outros misteres no futuro, que desejamos ocorram na seara espírita que nos fascina. Os tempos agora são mais favoráveis, embora as criaturas, de certo modo, permaneçam com muitos conflitos e dificuldades. No entanto, o Espiritismo já desfruta de algum respeito e o campo é propício para um esforço de renovação preparando a Nova Era.*

— *Permito-me imaginar* — continuei indagando — *que o amigo deverá estar de volta ao planeta querido muito em breve, é verdade?*

Tomado pela mesma jovialidade, Licínio respondeu:

— *É claro que gostaríamos, Albertina e eu, de volver ao proscênio terrestre ao amanhecer do novo milênio, a fim de podermos trabalhar pela extinção das sombras que, gradualmente, irão cedendo lugar à peregrina luz da Verdade.*

— *E desde há quantos anos o amigo se encontra fora do corpo físico?*

— *Há quase uma vintena de anos, o que não é muito, mas considero suficiente para estar preparado para os compromissos do amanhã. No entanto, como sabe o caro amigo*

Miranda, tudo depende de muitos fatores que estão sendo considerados pelos nossos Maiores...

Estávamos edificados diante de tudo quanto ouvíramos através da narração das experiências bem vividas pelo irmão Licínio. Compreendemos, então, que havia chegado o momento de nos despedirmos, porquanto as horas avançavam sem que nos déssemos conta e outros misteres esperavam-nos a todos.

Agradecemos ao novo companheiro, colocando-nos às suas ordens para qualquer eventualidade, e, após abraçar-nos, retornamos ao pavilhão, Alberto e eu.

14

Impressões marcantes

Os dias transcorriam ricos de aprendizado. O amigo Alberto revelava-se cada vez mais identificado comigo nos labores dignificantes do nosocômio. Sempre que lhe era possível, convidava-me a excursionar pelas dependências do pavilhão, onde defrontávamos variados exemplos de queda e propostas de ascensão moral, de erros e programas de recuperação entre os pacientes.

Simpático e discreto, levava-nos a visitar os companheiros de luta que não souberam aproveitar a oportunidade formosa da reencarnação, seja porque, fragilizados, não suportaram a carga da perseguição que sofreram, ou porque, vitimados em si mesmos, optaram pelo equívoco, quando deveriam conduzir o fardo de provações com elevada postura moral. A verdade é que os internos daquele nosocômio haviam recebido demasiadamente da Misericórdia Divina, que neles investira largo patrimônio de esperança, e retornaram vencidos, sem que os valores aplicados se transformassem em oportunidade de crescimento interior.

Pode parecer estranho que pessoas informadas da imortalidade do Espírito e familiarizadas com o fenômeno das comunicações mediúnicas permaneçam vulneráveis aos tórridos ventos da alucinação terrestre, decorrentes do mergulho no organismo físico. No entanto, a ocorrência é mais frequente do que parece. Superados os primeiros períodos do entusiasmo com a constatação da imortalidade e a possibilidade de intercâmbio com o Mundo espiritual, os indivíduos, que sempre estão à caça de novidades, com as exceções compreensíveis, adentram-se na rotina e não se estimulam a novas empresas de estudo e ação em favor de si mesmos e do seu próximo, deixando-se anestesiar pela indiferença, ou se permitem espicaçar pelo perfeccionismo, passando a descobrir erro em tudo e em todos, num mecanismo de autojustificação para a inércia a que se entregam ou para o afastamento dos deveres que lhes dizem respeito.

A embriaguez dos sentidos é muito forte e, não raro, prepondera na natureza humana, dificultando o discernimento dos valores reais em relação aos transitórios. Mesmo informados, os indivíduos, sobre a legitimidade da vida e de como se desenrolam os programas de crescimento interior, escapam do dever, procurando mecanismos psicológicos de racionalização para se comprometerem negativamente, estabelecendo vínculos psíquicos perniciosos com os Espíritos insensatos e maus que pululam em toda parte.

Por outro lado, não disciplinados pela escola do sacrifício a perseverar nos ideais de engrandecimento humano, quando defrontados pelos problemas e desafios, que são naturais em todos os empreendimentos, passam a demonstrar mau humor e desconfiança, transferindo-se para outras províncias de interesses imediatos, abandonando os compromissos relevantes.

Quando lhes sucede a desencarnação, porém, que sempre parece chegar quando não se está aguardando-a, as tentativas de recomeço e reparação apresentam-se tardiamente e os conflitos assomam agora em forma de remorsos inúteis, que mais estreitam as amarras com os seus comensais criminosos.

Tormentos da obsessão

O ser humano é sempre responsável pelas injunções que se propicia, porque portador de livre-arbítrio e de discernimento, deve optar pelo melhor, isto é, aquilo que lhe proporcione equilíbrio e felicidade real, sem a névoa dos enganos.

Cada paciente, com o qual travara contato naqueles dias, ensejava-me vasto cabedal de informações para o próprio burilamento interior. A todo instante, em cada um se patenteava a lição que eu deveria insculpir a fogo na consciência: *ninguém foge da Vida*, e a ela clamava aos meus sentimentos por compreensão e fidelidade máxima aos deveres que me diziam respeito.

Já me encontrava no hospital psiquiátrico por duas semanas de enriquecimento espiritual, quando o Dr. Ignácio me informou que desejava levar-me às enfermarias onde se encontravam os irmãos sonâmbulos. Certamente não me era estranha a situação em que muitos Espíritos chegam à Erraticidade, e cá permanecem por largo tempo, anestesiados nos centros da consciência, até quando o Amor os recambia à reencarnação em processos dolorosos de recuperação. Trata-se, muitas vezes, de suicidas, assassinados, psicopatas, pessoas que haviam sido vítimas de desencarnação violenta e cujo processo de despertamento era difícil em razão das circunstâncias que os arrebataram do corpo somático. No entanto, a forma como o diretor se referiu àqueles pacientes chamou-me particularmente a atenção, despertando-me saudável curiosidade.

Terminados os seus labores diurnos, às 20h o incansável médico me aguardava no seu gabinete, para onde rumamos, Alberto e eu.

Apresentando excelente disposição defluente do bem fazer e da alegria de servir, recebeu-nos com demonstração de afeto, logo se dispondo a conduzir-nos à área especializada.

— *Trata-se de um lugar específico em nosso pavilhão* — acentuou com delicadeza —, *onde se encontram amparados inúmeros Espíritos em estado de hibernação temporária. A mente exerce em todos nós, conforme é do nosso conhecimento, um papel preponderante. A denominada* mente abstrata *concebe, e o* nominalismo verbal *envolve a ideia que passa a ter existência real, tomando forma e facultando-nos identificar pensamentos, coisas, pessoas, assim como intercambiar mensagens. Quando essas formulações possuem conteúdo edificante, saudável, e aspirações nobres, transformam-se em paisagens de beleza e de alegria, favorecendo o bem-estar e a tranquilidade naquele que as cultiva.*

Da mesma forma, quando tendem ao primarismo, ao exclusivamente sensorial, particularmente nas áreas do prazer e do mesquinho, igualmente se convertem em províncias de gozo rápido e sombrio, envoltas em névoa densa, na qual se movimentam e se vitalizam arquétipos *grosseiros e princípios espirituais em transição evolutiva. Noutras ocasiões, homiziam-se, nesses redutos mentais, Espíritos profundamente asselvajados que se* alimentam *dessas emanações deletérias em um círculo vicioso entre o paciente, seus* hospedeiros *e vice-versa. Como efeito do baixo teor dessas vibrações, a mente degenera na seleção de mensagens e retrai-se, fixando-se apenas naquelas em que se comprazem os indivíduos. Com o passar do tempo, quase se monoidealizando, o Espírito deixa de emitir novos influxos psíquicos e o perispírito sofre alterações correspondentes, retraindo-se, volvendo às expressões iniciais...*

Difere esse processo dos lamentáveis casos de zoantropia, licantropia e diversos equivalentes, porque não são produzidos por hipnose exterior, mas por exclusiva responsabilidade do enfermo.

Nunca será demasiado insistir-se na necessidade da educação do pensamento, na disciplina das aspirações mentais, nas

*buscas psíquicas relevantes, a fim de evitar-se o enredamento
nas malhas das próprias construções idealizadas.*

Descemos ao piso inferior, já nosso conhecido, no qual
se encontrava Ambrósio, aproximando-nos de uma dentre
várias enfermarias de maior porte, e adentrando-nos cuidadosamente. Embora se tratasse de uma sala de dimensão expressiva, com janelas que davam para o exterior — mesmo
a construção se encontrando em uma espécie de subsolo —,
resguardadas por cortinas espessas para impedir a claridade
que pudesse vir de fora. Apesar da suave luz que se derramava do alto, pairava no ambiente uma tênue névoa parda-
centa que cobria praticamente todo o ambiente acima dos
leitos bem cuidados e paralelamente arrumados em ambos
os lados, mantendo uma ampla passagem central que os se-
parava. Na parte do fundo, pude observar que havia alguns
biombos, que recordavam os existentes nas enfermarias terrestres, para preservar a intimidade dos doentes. Sentia-se
também um odor nauseante especial, conforme percebera
nas visitas a Ambrósio, enquanto diversas Entidades amigas, vigilantes e dedicadas, permaneciam silenciosas assistindo-os a todos.

Podíamos escutar também o ressonar pesado dos adormecidos, com variações de ritmo, que certamente representava o estado de torpor ou de pesadelo vigente em cada qual.

Acercando-se de um leito assistido por uma senhora
que denotava elevação espiritual, o diretor saudou-a afavelmente e apresentou-nos sem maiores explicações.

— *A querida amiga* — disse-nos com naturalidade
— *é a genitora do irmão Agenor, que se encontra em estado
sonambúlico há mais de dois anos entre nós. Com frequência
vem visitar o filho e envolvê-lo em energias diluentes do casulo no qual se encarcerou. A sua constância e amor têm contribuído eficazmente para o refazimento do jovem equivocado,*

lentamente o arrancando da auto-hipnose que se permitiu embora inconscientemente.

A dama, que irradiava cativante simpatia, sorriu e acrescentou:

— *Percebo-o mais calmo e já consigo emitir pensamentos que lhe ressoam na casa mental, convidando-o a sair do esconderijo onde se oculta.*

Dr. Ignácio solicitou-me que me concentrasse na área correspondente ao encéfalo do adormecido. Todo ele fazia recordar uma crisálida, no seu processo de transformação. Havia adquirido estranha aparência, envolvendo-se em anéis constritores que se movimentavam ao ritmo respiratório. As formas convencionais e humanas haviam sido substituídas pela esdrúxula carapaça que o envolvia externamente, apesar de a respiração eliminar a mefítica substância que se adensava no ar em contato com a predominante no recinto.

Tomado de sincera compaixão, e mentalizando o Mestre Jesus, procurei direcionar o meu pensamento para a área correspondente ao cérebro, e, à medida que ali me fixava, pude observar que penetrava o envoltório grosseiro, podendo acompanhar a luta que era travada pelo Espírito mergulhado em angústia inominável. Tratava-se de um encarcerado, esforçando-se para libertar-se da constrição entre blasfêmias e imprecações, ameaçando-se de extermínio com interregnos de alucinação e gritaria infrene. Pela sua memória repassavam, como numa tela cinematográfica, os atos que havia cometido e que respondiam pela situação penosa em que se encontrava, sofrendo inenarrável aflição que, no entanto, não o conseguia consumir.

Fixações mais severas repetiam-se em terrível continuidade, impedindo-lhe qualquer disposição para pensar ou elaborar algum mecanismo de libertação. Nessa rude peleja, surgiam com rapidez momentos de calma, que pareciam animá-lo, para logo recrudescer o tormento. Naquela visão profunda, apareciam as imagens do passado, especialmente as decorrentes do uso infeliz que fizera da existência dedicada ao prazer e, por fim, ao mergulho em distúrbio depressivo sob a ação mental de vingador inclemente que o induziu ao suicídio...

Retomando a lucidez e demonstrando a surpresa quanto ao terrível flagelo moral que infelicitava o paciente, Dr. Ignácio veio-me em socorro, esclarecendo-me:

— *Agenor, o nosso irmão, nasceu em lar feliz, amparado pela abnegação materna, que não soube valorizar desde os verdes anos da existência física. Convidado ao estudo do Evangelho no Lar, realizado pela mãezinha, escusava-se, renitente e ingrato. Reencarnara-se, como é normal, para recuperar-se de graves delitos, e o Espiritismo dever-lhe-ia ser a diretriz de segurança para caminhar com acerto, produzindo no bem e recuperando-se do mal que jazia nele próprio. Embora a insistência da genitora, pouco assimilou das lições espíritas e cristãs. Logo lhe foi possível, entregou-se aos disparates sexuais, enveredando pelas drogas de consumo fácil. Nos intervalos, quando despertava dos estados de alucinação, encontrava a mãezinha vigilante a convidá-lo à mudança de comportamento, sem que os resultados se fizessem eficazes. Nesse comenos, adveio a desencarnação da senhora, crucificada no sofrimento que ele lhe impunha, e, logo recuperando-se no Além, compreendeu que somente o tempo seria o grande educador do filho rebelde.*

Os anos sucederam-se, multiplicando desequilíbrios no nosso paciente, que mergulhou em prostração e distúrbio de melancolia, em depressão, mais consumindo drogas, até que, inspirado pelos Espíritos perversos com os quais convivia mentalmente, desertou do corpo através de uma superdose.

Houve um silêncio, repassado de piedade e emoção, após o qual, continuou:

— *Pode-se imaginar a dor materna; mas, submissa aos desígnios de Deus e conhecedora das leis que regem a vida, ao invés de censurar ou esquecer o filho, empenhou-se em prosseguir auxiliando-o, conseguindo ampará-lo além da morte com a sua posterior transferência para nossa Casa, depois de um período de tempo expressivo em que ele permaneceu em região espiritual correspondente à situação de suicida. Há quinze anos desencarnado, encontra-se entre nós, conforme informamos, há vinte e cinco meses em processo de recondicionamento e reequilíbrio.*

Os momentos de calma, que foram observados, são já o resultado das induções abençoadas da genitora, que o tranquilizam por breves momentos, e que se irão ampliando até que sejam conseguidos mais significativos reflexos de paz no seu mundo interior desestruturado.

Porque se fizesse um silêncio espontâneo, alonguei o olhar na direção do leito próximo e pude ver outro paciente envolto em vibrações escuras, que o apresentavam como se fosse uma múmia enlaçada por ataduras especiais que o mantinham imóvel.

Acompanhando-me a expressão de surpresa, o benfeitor auxiliou-me o entendimento, informando-me que se tratava de uma deformidade muito especial do perispírito, que fora mutilado pela mente encarnada com ambições desmedidas, produzidas também por terrível incidência obsessiva de hábil hipnotizador sem a indumentária carnal, que induzira aquele Espírito a atitudes de perversão sexual demorada, levando-o a retomar a postura larval...

— *Não obstante* — prosseguiu com gentileza — *fosse conhecedor da vida após a morte, porquanto se houvera dedicado a experiências mediúnicas, as perturbações do sexo insaciável conduziram-no ao desrespeito pelo santuário genésico, corrompendo diversas pacientes que lhe buscavam o apoio terapêutico, porquanto se apresentava como portador de valores dessa natureza. Médico que era, percebera que, na raiz de muitos transtornos psicológicos e distúrbios orgânicos, existem razões anteriores à concepção, em face das consequências de condutas equivocadas em outras existências e subsequentes perturbações espirituais, concebendo estranho método de atendimento e conseguindo, às vezes, dialogar com os desencarnados em perturbação, sensibilizando-os, em algumas ocasiões.*

Com avidez incomum para amealhar moedas e açodado no comportamento sexual pela mente transtornada, seduzia as pacientes que o buscavam aflitas, mantendo conúbios infelizes sob a justificativa de que, através desse relacionamento, tornava-se-lhe mais fácil a recuperação da saúde. Hábil, na conversação, e sedutor, iludiu algumas mulheres que lhe caíram nas teias ardilosas, e quando algumas se apresentaram grávidas, não trepidou em propiciar-lhes o aborto criminoso com que se evadia da responsabilidade paterna.

Como ninguém consegue desrespeitar as Leis da Vida sem sofrer-lhes as imediatas consequências, uma jovem se lhe afeiçoou apaixonadamente, transformando-se em fardo desagradável. Havendo concebido dele um filho e sendo obrigada a abortá-lo no quarto mês de gestação; ao ser desprezada com indiferença, apelou para o suicídio, em que sucumbiu martirizada e desditosa...

Despertando em profunda desolação e vigiada por verdugos impenitentes, foi arrebanhada por um dos perversos inspiradores do insensato, que a conduziu ao campo vibratório do desarvorado, ampliando-lhe os tormentos mentais que já o sitiavam interiormente. Vencido pela consciência de culpa, passou a recordar-se da jovem obsessivamente, a ouvi-la na tela mental e a desejá-la como anteriormente, enquanto prosseguia nos desatinos a que se entregava cada vez mais ávido e alucinado...

Dr. Ignácio acercou-se do leito e, convidando-me a observar profundamente o que existia além da camada externa que envolvia o Espírito, pude detectar-lhe a deformidade que o assinalava, fazendo recordar-me o estado de larva que precede à forma definitiva. Somente que, ali, ocorria o oposto: as desvairadas aspirações que o dominavam perturbaram-lhe em demasia a mente, e a hipnose bem urdida pelos inimigos produziu na plasticidade do perispírito a degenerescência chocante que agora se manifestava.

Pude perceber, também, que mentalmente continuava ligado à suicida que se lhe imantava ao pensamento embora estando distante, enquanto vozes desesperadas e acusadoras ressoavam na acústica mental, recordando-o dos crimes cometidos.

— *Aqui está conosco porque* — explicou o esculápio amigo —, *apesar de todos os lances trágicos da sua infeliz existência, momentos houve, no início das experiências, em que procurou auxiliar desinteressadamente a diversas pessoas, quando socorreu como médico muitos enfermos pobres, e esse concurso no bem não ficou desconhecido pelos Códigos Soberanos. O Senhor continua desejando o desaparecimento do pecado, do erro, do mal, não o do pecador, do equivocado, do doente que ficou mau, havendo sempre a bênção para o recomeço, jamais uma punição eterna ou um castigo sem remissão.*

— *E de quanto tempo necessitará para o despertar?* — interroguei, impressionado.

Com a sua proverbial prudência, respondeu:

— *Não existe pressa no* relógio *da Eternidade... O tempo é dimensão muito especial em nossa Comunidade, apesar de aqui nos encontrarmos sob as vibrações e magnetismo do Sol. Nesse caso, muitos fatores estão no acontecimento em si mesmo, aguardando solução adequada... O certo é que, estando amparado em nosso pavilhão, isso já lhe constitui uma bênção de reconforto e de esperança após os longos anos de martírio em região particular para onde foi empurrado pelos seus algozes e comparsas espirituais.*

Alonguei os olhos pelo ambiente repleto de leitos ocupados e senti-me estremecer de preocupação em relação a mim mesmo, bem como a todos aqueles que deambulam anestesiados pela ilusão, mantendo-se longe dos compromissos espirituais, ou mesmo quando tomam contato com as lições de vida eterna em quaisquer que sejam as doutrinas religiosas do planeta e, ao invés de adaptarem o comportamento às suas diretrizes moralizadoras, submetem-nas ao seu talante, continuando irresponsáveis e fingindo-se autossuficientes.

Havia muito que aprender. Toda uma existência carnal, realmente, nada significa para o Espírito que deve crescer no rumo do Infinito, ampliando a capacidade de entendimento da Realidade.

Após visitarmos com brevidade outros pacientes necessitados do divino amparo, porém socorridos pela caridade cristã incessante, dirigimo-nos à enfermaria de Ambrósio, que deveria experimentar nova terapia para o despertamento.

15

A CONSCIÊNCIA RESPONSÁVEL

Com o abnegado Alberto, retornamos à enfermaria onde Ambrósio prosseguia sob assistência carinhosa, mergulhado no abismo das próprias angústias e aflições. Apresentava-se, como de hábito, amadurecendo as reflexões ao calor do arrependimento tardio, que abre espaço para a expiação que vivia, a fim de que o futuro lhe facultasse a necessária reparação.

Afeiçoei-me ao sofredor, nele identificando muitos companheiros terrestres que fazem da mediunidade mercantilismo extravagante ou instrumento de exibição do *ego* para tormento próprio.

Detendo-me junto ao seu leito, procurava exteriorizar os sentimentos de compaixão e ternura, a fim de que as densas camadas de energia deletéria fossem, a pouco e pouco, diluindo-se, de forma que, em ocasião oportuna, ele se pudesse libertar para novos enfrentamentos com a razão e a caridade.

Dessa maneira, ali permaneci em oração por alguns minutos, assessorando os assistentes espirituais que dele cuidavam, dando-me conta de que o amor com que se encontrava, visitado pela caridade geral, conseguia o objetivo feliz de abrir-lhe espaço para a libertação.

Preparava-me para sair com o devotado cicerone, quando deu entrada uma nobre senhora, portadora de expressiva beleza, que havia conhecido o médium durante a vilegiatura carnal e mantinha por ele devotamento fraternal.

Depois de saudar-nos, manteve-se em silenciosa oração, durante período no qual exteriorizou suave e peregrina claridade que igualmente envolveu o paciente adormecido. Manteve-se em atitude de reflexão por vários minutos, quando, então, dispôs-se a sair.

Alberto, sempre gentil, conhecendo-lhe a história vivida na recente existência terrena, acompanhou-a e, no corredor, apresentou-me com bondade e gentileza, explicando os objetivos da minha estância, naquele sanatório espiritual.

Sem qualquer constrangimento, a senhora externou simpatia pelo projeto no qual me encontrava envolvido e ofereceu-se a narrar-nos sua especial experiência humana.

Acercamo-nos, por sugestão dela, de uma sala muito agradável, num dos recantos do pavilhão, ali, no subsolo, que se encontrava iluminado pela branda luz do Sol da primavera.

Logo se apresentou o ensejo, ela expôs:

— *Conheci a provação da facilidade econômica, havendo nascido em uma família paulistana possuidora de largos tratos de terras e abundantes bens de vária natureza. Experimentei a ternura de pais devotados e generosos, que me mimaram por demorados anos, enriquecendo-me de carinho e falando-me dos deveres da consciência perante a vida e a Humanidade. Pude estudar em escolas requintadas, embora não me houvesse interessado por adquirir um diploma de qualquer especialidade. Senti, desde muito cedo, que havia nascido para o lar, anelando por uma família que pudesse contribuir favoravelmente para sociedade. Muito sensível, passei a identificar fenômenos mediúnicos que me alegravam, ensejando-me convivência com os Espíritos, que passei a amar.*

Nesse ínterim, travei conhecimento com o Espiritismo, e confesso que me fascinei com os romances mediúnicos firmados por Entidades nobres através de seareiros dignos. As histórias, repassadas de sabedoria, fundamentadas nos postulados kardequianos, tocavam-me profundamente. Procurei introjetar algumas daquelas vidas, de forma que me servissem de modelo para o cotidiano existencial. Porque essas mensagens fossem reveladoras, participando de experiências práticas em um grupo familiar, comecei a psicografar breves páginas, que me constituíram verdadeiras bênçãos.

Muito bem relacionada socialmente, não temi informar às amigas e aos familiares as descobertas preciosas da Doutrina dos Imortais. Na minha ingenuidade, supunha que todos estivessem amadurecidos para as reflexões profundas da vida após o túmulo, esquecendo-me de que muitos são chamados, mas somente poucos serão escolhidos. *Compreensivelmente, minhas palavras e entusiasmo foram mal interpretados, e mesmo censurados, levando-me ao retraimento em torno das ideias que abraçava.*

A senhora, enquanto recordava, demonstrou emoção que a fez parar por um momento, logo prosseguindo:

— *Foi naquele pequeno grupo que conheci o homem honrado e brilhante com quem me casei posteriormente. Exercendo um alto cargo em respeitável empresa, tornara-se espírita premido pela lógica dos postulados doutrinários e pelos esclarecimentos que oferecia acerca dos ensinamentos de Jesus, porquanto, estudioso do Evangelho, não podia concordar com as peias dogmáticas e as interpretações absurdas que eram oferecidas pela Igreja de Roma.*

O nosso foi um reencontro, porquanto as afinidades que nos vinculavam eram numerosas, ensejando-nos um relacionamento afetivo, profundo e sério. Consorciamo-nos, para júbilo dos meus pais, que ainda se encontravam reencarnados, e construímos a casa que deveria hospedar-nos, como se fosse um ninho encantado para a vivência do amor. À medida que os anos se passaram, relacionamo-nos com outras famílias espíritas e tornamo-nos membros ativos de respeitável Instituição devotada à divulgação do Espiritismo.

Como a felicidade no mundo não é completa, constatamos com tristeza a impossibilidade de sermos pais, por impedimento orgânico de minha parte. Conseguimos, no entanto, sobrepor à tristeza e decepção a compreensão de que na Terra colhemos conforme a semeadura anterior, e resolvemo-nos por contribuir de maneira positiva em favor das crianças muito necessitadas que acorriam ao departamento assistencial do Núcleo que frequentávamos.

Novamente fez uma breve pausa oportuna, como que para concatenar as recordações, e continuou:

— *Nessa ocasião, um dos casais que se nos tornou muito amigo e afeiçoado informou-nos que pretendia visitar em outra cidade abnegado médium que enriquecia as vidas que o buscavam com mensagens de alta qualidade, porque fiéis aos seus autores, e cuja vida era um* Evangelho *de feitos. Sem qualquer dificuldade, programamos uma excursão, objetivando visitá-lo, e, na data estabelecida, bem como no horário regulamentar, tivemos a imensa alegria de conhecer alguém que passaria, a partir de então, a constituir-nos exemplo de fé, de coragem, de abnegação na mediunidade e na conduta, cujo convívio iluminava as vidas que se lhe acercavam.*

Naquela noite incomparável, tivemos a impressão de que os Céus desceram à Terra, no modesto recinto onde se orava e se discutiam as promessas do Evangelho, ao tempo em que o medianeiro psicografava sem cessar. Fascinada, acompanhei todos os lances daquele inesquecível acontecimento entre preces de entrega a Deus e, por que não dizer, deslumbramento pelo que acontecia à minha volta. Posso afirmar que também os outros, aqueles que viajaram conosco e diversos mais que vieram de diferentes lugares, participavam do banquete de luz com a mesma emotividade, reconhecidos e firmando propósitos de fidelidade ao dever, à consciência espírita.

A reunião prolongou-se por várias horas e, ao terminar, foram lidas as mensagens de alto conteúdo filosófico, ético e espiritual. Umas de consolação aos familiares aflitos que ali estavam buscando conforto para as dores da saudade e do sofrimento; outras de poetas e escritores que volviam ao proscênio terrestre para traduzir as emoções da sobrevivência ao corpo frágil; outras mais, de orientação e advertência... Foi nesse momento que o abnegado médium chamou-nos nominalmente, a mim e ao meu marido, passando a ler uma mensagem do venerável Dr. Bezerra de Menezes, conclamando-nos ao trabalho da caridade fraternal, da entrega aos filhos do Calvário, da dedicação aos que se encontrassem perdidos na noite da ignorância espiritual...

O casal amigo igualmente foi aquinhoado com expressiva mensagem de conforto e de chamamento, que lhes assinalou os sentimentos em profundidade, norteando-lhes a existência, a partir de então, com segurança e firmeza. Concluída essa parte, em convívio espontâneo e quase íntimo, o iluminado instrumento dos Espíritos narrou-nos detalhes da sua faculdade, especialmente aqueles que ocorriam durante o transe mediúnico, informando-nos sobre acontecimentos que tiveram lugar na reunião, e que se tornaram para todos nós lições de incomum beleza, que jamais seriam esquecidos ou descurados.

Retornamos aos nossos lares tomados por incoercível felicidade, prometendo-nos servir e amar sem restrição, custasse-nos o preço que fosse. Posso afirmar que aquela experiência iluminativa foi o marco definidor do nosso futuro espiritual, e que, lamentavelmente, não soube preservar por fraqueza moral, em face do cerco das más inclinações *que predominam em a minha natureza. Outras vezes voltaria àquele santuário, onde a morte era destruída pela presença da vida abundante, e outras páginas de invulgar beleza nos foram dirigidas, convidando-nos ao prosseguimento do serviço e da caridade, caminhos seguros para a libertação do egoísmo, do orgulho e da presunção. Simultaneamente, as faculdades mediúnicas ampliaram-me as possibilidades de captação espiritual e, sem dar-me conta, comecei a intoxicar-me de vaidade, considerando-me quase privilegiada...*

Como se pode perceber, um passo em falso, na difícil ascensão, e tudo pode transformar-se em sofrimento, em desalinho, em queda... Foi o que me sucedeu, porquanto, convidada a edificar uma obra de amor para atender criaturas infelizes, que a orfandade recolhera e o abandono social crestara, considerando a minha posição socioeconômica, passei a imaginar uma construção fabulosa, longe da simplicidade do bem, empenhando-me com todas as forças e aplicando muitos dos recursos que possuía, a fim de executá-la. A imaginação em febre libertou antigos infelizes hábitos adormecidos no inconsciente, e a dama que deveria ser da caridade passou a viver a imponência da ilusão, pensando em detalhes sem importância, a que atribuía alto significado, deixando o tempo correr, o precioso patrimônio que escapava, enquanto os candidatos espirituais ao amparo se perdiam nos cipoais dos vícios e da delinquência.

A senhora demonstrava visível emotividade. Desejei pedir-lhe para interromper a narrativa que se lhe apresentava aflitiva, mas, olhando o caro Alberto, em busca de apoio, ele esboçou delicado sorriso facial, tranquilizando-me.

— *Peço desculpas* — disse-nos a narradora — *pela emoção. Trata-se de recordações muito caras, que não posso esquecer, hoje patrimônio da consciência responsável. Olvidei que o bem dispensa atavios, tem praticidade e urgência. Nos engodos*

*a que me entreguei no mundo, facilmente as imposições da fri-
volidade se transformam em valores significativos somente porque lhes atribuímos significado.*

*É claro, que o nobre Dr. Bezerra me advertiu sutilmen-
te várias vezes, não apenas através do seu dócil instrumento
mediúnico, como também por meu próprio intermédio. Mas a
ilusão que se me instalara no Espírito bloqueou-me a razão, e
somente eu não conseguia ver o lamentável engano a que me
entregava. A morte amiga, nesse momento difícil, arrebatou-
-me o companheiro, que me deixou um grande vazio existencial, mas não me despertou a humildade necessária para o serviço de Jesus entre os Seus na Terra.*

*Sem a lucidez indispensável, afastei-me dos amigos que
me tentavam dissuadir da empresa grandiosa, convidando-
-me ao singelo trabalho da fraternidade, e reuni um grupo de
equivocados como eu, fascinados com as mensagens de que me
fazia objeto, sem aplicar a razão, o discernimento, na análise
das páginas que então psicografava. Como consequência, não
fruí a alegria de albergar aqueles que a Vida me confiava aos
cuidados, havendo desencarnado antes de concluir o trabalho...*

*Pode-se imaginar a decepção que me assaltou ao desper-
tar além do portal de cinzas. À medida que a claridade mental me assomava, mais angústia me assaltava o coração e a razão. O compassivo Dr. Bezerra veio, então, mais uma vez, em
meu socorro, oferecendo-me conforto moral e esperança em relação ao futuro, de forma que o desespero não me fizesse afun-
dar na depressão ou noutro estado qualquer de perturbação.
Esclareceu-me que sempre é tempo de recomeçar e demonstrou-
-me que ele próprio prosseguia auxiliando os companheiros que
ficaram na retaguarda, o que também eu poderia fazer em
companhia do esposo, despertando os amigos aos quais aneste-
siara e amparando os necessitados que ficaram na expectativa
da assistência que lhes não pude oferecer. É certo que a luz do*

Espiritismo orientava-me na ação da fraternidade, e procurei atender os aflitos do caminho, assistindo-os com carinho e misericórdia quanto me era possível.

Outro silêncio espontâneo fez-se entre nós. Transcorridos alguns segundos, a nobre dama adiu:

— *A reencarnação é dádiva de Deus, sem a qual ninguém lograria o triunfo sobre as próprias paixões. Etapa a etapa, o Espírito se liberta dos limites, como o diamante que sai da parte bruta a golpes da lapidação, a fim de brilhar como estrela divina. O trabalho prossegue, felizmente, e os amigos devotados têm encontrado no benfeitor vigilante a inspiração, que procuramos vivenciar com eles, restaurando os objetivos desviados e trabalhando afanosamente para que a dor seja menos aflitiva e o amor mais operoso em todas as dimensões.*

Foi no início das atividades de construção da obra, que conheci o irmão Ambrósio, numa das suas conferências monumentais em nossa cidade. Vinculamo-nos fraternalmente, e o recebemos em nosso lar, meu marido e eu, diversas vezes, quando ele exercia a mediunidade com elevação. Acompanhei, de alguma forma, o seu declínio, quando mudou de amizades, preferindo os espetáculos estapafúrdios e exibicionistas decorrentes da lamentável obsessão que o acometeu. Visitando-o, não me posso furtar à reflexão de que também eu tombara em sutil intercâmbio nefasto, cuja sintonia facultara através da vaidade exacerbada no cumprimento do dever. A sua é a história de muitos de nós, médiuns desprevenidos e vitimados em nós mesmos pela luxúria, pela prepotência, pela sede de glórias terrenas e de encantamentos para a egolatria.

E dando um toque final, com um sorriso matreiro, encerrou o nosso encontro, esclarecendo:

— *Mediunidade e presunção não podem andar juntos sem desastre à vista.*

Pediu-nos licença e afastou-se airosa, deixando-nos mensagens de alta gravidade para reflexão e aprendizado.

Como eu poderia entender que, não obstante o quase insucesso da sua experiência, ela se apresentasse portadora de valores espirituais relevantes? Logo, porém, compreendi, por rápida conclusão, que o bem que se faz sempre é melhor para o seu realizador, não importando como é feito ou vivenciado. A dama, que ora se analisava com bastante severidade, realizara uma obra de amor e vivenciara o Evangelho quanto lhe permitiram as possibilidades. Os equívocos, a que se referia, eram consequência de malogradas experiências anteriores, que não conseguiu superar, mas lutou tenazmente para produzir melhor e com mais eficácia. O essencial é não parar, não se acumpliciar com o mal, não perverter os objetivos nobres, permanecendo fiel ao compromisso abraçado para fazer o melhor, mesmo que o não consiga. E ela, de alguma forma, fora uma triunfadora.

Dialogando com Alberto, concluímos que ela se tornara vítima da interferência de mentes desencarnadas interessadas em manter a sombra na Terra e de impedir que os Espíritos afeiçoados à Verdade se desembaraçassem dos liames negativos a que se vincularam antes. Sutilmente, mas com firmeza, esses Espíritos enfermos movimentam-se nos mais significativos programas de dignificação humana, tentando enredar aqueles que se encontram envolvidos na sua realização, inspirando pensamentos equivocados, mas com aparência de elevação. Induzem-nos a práticas exóticas, como destaque no grupo onde mourejam, à usança de indumentárias com esta ou aquela tonalidade, dando um toque de pureza externa aos seus atos, sem a correspondente pulcritude interna, enquanto lhes insuflam a vaidade desmedida, atraindo-os para posturas não condizentes com a atividade que realizam...

A obsessão sutil é enfermidade que grassa desordenadamente entre as criaturas humanas, passando quase despercebida. À sua ação nefasta, devem-se muitos distúrbios no comportamento terrestre e muitas quedas ante os compromissos morais e espirituais que deveriam ser realizados com mais elevada nobreza.

Somente a constante vigilância da consciência reta constitui mecanismo de defesa contra essas sortidas do Mundo espiritual inferior, ao lado do envolvimento nos compromissos íntimos com a simplicidade do coração e da ação, perseverando-se nos deveres, sem qualquer extravagância até o momento da libertação carnal.

A um observador inexperiente pareceria que as forças identificadas como o mal conseguem operar livremente em toda parte, sem que haja controle superior limitando o seu campo de ação. No entanto, a realidade é bem diversa; isto, porque esses Espíritos que se creem poderosos na preservação dos objetivos vis estão apenas doentes, necessitados de amor e de misericórdia que nunca lhes faltarão. A sua permanência nesses objetivos é de breve duração, porque serão atraídos para a Grande Luz e se libertarão, no momento próprio, dos impositivos inferiores a que se afervoram momentaneamente.

O processo de crescimento espiritual nem sempre é fácil, porquanto vencida uma etapa, outra se apresenta, de modo que são superadas as deficiências anteriores mediante conquistas novas. Aqueles que se mantêm na retaguarda e se acreditam incapacitados de prosseguir, lentamente despertam para os valores nobres e conquistam-nos, alçando-se à plenitude que a todos nos aguarda.

16

PROVA E FRACASSO

A entrevista proveitosa com a nobre senhora Hildegarda ensejou-me reflexões complexas sobre as oportunidades de iluminação de que dispomos durante a existência carnal e das situações que nos conduzem aos desvios, aos insucessos.

Impressionado com a tranquilidade e confiança que dela se irradiavam naquela noite, quando do encontro adrede estabelecido com o Dr. Ignácio Ferreira, não sopitei a curiosidade positiva e, aproveitando-me da sua proverbial bonomia, referi-me à experiência que tivera e às conclusões a que chegara, indagando-o com interesse:

— *Quais as perspectivas que se desenham para esse Espírito que, integrado no programa do bem, considera-se, no entanto, em débito para com o dever não cumprido, e de que aparentemente não é responsável?*

Conhecendo a experiência da senhora, o amigo respondeu-me com naturalidade e lucidez:

— *O caro Miranda sabe que as Leis Divinas, inscritas na consciência de cada ser, estabelecem as diretrizes da felicidade ou da necessidade de reparação do erro conforme a pauta de valores vivenciados durante a oportunidade existencial.*

Nossa gentil irmã, despertando para a consciência responsável, deu-se conta da mais grave imperfeição que lhe dificultou a execução da tarefa e, sem permitir-se autocompaixão ou remorso desnecessário, trabalha com afã e com diferentes propósitos dos experienciados anteriormente, anelando por granjear méritos para retornar oportunamente ao palco terrestre, a fim de realizar o mister que a desencarnação lhe interrompera. Sendo-lhe a vaidade, a excessiva autoconfiança, o ponto vulnerável do seu caráter, adestra-se, neste momento, no exercício da vera humildade, executando atividades que lhe propiciem maior entendimento do significado profundo da reencarnação.

Elegeu, assim que se encontrou em condições para a própria edificação, os serviços das áreas da limpeza e da conservação de algumas das nossas enfermarias para autoeducar-se.

No trato mais direto com a dor e os labores que jamais imaginou executar quando na Terra, lapida as imperfeições morais e alarga os sentimentos da afetividade, para retornar ao lar que planejou com excessivos cuidados em relação à forma, à aparência, vivendo-lhe a essência dos objetivos e da realização da caridade sem jaça...

O querido orientador calou-se por um pouco e, de imediato, alongou-se:

— *Tenho conhecimento que a dedicada senhora Hildegarda requereu às Entidades superiores a oportunidade de reencarnar-se em região de muita pobreza, na cidade onde levantou a instituição dedicada à caridade, a fim de ser recolhida em plena orfandade, naquele mesmo ninho, de modo que, ao alcançar a idade adulta, afeiçoada e reconhecida pelo domicílio que a favoreceu, possa dedicar-se ao prosseguimento da tarefa, lá mesmo, em benefício de algumas gerações de necessitados que virão para os seus braços. Verificamos, dessa forma, que o compromisso não realizado é transferido de ocasião, mas nunca deixado de ser executado.*

Em face dos esforços envidados para a vivência da fé racional que abraçou, da solidariedade bem vivenciada na Associação que frequentava, da conduta moral saudável e severamente mantida, conquistou méritos que a tornam um exemplo de vida espiritual enobrecida. A deficiência que lhe dificultou a execução plena do programa que deveria realizar é problema íntimo, que ela está procurando ultrapassar.

A lei é sempre de amor, nunca de punição, no sentido castrador e perverso. Jamais faltam oportunidades de iluminação para quem deseja realmente a palma da vitória, bastando-lhe não olhar para trás, mas prosseguir com devotamento, utilizando-se de todos os ensejos para tornar-se melhor. Por isso mesmo, o grande desempenho é sempre de natureza interna, nas paisagens dos sentimentos onde ninguém passeia para os observar, exceto o próprio indivíduo.

Mudando o ritmo da conversação, convidou-nos, a Alberto e a mim, para visitarmos uma das alas do pavilhão, na qual se encontravam as enfermarias reservadas aos pacientes portadores de transtornos psíquicos.

Jubilosamente surpreendidos, aquiescemos de bom grado e dirigimo-nos ao andar superior ao da administração, onde eram atendidos os portadores de distúrbios mentais além da morte...

Os enfermos mais agitados permaneciam em ambientes restritos, enquanto os outros, em processo de recuperação, desfrutavam da convivência geral com diversos companheiros, a fim de readquirirem a autoconfiança e a sociabilização.

— *Visitaremos* — elucidou o diretor — *o irmão Gustavo Ribeiro, que foi recolhido em nossa clínica após dois anos da desencarnação, quando recambiado do lar e da família a que se fixava em terrível perturbação psíquica. Sob tratamento especializado, há mais de seis meses, reajusta-se e readquire, mui lentamente, o equilíbrio da consciência.*

Quando nos adentramos no agradável apartamento, encontramos sob a carinhosa vigilância de dois enfermeiros, que nos saudaram jovialmente, um cavalheiro com aproximadamente cinquenta e cinco anos, com cãs e acentuado desgaste *orgânico* de que fora vítima na Terra, com uma fácies desfigurada e macilenta. O olhar desvairado fitava um ponto vago, e agitava-se com regularidade, bracejando no ar e chorando copiosamente.

Os dedicados assistentes acalmavam-no com palavras repassadas de carinho e de lucidez, auxiliando-o a retornar à postura anterior.

Observando-o com cuidado, não detectei vinculação direta com qualquer Entidade perversa, que fosse responsável pelo seu desequilíbrio, o que me surpreendeu, sobremaneira.

Olhando o médico interrogativamente, o amigo atento percebeu a minha perplexidade e acorreu em meu auxílio, explicando-me:

— *Não se trata de perturbação obsessiva, mas de transtorno mental, ocasionado pela rebeldia e insensatez do próprio paciente. O nosso caro Gustavo é o protótipo do indivíduo que, da Vida, somente se atribui méritos, tomado sempre de altas doses de presunção e rico de cultura vazia. Atraído ao Espiritismo, faz mais de vinte anos, quando contava pouco mais de trinta e cinco janeiros, portador então de delicado problema de saúde, pareceu descobrir as respostas para os enigmas teológicos e existenciais que o aturdiam. Advogado de profissão, com família constituída, abraçou as ideias novas com o entusiasmo que resultava também da recuperação da saúde.*

Beneficiado pela fluidoterapia, enquanto recebia conveniente ajuda médica, seus mentores trabalharam com afinco para auxiliá-lo na liberação de altas cargas de energia deletéria que absorvia dos inimigos desencarnados, que o perseguiam com crueldade e pertinácia. Havia, portanto, no seu problema orgânico, significativa contribuição espiritual negativa, que o ameaçava no transcurso dos dias. Lentamente, graças aos recursos combinados da Ciência médica e do auxílio espiritual, o amigo recompôs o quadro da saúde, tornando-se um entusiasta simpatizante do Espiritismo. Possuidor de temperamento forte e autoritário, logo começou a discordar da administração da Entidade, apresentando sugestões descabidas e referindo-se desagradavelmente com a arrogância que lhe era habitual a algumas atividades que ali se desenvolviam.

Amiúde, ocorrem nos comportamentos humanos atitudes dessa natureza. Os indivíduos são atraídos a qualquer tipo de realização e, sem estrutura nem experiência, imaturos e um tanto irresponsáveis, começam a atirar petardos destruidores em todas as direções, acreditando-se detentores do conhecimento pleno, que pode ser muito expressivo na teoria, mas inoperante na prática. Ao invés de auxiliarem sem imposição, corrigindo, quando necessário, após haverem adquirido a confiança do grupo e dado provas de sinceridade, de lealdade ao dever, agem de maneira inversa, cuidando mais das prerrogativas do ego *do que da edificação de todos. Muito sensíveis, são severos com os demais e muito melindrosos, sentindo-se magoados por qualquer coisa, ou pelo simples fato de não serem aceitas suas ideias estapafúrdias.*

No caso em tela, o amigo, não sendo atendido, como realmente não deveria ser, em face das suas descabidas exigências, abandonou a Instituição onde se beneficiara e começou a peregrinação para encontrar uma que fosse modelar, isto é, dentro dos ângulos estreitos da sua convicção. Passou a estudar a Doutrina e logo começou a detectar erros e conceitos que atribuía estarem superados, preocupando-se em corrigir o que ignorava, em vez de autocorrigir-se, o que é certamente mais difícil.

Não demorou muito tempo e transformou-se no que se denominava como espírita de gabinete, *eufemismo bem e laborado para justificar-se a preguiça, a inutilidade pessoal, distanciando-se do trabalho e quedando-se na postura de atirador de pedras. A família não lhe recebeu a orientação espiritual conveniente, os filhos cresceram sem formação religiosa e sem a necessária assistência paterna em razão das dificuldades de relacionamento, quando foi acometido de pertinaz enfermidade que o consumiu lentamente. Nesse comenos, procurou apoio espiritual na antiga Instituição onde anteriormente se beneficiara, mas, não obstante a abnegação dos seareiros de boa vontade, o processo cancerígeno prostático era irreversível, e o caro confrade desencarnou em situação penosa, assinalada pela revolta surda contra a Vida...*

Calou-se o bondoso médico e olhou demoradamente para o enfermo em novo episódio de alucinação. Logo após, acentuou:

— *Miranda, somos o que cultivamos em nosso pensamento. Semeamos ventos mentais e colhemos tempestades morais avassaladoras. Enquanto não nos resolvamos pela solução dos problemas íntimos, alterando nossa conduta mental, adquirindo lúcida compreensão das Leis de Deus para vivenciá-las, estaremos cercados pelos tesouros da felicidade sem nos apercebermos, antes, barafustando-nos pelos lugares onde nos encontrarmos.*

Porque a sua não fosse uma fé trabalhada na razão e no sentimento, a sua era também uma lógica anárquica, que deveria funcionar em seu favor, desejando submeter a Lei de Causa e Efeito *ao seu talante, esquecido de que, afinal, a vida é do Espírito, e não do corpo transitório. A função da Doutrina Espírita é preparar o ser humano para a compreensão da sua imortalidade, jamais para ajudá-lo a conquistar coisas e posições terrenas que o destacam no grupo social, mas não o dignificam nem o engrandecem moralmente. Ainda permanece em muitos simpatizantes do pensamento espírita a falsa ideia de* coletar benefícios pessoais e sociais, quando aderindo aos postulados kardequianos, tendo a vida modificada para mais prazer e maior soma de comodidades. Outros, igualmente mantêm a respeito do Espiritismo a falsa ideia mitológica acerca das Entidades nobres, que deverão estar às suas ordens, solucionando-lhes os problemas que engendram, atendendo-os nas suas questiúnculas e necessidades do processo evolutivo.

O amigo Gustavo é mais um náufrago, que teve oportunidade de encontrar a embarcação segura, a bússola para conduzi-lo no oceano imenso, o timão de equilíbrio e, não obstante, resolveu guiar-se pelos instrumentos equivocados das próprias paixões.

Ante a pausa natural feita pelo narrador, interroguei com interesse de aprender:

— E como veio para aqui? Qual o mecanismo que desencadeou o interesse dos benfeitores pelo irmão equivocado?

Sem demonstrar irritação, Dr. Ignácio respondeu com tranquilidade:

— Somando a aflição da partida do esposo às preocupações com os filhos e à perturbação que ele produzia no lar, sem dar-se conta do deslindamento dos vínculos carnais, a viúva sofrida, embora pouco informada das bênçãos do Espiritismo, recordou-se que o marido, vez que outra, no passado, referira-se à excelência da Doutrina.

Tivera ocasião de assistir aos passistas transmitindo bioenergia ao paciente e falando-lhe com inefável doçura sobre a resignação e a coragem ante o processo degenerativo e afligente, ficando sinceramente comovida e grata a esses operosos desconhecidos que lhe visitavam o lar para ajudar o companheiro, sem apresentar outro interesse, senão o bem dele mesmo.

Orando, compungida, em momento de grande aflição, sinceramente voltada para o bem da família e de si, atraiu o seu guia espiritual que a inspirou a procurar aquele grupo de *pessoas generosas, cuja conduta espiritual tanto a impressionara. Ao buscá-los, e sendo imediatamente atendida, os trabalhadores do Evangelho sugeriram o estudo da Palavra no seu lar, em encontro hebdomadário, quando então, mui lentamente o pobre Gustavo percebeu que fora arrebatado do corpo, entrando em dilaceradora revolta e perturbação. Após transcorridos mais de dez meses de assistência espiritual à família, o mentor do desencarnado solicitou internamento do amigo falido, o que foi providenciado pelo dedicado Eurípedes sem qualquer relutância.*

— *E qual a terapia* — voltei à carga — *que lhe tem sido oferecida, a fim de liberá-lo do transtorno psíquico em que se debate?*

Pacientemente, o amigo explicou:

— *Três vezes por dia são-lhe aplicados recursos magnéticos para reajustamento dos* neurônios perispirituais *desagregados pelas ondas da rebeldia que lhe assinalou a existência física. As* sinapses, *sofrendo a irregularidade das cargas elétricas, funcionam-lhe desordenadamente liberando os* fantasmas *encarcerados no inconsciente, que foram os comportamentos odientos, censuráveis, que agora, ressuscitados, perturbam-no. Duas vezes por semana, são aplicadas técnicas hipnóticas, levando-o a processos regressivos, a fim de serem trabalhadas as lembranças, que recebem terapia calmante para que desapareçam, lentamente diluídas, as formas de conflitos e remorsos que o aturdem. Concomitantemente, são realizadas leituras edificantes que se lhe vão imprimindo na mente e estabelecendo novos raciocínios propiciadores de paz e de esperança.*

— *Qual a perspectiva* — insisti com amabilidade — *de recuperação da sua lucidez mental?*

— *Dependerá do esforço dele mesmo* — redarguiu gentilmente. — *As fixações mentais são trabalho de demorado curso, realizadas por aqueles que as estimam. Quando de qualidade inferior, mantêm-se prejudicando e enlouquecendo. É natural que a sua desestruturação ocorra também de maneira lenta, a fim de serem evitados choques emocionais no comportamento dos pacientes. A violência não faz parte dos Soberanos Códigos, sendo expressão de atraso espiritual daquele que a desencadeia. Assim mesmo, providências cuidadosas têm sido tomadas, de forma a reconduzi-lo à realidade.*

Não há muito, a esposa veio-lhe em visita, trazida em desdobramento pelo sono natural, e ele conseguiu percebê-la, experimentando alguns momentos de lucidez e de emoção natural. Esse fenômeno foi-lhe muito positivo, e tudo indica que será repetido na medida em que se apresente mais favorável o seu quadro. Outros Espíritos amigos encontram-se empenhados em predispô-lo à retomada da consciência, para que recomece a experiência de busca da felicidade.

O nosso sanatório tem como prioridade, conforme o Miranda está esclarecido, atender os amigos da fé espírita que optaram pela perturbação, pelo engodo, pelos compromissos infelizes, e que necessitam de atendimento carinhoso para o prosseguimento das tarefas interrompidas.

Naquele momento, chegaram os passistas encarregados do atendimento de Gustavo. Era uma excelente oportunidade para auxiliá-lo com o nosso modesto contributo de oração e simpatia.

Proferida a prece por Alberto, solicitado pelo orientador, logo após foi lida uma página de O *Evangelho segundo o Espiritismo*, de Allan Kardec, e depois de breve comentário por um dos servidores, foram aplicados passes dispersivos no *chakra* coronário, alongando-se por todo o corpo perispiritual, prosseguindo-se com a doação de energias saudáveis. No início, o paciente estertorou, acalmando-se lentamente, até ser abençoado por um sono repousante e tranquilo.

Divaldo Franco / Manoel Philomeno de Miranda

Estava encerrada a nossa visita. Despedimo-nos dos assistentes, e quando nos encontrávamos no corredor, indaguei ao médico uberabense:

— *São aplicados outros recursos, que desconhecemos na Terra?*

— *Sim* — respondeu com simpatia —, *todos eles de natureza energética. Houve tempo, em alguns casos muito graves, em que foram aplicados eletrochoques, e mesmo hoje, vez que outra, um tanto raramente, fazem-se necessários procedimentos terapêuticos dessa natureza. Todavia, os mecanismos espirituais são muito variados para o atendimento dos enfermos mentais, incluindo regressão de memória, hipnose profunda, fixação de pensamentos libertadores através da sua repetição mental em direção ao enfermo e aplicação de energias especiais encontradas em nosso campo vibratório... Mas, é sobretudo através do amor, com o interesse pelo bem-estar dos enfermos que* — *por meio da oração que nos vincula ao Pensamento Divino, e do qual se haurem forças vigorosas para transmiti-las em favor dos necessitados, na razão em que vão sendo absorvidas* — *o quadro em que se demoram se modifica para melhor, alterando o comportamento emocional e psíquico, por fim, propiciando-lhes a recuperação do equilíbrio.*

Vivemos em um universo de ondas e de mentes, de ideias, de vibrações, de energia, e tudo quanto existe é resultado das várias apresentações desses campos de forças, apresentando-se em variado painel de formas e de acontecimentos. Se nos recordarmos de Jesus, constataremos essa realidade quando Ele nos ensinou: "Seja o que for que peçais na prece, crede que o obtereis, e vos será concedido", conforme as anotações de Marcos, 11, versículo 24. Por que na prece? Em razão desse miraculoso mecanismo vibratório poder alterar a estrutura da nossa realidade, passamos a experimentar outras expressões de energia que promana de Deus e nos modifica a realidade interior. Sendo o pensamento uma fonte de energia específica, de acordo com a sua constituição positiva ou negativa, sempre alcança a meta para a qual é direcionado.

No que se refere ao bem que produz, à excelência dos resultados que proporciona, à qualidade de onda de que se constitui, transforma-se num excepcional recurso terapêutico que podemos utilizar em qualquer lugar onde nos encontremos e que, entre nós, desencarnados lúcidos e trabalhadores, em face da maior facilidade de elaborá-lo, torna-se-nos um instrumento dos mais preciosos para a construção do equilíbrio, propiciando a saúde.

17

ALUCINAÇÕES ESPIRITUAIS

Encerrada a visita a Gustavo Ribeiro, Dr. Ignácio conduziu-nos a uma enfermaria onde se encontravam diversos pacientes: uns hebetados, outros agitados, todos em lamentável estado de desequilíbrio psíquico.

Havia uma gritaria infrene, gargalhadas ensurdecedoras, blasfêmias e vitupérios que se misturavam ao choro convulsivo e aos apelos comovedores.

A enfermaria espiritual diferia pouco daquelas terrestres, caracterizada, porém, pela limpeza e pelos cuidados especiais que eram dispensados aos pacientes. Havia, não obstante o tumulto, uma psicosfera de tranquilidade e de dedicação ao próximo, que surpreendia. Observando os doentes, notei que cada um permanecia no seu mundo, totalmente alienado da realidade ambiental, das necessidades do seu companheiro de infortúnio, dos acontecimentos à sua volta.

Sob o direcionamento do médico, acercamo-nos de um leito, separado dos demais por um biombo coberto de tecido alvinitente, e nos deparamos com um paciente desfigurado, estereótipo do alucinado. Gritava e debatia-se com desesperação, como se desejasse libertar-se de agressores invisíveis que o agoniavam. Agucei a observação mental e detectei que ele lutava contra formas hediondas que o ameaçavam e logravam atacá-lo. Ante a surpresa, que se me fez natural, o amigo gentil explicou-me:

— *Trata-se de* formas-pensamento *que foram elaboradas por ele mesmo durante quase toda a existência de adulto e de que não se conseguiu desembaraçar na Terra, continuando no seu campo mental após a morte física. Tão vívida era a sua constituição, que adquiriram existência e são nutridas agora pelo medo e pelo mecanismo da consciência culpada. O irmão Honório é vítima também de si mesmo, porém, com alguma diferença em relação a Gustavo, como teremos ocasião de o constatar.*

Indagando quanto aos procedimentos que deveriam ter antecipado aquele momento, Dr. Ignácio foi informado que a sala estava preparada, faltando, somente, anestesiar o paciente para conduzi-lo.

De surpresa em surpresa, saímos da enfermaria com o pequeno grupo que conduzia o sofrido Honório, agora adormecido mediante o recurso especial que lhe foi aplicado, e aproximamo-nos, no lado oposto, de um recinto suavemente iluminado onde já se encontravam Eurípedes, dona Maria Modesto e as duas médiuns já nossas conhecidas. Pairava no ar dúlcida vibração de paz, em razão de o recinto estar invadido por ondas sucessivas de bem-estar com quase imperceptível melodia ambiental, que convidava à reflexão e à prece.

Após instalar o enfermo na cama que o aguardava, depois de breves considerações, o venerável Eurípedes orou:

— *Jesus, Excelso Terapeuta:*

Os enfermos espirituais, que somos quase todos nós, reunimo-nos, mais uma vez, no hospital de amor que nos confiaste, para rogar-Te diretriz de segurança para a reconquista da saúde eterna.

Apesar de conhecedores que somos dos sublimes recursos do amor, ainda não conseguimos aplicá-los com a eficiência desejável, razão pela qual apelamos à Tua sabedoria para que nos inspire a sua aplicação na dosagem correta de medicamento libertador.

Anelando por servir, perdemo-nos, não poucas vezes, no labirinto dos interesses mesquinhos e pessoais, deixando a empresa da fraternidade em plano secundário.

Ajuda-nos a manter a força moral indispensável, para nos não desviarmos do objetivo central da evolução, que é o bem fazer.

Neste momento, vem ter conosco na praia da compaixão, para auxiliar-nos a recuperar o náufrago da viagem terrestre, cujo barco orgânico se esfacelou nos recifes das paixões.

Colocamo-nos em Tuas hábeis mãos e aguardamos que nos guies mediante a inspiração de que necessitamos.

Vem, pois, Médico das almas, socorrer-nos, suplicamos-Te!

Ao silenciar, graças à unção com que pronunciara cada palavra, a vibração superior mantinha-se na sala, gerando emoção de paz e de confiança ilimitada.

Sentados em um semicírculo fronteiro ao leito de Honório, percebemos que dona Maria Modesto entrava em transe profundo. À medida que se lhe alteravam as formas do rosto, suave ectoplasma era exteriorizado pelas duas damas envolvendo a médium, auxiliando-lhe a transfiguração. O semblante empalideceu expressivamente, a respiração fez-se-lhe opressiva, um ricto estranho sulcou-lhe a face desenhando uma figura estranha, quase uma máscara de sarcasmo, semelhando-se às oleogravuras representativas de Satanás que, entre estertores, começou a blasonar:

— *Eu sou o Senhor dos vândalos e perversos. Sou a chibata que estimula e que pune. Sou* Mefistófeles, *de que se utilizou* Goethe, *para o seu* Fausto. *Atendo aos chamados, inspiro e passo a comandar aqueles que se me afeiçoam e passam a dever-me a alma. Logo se me faz oportuno, arrebato-a para os meus domínios. Qual é o problema que aqui se delineia, exigindo minha presença? Venho espontaneamente, bem se vê, a fim de inteirar-me do que se deseja.*

— Reconhecemos — respondeu com brandura, Eurípedes — *todas as prerrogativas do amigo que nos visita, o que nos constitui um grande prazer e uma honra especial, recebendo-o com carinho e muita fraternidade.*

— *Deixe-se de verborreias desnecessárias. Que esperam de mim?*

— *Inicialmente, trata-se de um encontro de amizade* — respondeu o mentor. — *Respeitando-lhe as convicções quanto ao que lhe apraz, desejamos esclarecê-lo que, infelizmente, o poder que estardalhaça é destituído de fundamento, porque o caro amigo é Espírito criado, sujeito às Leis que regem a vida, embora possuidor de recursos magnéticos que poderiam ser utilizados de maneira mais útil. Demais, apesar da sua aparente força, outra existe mais poderosa que a todos nos submetem, que é aquela que procede de Deus, ínsita nos Seus ministros e especialmente em Jesus.*

— *Onde estão e quais são essas decantadas forças, que as não conheço* — vociferou, gargalhando estranhamente. — *Eu sou forte e apoio-me em mais seguro poder. Honório é meu, e o terei pelo tempo que me aprouver, porquanto assim ele quis, já que firmou um pacto comigo para todo o sempre, a partir do momento em que lhe facultei desfrutar do prazer e do gozo. Como me desincumbi da minha parte, ele terá que corresponder ao comprometido.*

— *Não ignoramos* — ripostou o evangelizador espírita — *que o enfermo manteve largos colóquios mentais com o amigo. No entanto, o seu critério de razão estava perturbado pela insânia de que já se encontrava acometido, embora a aparente conduta equilibrada. Ele preferiu viver o seu mundo mental às experiências dignificadoras do mundo moral. Nessa fuga da realidade, conectou com o amigo que se aproveitou da sua fraqueza para infundir-lhe ideias falsas e brindar-lhe estímulos perversos, qual ocorreu com você próprio em ocasião oportuna, quando se fez vítima de outrem mais perverso que o vem explorando...*

— *E quem é esse explorador a que se refere?* — esbravejou em ruidosa gargalhada de mofa. — *Eu sou senhor dos meus atos e movimento-me na área que me agrada, onde sou respeitado e temido.*

— *Certamente* — elucidou Eurípedes — *mais temido que respeitado, em razão de transitar entre cegos, fingindo possuir visão total e clara da realidade. Recorde-se do enunciado de Jesus, ao referir-se que: "Todo cego que conduz cegos, tomba no abismo com eles"... Isso, aliás, já aconteceu, desde que a sua é a região da ignorância, verdadeiro abismo onde se encontram sepultadas todas as aspirações do ser. Mas Jesus é a luz libertadora, e para Ele estamos convocando-o neste momento aflitivo da sua vida.*

— *Dou-me conta de que você não me conhece* — estridulou, revoltado. — *Lamento que não tenha informações a meu respeito, não obstante, tenho-as muitas em referência à sua pessoa. E porque sei quem é, não temi enfrentá-lo, desejando, neste momento, medir forças com o adversário...*

Sem perturbar-se, o mentor redarguiu:

— *Não é nosso interesse medir forças, porque reconheço não as possuir. O pouco de que disponho não é meu, antes, é-me concedido por misericórdia de acréscimo. Além do mais, apoiamo-nos no amor e com ele esperamos encontrar o recinto de paz e entendimento para seguirmos juntos na direção da Grande Luz.*

— *A mim não me interessa grande ou pequena luz* — acentuou com desdém. — *Já tenho a minha claridade essencial, aquela que me norteia os passos. A questão, todavia, é outra. Trata-se de Honório, e nada mais me interessa.*

— *Penso diferente* — aduziu o doutrinador. — *Creio que se trata de você, que se encontra em sofrimento que escamoteia com a máscara da indiferença. O nosso irmão Honório, que tem sido sua vítima, naturalmente necessita de libertação, para que, posteriormente, você se libere dos próprios conflitos.*

— *Isso não me interessa, tampouco a você* — reagiu com violência verbal. — *Continuarei cobrador inclemente com aquele que me é devedor, a quem tudo ofereci conforme me solicitou, e o realizarei com a severidade que o assunto requer.*

— *Novamente o amigo se equivoca* — esclareceu, sereno, enquanto o perturbador espumava de ira. — *O único doador real é Deus, a quem tudo pertence. O que parece pertencer-nos é de Sua propriedade, especialmente no que diz respeito ao poder, que no mundo é sempre transitório e vão. Por um processo de afinidade, o caro* Mefistófeles *estimulou mentalmente o descuidado, já que ambos navegavam na faixa da ilusão, facultando-lhe experiências perturbadoras e doentias que se lhe fixaram na mente, gerando formas psíquicas que se condensavam quando lhes recorria às imagens para deleitar-se na alucinação que o assaltava.*

— *Exijo que me respeite* — redarguiu, furibundo. — *Não vim aqui para ser desconsiderado. O meu problema é com o bandido traidor, mas posso aceitar o repto e enfrentá-los a todos os senhores, porque sou decidido e sei o de que necessito, bem como a melhor maneira de consegui-lo.*

Sem perder a serenidade, pelo contrário, Eurípedes contestou:

— *Não é nosso objetivo desrespeitá-lo, submetê-lo ou intimidá-lo. O nosso Guia é Jesus, que sempre conquista com amor e compaixão, jamais com violência. A Sua compassiva misericórdia desce hoje sobre você, como sempre tem acontecido, embora o amigo não o haja detectado anteriormente. Desejamos esclarecê-lo que Honório, como você mesmo e todos nós, somos filhos de Deus, que não nos encontramos ao desamparo. É certo que ele se comprometeu e se enganou. Quem lhe pode atirar a primeira pedra, considerando-se isento de erro? Porém, através do sofrimento que se impôs, já resgatou a dívida, estando em condições de iniciar uma nova experiência iluminativa para crescer e libertar-se da inferioridade que lhe pesa na economia moral.*

— *E se eu não o permitir?* — interrogou, arrogante.

— *Deus o fará através de Jesus, Aquele a Quem entregamos a operação desta noite* — esclareceu com tranquilidade. — *O que pretendemos, é que o* amigo-irmão *dê-se conta do tempo que vem sendo desperdiçado na ilusão de manter-se como uma personagem que não tem existência real. Conforme sabemos, o mito do diabo está ultrapassado, embora a loucura de alguns Espíritos que desejam assumir-lhe o comportamento e dar-lhe legitimidade em um esforço insensato que vai além da fantasia. Ninguém foge de si mesmo, dos seus próprios arquivos mentais, das suas realizações... Neste momento, iremos convidá-lo a recordar-se de suas experiências pessoais, levando-o numa viagem ao* tempo-ontem, *quando se lhe instalou a ideia absurda de ser* Mefistófeles.

Ato contínuo, Dr. Ignácio acercou-se da médium e começou a aplicar-lhe energias dissolventes no centro cerebral, a fim de que a memória do Espírito se desenovelasse das induções mentais a que fora submetida. Ao mesmo tempo, pôs-se a induzi-lo ao sono profundo, usando o recurso da palavra tranquila, monocórdia, repetitiva. Sem muita relutância, o visitante adormeceu e, estimulado a recuar ao passado, no século XIX, logo começou a caracterizar-se como um ator em pleno palco, representando a figura dramática da tragédia do *Fausto*.

Divaldo Franco / Manoel Philomeno de Miranda

Enquanto repetia as palavras de Goethe, enunciadas por *Mefistófeles*, em atitude prepotente e exuberante, o benfeitor esclarecia:

— *Você confundiu a personagem da fantasia trágica a que dava vida no teatro com o homem da realidade terrena, igualmente atormentado, vaidoso, sonhador e perseguidor do triunfo na ribalta dos interesses humanos, sem qualquer estrutura em torno da espiritualidade interior. Repetindo o papel que o fascinava, introjetou-o de tal forma, que passou a vivê-lo no comportamento cotidiano, embrenhando-se no matagal da auto-obsessão. Ao desencarnar, foi, por sua vez, vítima de hábil hipnotizador, que o induziu a assumir a forma perversa, para que lhe fosse útil nos lamentáveis processos de perturbação espiritual em que o atirou, desprevenido e insano como tem sido. Enfrente agora a realidade diversa. Você é filho de Deus e necessita ser feliz. Abandone a indumentária triste e ilusória que o veste.*

Enquanto o Espírito apresentava diferentes expressões faciais que variavam do espanto ao terror durante o esclarecimento oportuno, Eurípedes prosseguia:

— *O seu período de sofrimentos também acabou. Atrás da máscara, sempre se encontra o ser humano angustiado, sem roteiro, escondendo suas dores no disfarce da ilusão. Você merece despertar para uma nova realidade, começando a experiência dignificadora, aquela que constrói o ser interno verdadeiramente harmonizado.*

E dando maior ênfase à voz, enquanto Dr. Ignácio aplicava passes de dispersão energética no Espírito, permitindo que fossem desaparecendo as construções ideoplásticas, Eurípedes acentuou com firmeza:

— *Augusto, acorde para a realidade e para a vida. Retome a sua forma humana, aquela que o vestiu durante a trajetória terrestre antes de alucinação. Saia do palco e volva à realidade. Você está entre amigos que lhe compreendem o drama íntimo, que não vem ao caso aqui examinar, e é muito bem recebido. Ninguém foge indefinidamente de si mesmo, nem das Leis de Deus, que a todos nos alcançam onde quer que nos refugiemos. Desperte... desperte... e seja bem-vindo, meu irmão.*

O Espírito começou a contorcer-se na aparelhagem mediúnica delicada, a respirar com dificuldade, e enquanto se diluíam as formações da indumentária e da máscara facial, ele se foi reconstituindo e assumindo a personalidade que lhe pertencia, recurvando-se como alguém de muita idade portador de problema na coluna, para finalmente ser tomado por convulsivo pranto, que lhe dificultou o verbo.

— *Acalme-se, meu amigo!* — propôs, suavemente, Eurípedes. — *Todo renascimento é doloroso, especialmente quando se dá através do abandono da fantasia para a realidade, da loucura para a razão. Tudo agora é passado, e você dispõe de um futuro abençoado que o aguarda. Agora é necessário repousar, dormir e sonhar com o bem, de forma que o amanhã surja das névoas do ontem com as claridades da alegria de viver.*

Nesse momento, Dr. Ignácio, que prosseguia aplicando energias restauradoras do equilíbrio, deslindou o comunicante dos laços que o vinculavam ao perispírito da médium e o colocou em uma cama de campanha que se encontrava atrás do semicírculo para posterior transferência para enfermaria adequada, onde prosseguiria o seu tratamento.

Ainda sob o clima psíquico de júbilo ante o êxito do cometimento espiritual com o irmão Augusto, Honório despertou, chamado por Eurípedes, logo assumindo a postura alucinada. As *formas-pensamento,* que o exauriam em terrível processo de vampirização das suas energias espirituais, assomaram ao consciente e ele começou a delirar, assumindo posturas grotescas, escabrosas, que eram os resíduos dos seus conflitos morais e sexuais em desalinho, vivenciados pela mente atormentada.

Utilizando-se das bênçãos do clima psíquico, uma das damas presentes, a senhora Ernestina, visivelmente mediunizada, levantou-se e aproximou-se do enfermo. Irradiava mirífica luz que a banhava toda em tom prata-violáceo, espraiando-se pelo pequeno recinto e dando-lhe uma tonalidade especial.

Nesse comenos, Eurípedes assinalou:

— *Honório, você já não se encontra no corpo no qual se refugiava. Espírito liberto da matéria, mas preso às suas sensações, você já não necessita das imagens delirantes para encontrar o prazer. Enquanto não mudar de atitude perante a vida, descobrindo outros valores, permanecerá nesse estado de loucura. Acorde para a realidade na qual está instalado e passe a vivenciá-la.*

Segurando-lhe firmemente as mãos, impôs:

— *Acorde! Abandone, por momentos breves que sejam, as fantasias sexuais e os devaneios mentais. Desperte, nós lhe ordenamos em nome de Jesus, o Cristo!*

Do terapeuta, à medida que a voz assumia expressão enérgica, ondas sucessivas de energia envolviam o enfermo, diluindo as imagens mentais que permaneciam como verdadeiro envoltório em torno da sua cabeça. E ele, nominalmente convocado, pareceu despertar, alterou a expressão da face, os olhos recuperaram a normalidade, banhado por débil luminosidade, e enquanto balbuciava palavras desconexas, num retorno lento, como quem desperta de um largo letargo recheado de pesadelos intérminos, percebeu o benfeitor e escutou-o, propondo-lhe:

— *Observe onde se encontra. Você não está a sós como lhe era habitual. Aqui estamos alguns amigos interessados em liberá-lo do largo sofrimento, da loucura do prazer impossível. Volva à consciência e olhe bem à sua volta...*

O paciente atendeu à solicitação, quase automaticamente, e gritou, quando viu o Espírito comunicando-se através de dona Ernestina:

— *Deus meu, um anjo! Será a Mãe de Jesus?!*

— *Não, meu filho. Sou a tua pobre mãezinha, que vem em teu auxílio em nome da nossa Mãe espiritual, a Genitora de Jesus.*

O paciente foi acometido de emoção sincera e levantou-se do leito, ajoelhando-se, num impulso intempestivo, dobrando-se quase até o solo, que tentou beijar em uma atitude profundamente comovedora. A seguir, explicitou:

— *Volte para o Céu, mamãe, porque eu não mereço a sua presença. Eu sou um pântano e a senhora é um lírio de Deus. Não me atormente com a sua visita, porquanto eu sou detestável e devo estar sonhando...*

— *Não, meu filho, você está desperto, não é um sonho* — elucidou com bondade e ternura que se misturavam em vibrações de paz. — *Você já não se encontra entre as pessoas da Terra. A morte, essa benfeitora de todos nós, trouxe-o para o* Reino da Verdade, *onde nada permanece oculto, e as oportunidades de elevação se apresentam enriquecedoras. As aflições deveriam ter ficado com o corpo que já se desfez, mas você as trouxe no seu mundo íntimo, fechado à luz do discernimento e da confiança irrestrita em Deus. Agora, devem cessar suas aflições.*

Honório chorava e sorria, num misto de tristeza profunda e de alegria que o tomava. Enquanto isso, após uma breve pausa, que deveria auxiliá-lo a absorver-lhe as considerações, a mãezinha prosseguiu:

— *Visitei-o durante os longos anos da nossa separação física, mas você não me pôde identificar. A solidão em que esteve atirado por vários fatores, ao invés de direcionar-lhe a mente para Deus e para a paz, empurrou-o para as fugas espetaculares no rumo do delírio e das abjeções morais. Não desejamos julgar-lhe a conduta. Apenas queremos informá-lo de que tudo isso agora é passado, mas o futuro sorri-lhe mil possibilidades de refazimento, de renovação, de trabalho edificante. Você nunca esteve realmente a sós... Quanto nos foi possível, procuramos infundir-lhe ânimo ante as vicissitudes e inspiração para suportar o fardo da soledade, que necessitava por imposição evolutiva.*

Optando pelos devaneios, associou-se a Espíritos vulgares que o exploraram psíquica e fisicamente, enquanto o auxiliavam no banquete da perversão moral. Mas agora tudo começa a mudar. Permaneça atento, e levante-se, meu filho, para refundirmos nossas energias em um abraço de inefável amor.

A veneranda Entidade dobrou a médium, distendeu os braços e auxiliou o filho atônito a levantar-se. Tremendo como varas verdes, foi cingido pela genitora, enquanto apoiava a cabeça suarenta e dorida nos ombros maternos, soluçando e balbuciando: — *Eu não sabia! Eu não sabia...*

— *Jesus, meu filho* — acentuou a nobre visitante —, *é o nosso Caminho para a Verdade e para a Vida. Busque-O em suas reflexões, siga-O em seu comportamento mental e suas atitudes espirituais. É sempre tempo para recomeçar e para servir. Não se detenha. Tanto quanto me esteja ao alcance, virei visitá-lo, porque estagio em outro campo de atividade que não está nesta cidade. O nosso amor facilitará o nosso intercâmbio mental e nos dará forças para recuperarmos juntos o tempo malbaratado, as oportunidades perdidas, o serviço que deixou de ser executado.*

Auxiliando-o a sentar-se no leito, concluiu com doçura:

— *Nunca se esqueça do amor de Deus. À medida que você compreender o significado deste momento, mesmo que retornando os clichês viciosos à sua consciência, reaja e pense em*

Deus, buscando a leitura dos textos evangélicos, a fim de conseguir material iluminativo para o seu crescimento interior.

Muito bom ânimo, filho da alma! Que Deus o abençoe e o ampare!

Agradecendo ao grupo que lhe criou as condições psíquicas hábeis para a comunicação, afastou-se da médium que volveu à consciência.

Honório respirava sem muita dificuldade, enquanto as lágrimas lhe escorriam lentas e, em reflexão, tentava fixar na mente a ocorrência de alto significado, sem apresentar, porém, os delírios que antes lhe caracterizavam o comportamento.

Pairando peculiar silêncio, Eurípedes concluiu a reunião, orando:

— *Sábio Médico das almas!*

No momento em que encerramos a operação espiritual de libertação dos Espíritos emaranhados no cipoal do erro e da amargura, reconhecemos que foste Tu, Aquele que agiu por nós e através de nós, exteriorizando o Teu inefável amor, que os impregnou, liberando-os de si mesmos e abrindo-lhes os horizontes da saúde interior e plena.

Agradecemos-Te, Benfeitor da Terra, e curvamo-nos, humildemente, ante a Tua magnanimidade, rogando-Te que nos não deixes a sós na longa marcha ascensional, para que não venhamos a perder o Teu rumo, que é a nossa segurança.

Suplicando-Te que nos envolvas a todos nós nas Tuas mercês, concluímos o labor desta noite, preparando-nos para o permanente amanhã de nossas vidas. Sê, pois, conosco, hoje e sempre.

Podia-se perceber-lhe a emoção além das palavras e a humildade real que as vestia de beleza e gratidão.

A seguir, depois de breves momentos de conversação edificante, despediu-se e afastou-se com as médiuns, rumando para novos deveres.

Honório foi conduzido a outra enfermaria individual, onde passaria a receber diferente assistência daquela que lhe era oferecida até então, enquanto Dr. Ignácio, eu e Alberto, rumamos em direção aos nossos aposentos.

Caminhando silenciosamente, porque a ocasião me ensejasse oportunidade, interroguei ao médico:

— *Honório continuará lúcido a partir deste momento?*

— *Não totalmente* — respondeu com afabilidade. — *Os processos de auto-obsessão prolongada deixam muitas sequelas que somente o tempo e o esforço do paciente poderão drenar, superando-as. Nesse processo, conforme vimos, o enfermo experimentava o assédio do seu comparsa obsessivo, que se mantinha a distância, mas se lhe vinculava pelo pensamento, induzindo-o constantemente à vivência dos prazeres vulgares. Fazia-se vítima do desequilíbrio pessoal e da ligação perversa. Amparado aquele que o perturbava, e que irá enfrentar as consequências dos seus atos infelizes, o paciente terá pela frente todo um significativo trabalho de reconstrução mental, de reestruturação do pensamento, de mudança da conduta moral. No entanto, sob o adequado tratamento que se prolongará pelo período necessário, conseguirá readaptar-se ao correto, ao moral e ao saudável.*

— *E que acontecerá com* Mefistófeles? — indaguei, curioso.

— *Será atendido conforme merece, por sua vez desligando-se do outro comparsa mais inditoso, que dele se utilizava para processos vulgares dessa natureza. Nosso relacionamento de criaturas umas com as outras produz efeitos correspondentes aos graus de vinculação. Quando auxiliamos alguém, que passa a contribuir positivamente no grupo social em que se encontra, os juros de amor são-nos também acrescentados, porquanto o importante é o ato inicial de ajuda. Da mesma forma, quando nos responsabilizamos pela degradação ou queda, infelicidade ou desalinho de outrem, todo o volume de desares que aparece é adicionado à nossa atitude primeira, àquela que deu curso aos desatinos que tiveram lugar a partir dali. Eis por que o bem é sempre melhor, mais proveitoso, mais positivo para aquele que o realiza. Nunca devemos desperdiçar o ensejo de servir, de amar, de contribuir em favor do progresso, por menor que seja a nossa contribuição, por menos valiosa que se nos apresente. Estamos convidados a construir, nunca a perturbar; a erguer o amor às culminâncias, jamais a impedir-lhe o avanço, seja sob qual justificativa o façamos.*

Silenciando, naturalmente, respeitamos-lhe o cansaço natural, e, logo mais, atingindo o apartamento onde me hospedava, despedi-me de Alberto e do nobre missionário da psiquiatria, buscando também o conveniente repouso.

18

Socorro de emergência

No dia seguinte, ao despertar, o drama que envolvia Augusto e Honório retornou-me à memória com acentuada nitidez. Relacionava aquelas duas vidas, cujas experiências tiveram cenário em épocas e lugares diferentes, e, no entanto, associaram-se de maneira tão perturbadora quão desastrosa. Sem que houvesse algum vínculo pessoal, pelo menos aparente, passaram por experiências doentias que somente a bondade de Deus conseguira interromper. Perguntava-me, então: — *Seguiriam diferente rumo ou voltariam a encontrar-se, a fim de diluírem quaisquer ressentimentos que permanecessem após as reflexões profundas dos acontecimentos nefastos? Haveria alguma ligação espiritual anterior negativa, que justificasse aquele intercurso obsessivo?*

Outras questões dentro desse pensamento surgiram-me e tive que postergar esclarecimentos, aguardando o momento próprio.

Como de hábito naquele período, Alberto veio buscar-me para participar das atividades nas enfermarias, observando e aprendendo, e expus ao amigo as minhas inquietações.

Demonstrando interesse, foi sincero em responder-me que também ignorava as implicações acerca do caso muito especial.

Através do cicerone amável, fui informado que, ao amanhecer do dia imediato, teríamos uma reunião de atendimento espiritual a um companheiro encarnado, que se encontrava enleado em sutil obsessão, e deveria receber uma assistência mais especializada em nossa Instituição, o que era relativamente comum. Esse ministério de amor acontecia com a finalidade de auxiliar os corações humanos reencarnados a sentir de mais perto o amor de Deus e serem alertados das ciladas que lhes eram armadas pela invigilância e pelos inimigos da Causa do Bem na Terra, assim como dos seus próprios adversários, aqueles em relação aos quais cometeram desatinos, e agora se voltavam armados de ódio e dominados pela sede de vingança. Para esse novo trabalho, eu me encontrava convidado, devendo preparar-me convenientemente, como seria de esperar-se.

Não pude ocultar o júbilo, porque o tema da obsessão sob qualquer aspecto considerado sempre me fascinou, ajudando-me a entender o intrincado da *Lei de Causa e Efeito* no transcurso da evolução humana.

Desse modo, visitamos alguns dos amigos cujas experiências dolorosas anotáramos, oferecendo a contribuição da nossa fraternidade e, entre eles, Honório, que apresentava sinais de visível melhora, embora a expressão dos olhos ainda denotasse fixação nos quadros do passado, conforme era de esperar-se e nos fora esclarecido.

Não é nada fácil a ascensão, a transferência do vale estreito para a adaptação no monte que alcança horizontes infinitos. A longa peregrinação pelo charco produz diversos problemas ao organismo que se intoxica das emanações morbíficas, da umidade, do tremedal. À medida que o ser ascende, é convidado à adaptação lenta em cada patamar, a fim de no futuro poder contemplar as alturas e absorver o oxigênio puro a que não está acostumado.

Tormentos da obsessão

O dia transcorreu enriquecido de experiências libertadoras, por ensejar-nos reflexões cada vez mais profundas quanto aos acontecimentos que elevam ou escravizam o Espírito, decorrentes da sua conduta interior. A visão da vida, desde o ponto de vista espiritual, elimina o mecanismo da culpa alheia e a consciência se transforma no acusador severo ou no benfeitor amigo de cada qual, relacionando os feitos existenciais que retornam vivos e pulsantes através do caleidoscópio da memória.

Às 23:30h, Dr. Ignácio buscou-me no apartamento, ensejando-me apresentar-lhe as interrogações sobre o caso Honório. Com muita sabedoria e simplicidade, explicou-nos que, nem todo novo encontro se trata de um reencontro, como aliás, é lógico. Estamos diariamente fazendo novos amigos ou afastando-nos deles conforme as nossas ações. No caso que me impressionara, fora o encarnado quem abrira brechas mentais para a *parasitose espiritual*, atraindo *Mefistófeles* pelo teor de vibrações emanadas pela sua mente em desalinho. E logo adiu:

— *Cada experiência humana faculta vinculação com o objetivo a que se direciona, ensejando novos relacionamentos ou dando prosseguimento aos antigos, sem que, necessariamente, esteja a repetir-se com as mesmas personagens. Digamos, por fim, que foi meramente casual esse fenômeno obsessivo, em face da similitude vibratória entre os dois cômpares espirituais. Liberados dos laços da afinidade que os retinha em perturbação, marcharão por caminhos diversos, tendo em vista os valores que tipifiquem o processo evolutivo de cada qual. Talvez possam encontrar-se, o que não será indispensável, porquanto despertarão em paisagens mentais próprias a fim de seguirem adiante no rumo do Infinito.*

Quando silenciou, estávamos em um recinto que transcendia a beleza comum, na sua simplicidade quase comovedora. Harmonias espirituais pairavam no ar, produzindo um estado de emoção especial. De reduzidas proporções, era um santuário para as experiências mediúnicas e os intercâmbios com aqueles que transitavam na noite terrestre exercendo atividades muito delicadas. Preservado de vibrações deletérias, convidava à meditação e à prece.

Ao nos adentrarmos, encontramos o nobre Eurípedes e sua dedicada médium, bem como outros Espíritos afáveis, para mim desconhecidos, que nos receberam com cordialidade e simpatia.

Dr. Ignácio, sem maior formalidade, apresentou-nos, explicando a razão da minha presença no labor espiritual da noite, e todos foram, a uma só voz, gentis e fraternos. Alberto também já se encontrava presente, o que aumentou a minha alegria.

A reunião seria um pouco mais tarde. A necessidade do encontro antecipado tinha por objeto favorecer-nos com o contato proveitoso com o dedicado Eurípedes, que iria conversar conosco informalmente, conforme aconteceu.

— *Dentre as atividades mediúnicas a que me houvera afervorado na Terra* — iniciou, o devotado amigo, a sua explicação —, *o tratamento com os obsessos sempre me significou ministério delicado e credor do maior empenho. Acompanhar a trajetória de um ser submetido pela mente desarvorada de outro, que se utiliza da situação espiritual para reivindicar valores que lhe não pertencem, porque tudo procede de Deus, ou para exigir pagamentos morais por danos sofridos, sempre se me expressava como uma forma de sofrimento pessoal. Isto, não somente por sentir a alucinação do* hospedeiro, *mas também por compreender a infelicidade do seu transitório* hóspede. *Sempre que enfrentava essa pertinaz enfermidade, procurava penetrar no âmago do vingador para despertá-lo para a felicidade que adiava apenas por capricho, ignorância ou rebeldia. Acostumado, no entanto, ao abandono que se permitira ou ao sofrimento a que se deixara arrastar, esse irmão do Calvário relutava em acreditar nos meus sentimentos, sempre supondo que eu guardava motivos subalternos, qual o de o afastar do encarnado e semelhantes, sem qualquer consideração pela sua dor. Evitando discussões estéreis, sempre busquei irradiar simpatia e compreensão pelo seu drama, conseguindo sensibilizar um expressivo número de equivocados.*

Na trama da obsessão, portanto, não apenas se encontra em desalinho o que chora e se desespera, mas também aquele que aplica o látego, o verdugo aparentemente insensível, que é sempre alguém que perdeu o rumo de si mesmo, por consequência, a identificação com a vida. Acercar-se da sua situação penosa, mediante sincera emoção, é de significado profundo, porque a irradiação mental é mais poderosa do que a verbalização, que pode ser destituída da vibração de legitimidade. O amor, por consequência, é o mais poderoso recurso ao nosso alcance, expresso ou não, para ser utilizado, do que quaisquer argumentos bem urdidos, porém, escassos do recurso vitalizador que é necessário a todo aquele que se encontra em carência afetiva. E os perseguidores são, invariavelmente, Espíritos em grande carência, desconfiados e áridos, porque foram vítimas de enleios e traições relacionados com os seus sentimentos de nobreza e de sinceridade.

Fazendo uma pausa oportuna, e mantendo a expressão da face muito serena, prosseguiu:

— *Tendo em vista a necessidade de ressarcimento das dívidas contraídas pelo abuso da confiança que nos foi oferecida, torna-se-nos necessário o mergulho na carne, a fim de refazermos os caminhos, as afeições, as oportunidades. Antes da viagem à reencarnação, ainda lúcido, o candidato promete fidelidade e devotamento, sintonia com os amigos espirituais que ficaram na Erraticidade para os ajudar na desincumbência do dever. Logo, porém, que o corpo ensombra a lucidez espiritual, diminuindo-a, os impositivos da matéria passam a predominar no ser em recomeço, não poucas vezes afastando-o do caminho traçado. Eis por que o Espiritismo, representando o retorno de Jesus à Terra, através do Consolador, desempenha a missão sublime de despertar as consciências adormecidas, facultando o intercâmbio direto com o mundo de origem, onde se haurem as energias indispensáveis ao cumprimento da tarefa e se dispõem das lembranças para o prosseguimento dos compromissos. É também durante a vilegiatura carnal que têm curso os combates iluminativos, quando se devem reunir e confraternizar os antigos adversários, a princípio, sob o sufrágio da dor, porquanto defraudaram as Leis, sem que delas se possam evadir, para depois se renderem ao amor, à fraternidade.*

Assim sendo, as matrizes que se encontram no perispírito — as marcas impressas pela consciência culpada — facultam as induções e fixações entre credores e devedores, expressando-se em aflições obsessivas para ambos atormentados. Ninguém, pois, na Terra, que esteja isento da comunhão com os Espíritos, seja pela necessidade reparadora, manifeste-se através do impositivo da inspiração e do direcionamento feliz para o rumo que se pretende alcançar. Esse relacionamento faz parte do processo da evolução, porque o crescimento ou a queda de alguém sempre repercute na grande família espiritual que constituímos. Reconhecemos, portanto, que a reencarnação é sempre um grande desafio, especialmente para aquele que deseja realizar a meritória obra de espiritualização dos homens, a começar por si mesmo. São muitos os impedimentos naturais que se levantam nessas ocasiões, tentando embaraçar ou dificultar a execução do programa delineado.

O querido instrutor olhou suavemente para o Alto, como tentando colocar em palavras o que conhecia por vivência pessoal, e estava acima da verbalização, continuando:

Tormentos da obsessão

— *O carreiro carnal é sempre uma experiência de alto risco para quem deseja atingir as cumeadas da montanha das bem-aventuranças. Recordando-nos do Mestre, constataremos que Ele venceu os três montes que O desafiaram: o Tabor, onde se transfigurou esplendente de beleza diante de Moisés e Elias, que vieram reverenciá-lO, bem como dos discípulos que ainda não tinham dimensão da Sua grandeza. Foi o monte da comunhão espiritual no seu sentido mais elevado. O outro, foi aquele no qual Ele cantou as bem-aventuranças, revolucionando os códigos de ética, de economia e de moral vigentes na sociedade, abrindo horizontes novos para o entendimento dos valores espirituais. E, por fim, o Gólgota, onde, aparentemente vencido, triunfou, imortal, colocando a ponte para a perpétua comunhão de todas as criaturas com o Pai. No primeiro, Ele desvelou-se; no segundo, estabeleceu as diretrizes do amor; e, no terceiro, viveu todos os ensinamentos que enunciou.*

O Espírito reencarnado em tarefa libertadora sempre será chamado ao testemunho nos montes onde problemas equivalentes o aguardam: no primeiro, deve dar a conhecer o objetivo a que se dedicará; no segundo, cabe-lhe traçar as linhas de comportamento que adotará; e no terceiro, vivê-las até o momento final com equilíbrio e abnegação. Não é demasiado, porque nunca faltará o apoio indispensável ao êxito, que procede do Mundo espiritual, vigilante e ativo. Eis por que, iniciada a tarefa na seara, ninguém deve olhar para trás.

Reunimo-nos aqui, neste momento, para recebermos um querido companheiro que se encontra nas sombras terrestres com tarefa muito bem programada, mas caminha a largos passos para a loucura das paixões humanas a que ora se entrega. Telementalizado pelos adversários do seu progresso, bem como por sistemáticos inimigos da libertação das mentes humanas das chagas obsessivas, deveremos convidar o companheiro a reflexões acuradas e, mais uma vez, tentar dissuadi-lo dos objetivos vãos que está abraçando com louca sofreguidão, procurando na Terra o prazer e o engodo, a fama e a popularidade, esquecendo-se de Jesus, que vai passando para segundo plano, ou pior, que se torna instrumento de atração para os seus torpes desejos de sensações. Quando se está muito preocupado com a própria promoção, esquece-se da razão do trabalho, que passa a lugar secundário. Como a existência física é muito breve e logo se acaba, o iludido desperta no abismo do arrependimento tardio, assinalado pelos sofrimentos demorados.

Aguardemos, portanto, Edmundo, o servidor em perigo.

Nesse comenos, um grupo de amigos espirituais deu entrada no recinto trazendo Edmundo adormecido, que foi colocado em uma cadeira confortável e acolhedora.

Pude observar que se tratava de um jovem que ainda não completara quarenta janeiros. O seu era um sono inquieto, que demonstrava desalinho interior. Embora a aparência agradável, o corpo periespiritual apresentava-se com estranhas exteriorizações vibratórias, particularmente nos centros coronário e genésico. Emitiam ondas de cores quentes, intermitentes, denunciando comprometimento dos fulcros geradores de energia. Continuando a observação com mais cuidado, percebi-lhe dilacerações no campo modelador biológico de procedência inferior, que iriam manifestar-se posteriormente no corpo somático. No centro cerebral estava instalada a matriz obsessiva, o que também se apresentava no aparelho sexual. Certamente, os *plugues* haviam sido deslindados magneticamente naquele momento pelos assistentes que o trouxeram para o encontro especial.

Interrompi as observações, porque o instrutor exorou as bênçãos divinas para a atividade que se iniciava mediante comovida oração, após o que se aproximou do visitante e o despertou, chamando-o nominalmente com carinho fraternal.

Ouvindo-o e despertando, Edmundo logo recobrou a lucidez, detectando com relativa facilidade o local onde se encontrava, não ocultando a surpresa que o acometeu.

Sorridente, percebeu o mentor, que jovialmente o convidou à reflexão, sem maiores preâmbulos:

— *Saudamo-lo mui cordialmente em nome de Jesus, a quem servimos. Aqui nos reunimos e o recebemos carinhosamente, com o objetivo de recordá-lo que esta não é uma viagem de recreação espiritual ou de compensação emocional. Objetivamos, isto sim, acordá-lo para o cumprimento digno das responsabilidades assumidas antes do berço e que, neste momento, encontram-se em grave perigo para a sua concretização.*

Fez uma rápida pausa, e com tom bondoso, mas enérgico, prosseguiu:

— *Você partiu desta Colônia com um programa de ação espiritual muito bem delineado, no qual foram investidos muitos valores, e o atendeu por bom período da existência física. Abeberando-se da inexaurível fonte do Espiritismo, saciou a sede de informações e despertou para a tarefa que deveria realizar. A mediunidade franqueou-lhe o acesso à Espiritualidade, que jamais deixou de regatear-lhe auxílio e apoio. Agora, quando a notoriedade o alcança, facultando-lhe ensejo para ampliar o campo de serviço e dedicação a Jesus e à Sua Doutrina, você começa a comprometer-se com a frivolidade e o mundanismo.*

Entendemos que esses adversários já se lhe encontram fixados no Espírito, responsáveis que foram por mais de um insucesso em existências anteriores. Todavia, esta é a sua oportunidade feliz para servir ao Senhor, e não para d'Ele servir-se, como vem fazendo, repetindo a insânia para a qual recebeu altas dosagens de energia libertadora. A mediunidade ostensiva é compromisso muito grave de consequências relevantes, que não pode ser utilizada mediante a irreverência e o despautério.

Não lhe deve ser vão o conhecimento espiritual para o transformar em espetáculo circense, que lhe exalta o personalismo doentio em detrimento da austeridade e da consciência de dever que lhe cumpre atender. O investimento dos bons Espíritos está sendo malbaratado, enquanto a futilidade e a presunção assumem prioridade no seu comportamento.

Silenciou, facultando ocasião de serem as suas palavras apreendidas e memorizadas.

Ante o aturdimento de Edmundo, o benfeitor continuou:

— Iremos recordá-lo dos compromissos a que você se vinculou e os vem desrespeitando sob induções de Espíritos vulgares, que ora se lhe associam à conduta mental e social, apoiados nas suas preferências transatas...

Olhando a senhora Modesto, a nobre médium desenrolou um pergaminho que trazia nas mãos e, com voz pausada, leu o programa que fora traçado por solicitação do medianeiro e sua anuência jubilosa a algumas propostas que haviam sido apresentadas pelos seus guias espirituais.

Eu me encontrava pasmado. Era a primeira vez que via uma atividade dessa natureza, mediante a exibição de um relatório no qual estavam arquivadas as responsabilidades de alguém comprometido perante as Soberanas Leis.

A voz melódica da senhora parecia derramar pérolas luminosas que eram os deveres que assinalariam a experiência do companheiro reencarnado.

— Você prometeu — prosseguiu com a leitura do documento *— canalizar para Jesus e Sua Doutrina quaisquer homenagens e triunfos que lhe chegassem. Aceitou servir e passar, lutando contra as tendências inferiores; superar o cerco da bajulação e reconhecer que a faculdade mediúnica não é propriedade pessoal, mas empréstimo superior, a fim de dignificá--la. Você pediu a solidão, para recolher-se nos braços amorosos*

do Mestre; rogou o convívio com os sofredores, a fim de enxugar-lhes as lágrimas através das bênçãos da mediunidade; suplicou a simplicidade de coração, de forma que pudesse entesourar paz; empenhou-se para que a sua fosse a família universal, e todo esse seu esforço deveria ser direcionado para a iluminação de consciências, considerando o século como oportunidade de crescimento e não de usança desarvorada...

Por alguns minutos, a médium vitoriosa repassou as informações contidas no pergaminho em luz, até concluí-lo.

Silenciando, Eurípedes perguntou-lhe com tristeza na voz:

— *Que tem o querido irmão feito da fé renovada? Como se tem utilizado dos recursos mediúnicos, ora movimentados por forças inferiores? Como se encoraja a tentar unir César e Jesus no mesmo recipiente de prazer e proclamar que a vida deve ser fruída sem qualquer desvio das suas concessões?*

Outras interrogações foram apresentadas com amor e severidade, a fim de que ficassem impressos na memória espiritual todos os acontecimentos daquela noite incomparável.

— *Somando-se a esses desatinos de comportamento moral e psicológico* — prosseguiu o nobre mentor —, *advertimo-lo de que os mensageiros que o amparam têm encontrado dificuldades para manter o contato psíquico, porque os seus centros de captação mediúnica estão sintonizados com as faixas de baixa frequência que decorrem das suas aspirações ocupadas por ativistas infelizes.*

A mente do médium deve sempre estar vinculada aos ideais de enobrecimento, impedindo, desse modo, a interferência dos Espíritos vulgares, que se comprazem na ilusão, estimulando conduta equivocada, para mais estreitarem a comunhão psíquica com aqueles que os albergam no mundo íntimo. Nunca faltam recursos preciosos para a preservação da saúde interior, tais como: a oração, as leituras edificantes, o trabalho de socorro fraternal, tanto quanto o social que diz respeito aos valores existenciais, a meditação, o espairecimento sadio, a conversação edificante, o intercâmbio de pensamentos elevados... Somente dessa forma, é possível preservar o psiquismo das incursões desastrosas, propiciadas pelos servidores das paixões subalternas.

Nesse sentido, o caro irmão tem-se permitido a cultura da ociosidade espiritual, negligenciando os deveres, para ter tempo de entregar-se ao culto da personalidade e ao prazer nas rodas elegantes do anedotário picante e vulgar, tanto quanto da exibição de valores que estão longe de ser legítimos... Para onde pretende direcionar os passos? Que tem feito dos tesouros mediúnicos que deveriam ser aplicados para enxugar lágrimas e diminuir aflições? Onde o devotamento à Causa do Bem? A simples presença nas reuniões que propiciam a exaltação do ego, *nas quais a chocarrice e a insensatez campeiam, somente traz maior contingente de responsabilidade não atendida. Torna-se urgente que faça uma avaliação de conduta, a fim de retomar a charrua sem olhar para trás. Fracasso, hoje, significa compromisso adiado para mais tarde, com aumento de graves deveres.*

Este nosso reencontro deve facultar-lhe o despertar da consciência e a visão real do compromisso com o corpo efêmero. Não negamos a contribuição da psicanálise, a que recorreu para elucidação dos enigmas que dizem respeito ao sexo e aos conflitos que dele se derivam. Todavia, convém considerar que o ser não se origina no momento da concepção fetal. A sua carga genética é desenhada antes desse instante, através do qual o Espírito mergulha no fenômeno carnal... As heranças morais se delineiam como futuros compromissos a serem resgatados, necessitando mais de seriedade moral na conduta do que placebos psicológicos, *que contribuem para aparente melhora, mas não resolvem em profundidade o problema das responsabilidades assumidas, que ressurgirão em outras expressões.*

Você solicitou determinadas inibições de natureza sexual, a fim de dedicar-se mais ao amor desinteressado de paixões, à convivência com os sofredores, compreendendo-lhes os transes porque passam, à renúncia de alguns prazeres, de modo a oferecer maior contributo aos labores espirituais... Ademais, tornando-se visível o seu trabalho espírita, não lhe cabe o direito de desnudar os próprios conflitos e apresentar soluções equivocadas, que irão servir de modelo para outros corações atormentados, que buscarão a fuga ao invés do enfrentamento libertador.

Ninguém se evade do dever sem mais graves consequências. A reencarnação é bênção que faculta a reparação dos erros e propicia o crescimento moral mediante o dever retamente exercido. A tarefa que você escolheu, põe-no em contato com antigos companheiros de alucinação, hoje desencarnados, que ora se manifestam para demonstrar a sobrevivência, não obstante permaneçam alguns em estado de perturbação e desar, deixando sequelas vibratórias no seu campo mediúnico... Para uma saudável vivência espiritual, torna-se imprescindível que a sua estrutura moral seja bem definida, no que diz respeito à elevação de pensamentos e nobreza dos atos.

Houve um silêncio expressivo. O benfeitor fez um sinal quase imperceptível, e dois auxiliares deram entrada a um Espírito visivelmente cruel, que estertorava no campo vibratório em que era conduzido.

Enquanto isso, dona Maria Modesto, profundamente concentrada, atraiu a Entidade violenta, que lhe tomou os recursos mediúnicos, logo esbravejando:

— *Por que essa proteção a esse biltre? Não veem que ele nos elege em vez de aos senhores? Reencontramo-nos, por fim, após um largo distanciamento. Atraído por ele e suas mórbidas exigências morais, vivemos agora em parceria. Ajudo-o na dissimulação, na prática do exibicionismo, e devoro-lhe as entranhas, nutrindo-me com o ódio que lhe devoto.*

Tomado de surpresa, Edmundo estremeceu e pôs-se muito pálido.

— *Reconhece-o?* — indagou-lhe Eurípedes, tomado de imensa compaixão.

— *Como não?!* — ripostou o visitante, que tremia, dominado por profunda emoção. — *Vivemos juntos em Paris, nos dias já longínquos do começo deste século, quando nos acumpliciamos ambos em relacionamentos perversos. Eu experimentava peculiar intuição a respeito da sua presença no meu campo psíquico, mas não tinha certeza...*

Não pôde alongar-se, porque o sicário interrompeu-o de chofre, praguejando:

— *Tu sabes que a morte a ninguém devora. Mais do que outros, tens conhecimento da imortalidade e suas diversas vivências graças aos teus recursos mediúnicos. Agora estás sob o meu comando, e não mais daquele que antes te conduzia. As afinidades que existem entre nós, e que aproximaste mais quando optaste por nossos interesses, tornam-nos quase xifópagos espirituais. Espero que, neste intercurso, predominem os meus sentimentos, arrastando-te aos sítios onde me encontro por tua causa.*

Edmundo mantinha uma expressão de choque desenhada na face e respirava ofegante, quase transtornado. Nas suas paisagens íntimas, a memória houvera desencadeado painéis que estavam cobertos pela névoa do olvido, mas permaneciam vivos e agora retornavam.

Com a elevação que o caracterizava, o mentor dirigiu-se ao verdugo e atenuou-lhe a agressividade, informando:

— *O amigo se refere ao conhecimento da imortalidade que o nosso Edmundo possui, mas o fato é idêntico em relação a você. Sobrevivente do carreiro carnal, permanece com os valores que amealhou e deles se utiliza. Tomando a decisão de vingar-se do antigo companheiro de lutas, escorrega na mesma*

rampa da loucura, porque se torna vítima de si mesmo. Nin-
guém tem o direito ou o poder de transformar-se em cobrador
do seu próximo, buscando regularização de compromissos que
ficaram em sombras. A Vida a todos impõe suas necessidades,
não cabendo a ninguém esse procedimento arbitrário e infeliz.
Da mesma forma como o nosso Edmundo agiu incorretamente,
a sua conduta não lhe é diferente. Até quando teremos a luta
mudando somente de cenário e prosseguindo a mesma batalha?

— *Ele em nada se modificou* — estertorou o enfermo
espiritual —, *permanecendo vulgar e debochado, explorador*
da credulidade alheia e aproveitador sem caráter. É destituído
de sentimento de amor e de dignidade, porque o seu egoísmo o
alucina. Sempre foi assim a sua forma de viver.

— *Não desconhecemos os problemas do seu acusado* —
elucidou o instrutor —, *no entanto, não o vemos em condi-*
ções de ser-lhe você o julgador impiedoso e o cobrador inditoso.
A sua atitude não é diversa da que ele vem mantendo. Não lhe
cabe, portanto, a prerrogativa de apresentar-se como o braço
da Lei *que a tudo e a todos alcança, porquanto isso se dá sem*
a intervenção de quem quer que seja...

— *Haja o que houver* — interrompeu o indigitado
perseguidor —, *seguirei vingando-me, e ninguém me impe-*
dirá de fazê-lo. Nossos laços de identificação muito vigorosos
me facultarão isso. Eu o conheço, e os senhores, não. Compro-
misso com ele não tem qualquer sentido. Os anos em que es-
teve cá, preparando-se para a nova experiência, não lhe con-
cederam as resistências necessárias para a autossuperação. Foi
um investimento muito valioso em pessoa sem dignidade...

— *Quanto a isso* — interferiu Eurípedes com brandura —, *não lhe cabe o julgamento, por falta total de conheci-*
mentos que lhe facultem isso. A decisão veio de Mais-alto e ele
aceitou a incumbência, havendo falhado em alguns pontos, é
certo, graças também à sua interferência, o que lhe diminui a

responsabilidade, mas estando ainda em condições de recomeçar e prosseguir com admiráveis possibilidades para o êxito futuro.

De nossa parte, agradecemos a presença do amigo e suas informações, que serão levadas em conta, ao tempo que o envolvemos em vibrações de paz e de perdão, despedindo-nos por enquanto...

Os assistentes acercaram-se da médium em transe e aplicaram-lhe energias anestesiantes, que terminaram por acalmar o agressor espiritual que se rebelava e esbravejava, levando-o ao sono *refazente*, e logo retirando-o do recinto.

No silêncio, que se fez natural, podia-se ouvir a respiração ofegante de Edmundo, que chorava, sinceramente comovido.

O amoroso Eurípedes acercou-se-lhe, tomou-lhe as mãos e falou-lhe paternalmente:

— *Irmão da alma, tenha cuidado! Você acaba de conhecer a trama oculta que se desenrola na Erraticidade inferior para impedir-lhe o avanço. Naturalmente que nós, os seus amigos devotados, não nos encontramos inertes, e esta reunião é uma demonstração disso. Todavia, a sua cooperação será de inestimável valor em benefício dos seus deveres. É necessário retroceder no caminho por onde tem seguido, para recomeçar a estrada da renúncia e do serviço de Jesus, por onde deve avançar. Não se estremunhe ante a realidade, que lhe cabe entender para prosseguir. Os dias terrestres são muito rápidos, por mais largos se apresentem. Se você cumprir com o dever, retornará ao Lar vitorioso para os grandes momentos de felicidade que aguardam todos aqueles que são fiéis.*

Iremos deixá-lo consciente do nosso encontro espiritual, a fim de que possa refletir e reprogramar os seus atos. Sabemos que não será fácil, porque os seus aduladores encarnados e exploradores espirituais estarão vigilantes. No entanto, a opção será sempre sua. Tenha bom ânimo e confie no Senhor que nos ama. Agora durma e repouse, para despertar em paz e em lucidez.

Começou a aplicar-lhe energias relaxantes, que adormeceram o médium visitante, que recuperou a expressão facial agora refletindo paz.

Logo depois, Eurípedes orou com unção, agradecendo ao Senhor da Vida pela concessão daquela madrugada, deixando-nos envolvidos num halo de alegria e de felicidade.

Antes que a reunião fosse formalmente dissolvida, os assistentes reconduziram ao leito o amigo reencarnado, enquanto os presentes, após saudações afetuosas, nos afastamos, cada qual buscando o seu próprio ambiente de repouso.

Dr. Ignácio e Alberto tiveram a gentileza de conduzir-me ao apartamento, e, durante o trajeto, indaguei ao sábio médico:

— *Edmundo se recordará da experiência de há pouco?*

— *Sim* — redarguiu, generoso. — *O inconsciente liberará as informações com bastante clareza, e as lições recebidas, tanto do adversário espiritual como do benfeitor, voltarão à consciência, para lentamente se diluírem no esquecimento parcial.*

— *E terá possibilidades para retornar ao caminho do compromisso?* — indaguei, com real interesse na sua renovação.

Sem fazer-se muito solicitado, ele explicou:

— *Quando o Espírito reencarnado se enleia nas experiências do prazer sensual, demora-se obstinado na busca de novas sensações que lhe facultem o exorbitar das forças. Em face do hábito que se lhe fixa, encontra alguma dificuldade em mudar de comportamento, exceto quando visitado pelo sofrimento depurador, que lhe dá dimensão da realidade na qual se encontra envolvido. Não raro, as advertências espirituais, do tipo das que acabamos de participar, resultam pouco frutíferas, em razão da obstinação da conduta irrefreada no sono carnal. Entretanto, têm o valor de demonstrar as bênçãos do Amor sem Limite, que*

tudo investe em favor daqueles que se Lhe encontram compro-
metidos, a fim de que se não tenham do que queixar: abando-
no, desconforto, solidão, necessidade... Nunca lhes faltam os re-
cursos do Mundo maior. Saber aplicá-los é tarefa de cada qual.
Oraremos, no entanto, e volveremos a inspirá-lo de diferentes
formas, a fim de que aproveite a ensancha formosa que lhe está
sendo concedida. Nesse sentido, o Espírito Mateus, encarregado
de o assistir, não medirá esforços nem meios para liberá-lo de si
mesmo e daqueles perturbadores com os quais comparte as pai-
xões desordenadas.

Chegando ao recinto generoso onde me hospedava, despedi-me dos amigos afetuosos e procurei o repouso, não sem antes meditar em torno das lições que nos foram ministradas naquele amanhecer de bênçãos.

19

Distúrbio depressivo

Os momentos, uns após outros, enriqueciam-me com as experiências adquiridas no hospital espiritual.

As diferentes vidas que prosseguiam buscando o rumo de segurança, e que ali se encontravam ou eram trazidas para atendimento, constituíam-me um laboratório expressivo para preciosas conquistas iluminativas.

Edmundo permanecia-me nas reflexões, que me facultavam compreender o amor de Nosso Pai na sua essência mais elevada, sempre vigilante e misericordioso, não se detendo nas defecções daqueles a quem socorre, porém, ajudando-os sem cessar.

Assim pensando, refletia a respeito das incontáveis concessões de que fora objeto durante a existência anterior, e de que, somente a pouco e pouco, me dava conta na vida após a morte. Como consequência desse conhecimento, o júbilo era-me intenso e a gratidão a Deus tornava-se-me um constante hino de louvor.

Após visitar os irmãos: Ambrósio, que se renovava mui lentamente; Agenor, que prosseguia adormecido, porém agora menos agitado; Honório, em refazimento vagaroso, mas seguro, prossegui observando as terapias energéticas aplicadas no pavilhão. Detinha-me especialmente na

245

observância dos pacientes mais agitados, compreendendo cada vez melhor o alto significado do trabalho anônimo de muitos Espíritos abnegados, que escolheram essas atividades socorristas tomados pela afetividade em favor do próximo. Não se escusavam dedicar-se à caridade em tempo integral, mediante a assistência fraternal aos portadores de alienação mental, e àqueloutros, portadores de sequelas das obsessões prolongadas. Gentis e pacientes, movimentavam-se em silêncio, interiorizados nos deveres que lhes diziam respeito, constituindo-se verdadeiros exemplos de psicoterapeutas do amor em jubiloso serviço de elevação pessoal.

Tanto devotamento facultava-me entender quanto me encontro distante da santificação, por me faltarem os recursos indispensáveis ao serviço libertador. Não obstante, tornavam-se-me estímulo para prosseguir na busca de informações que pudessem elucidar os enigmas do comportamento humano durante a vilegiatura carnal, assim facilitando a ascensão de todos os interessados no processo evolutivo.

A assistência fraternal de Alberto e o seu conhecimento dos diversos setores socorristas do nosocômio eram-me fatores de encorajamento para a aprendizagem, impulsionando-me ao avanço.

Nesse ínterim, fui convidado por Dr. Ignácio a participar de um ato solene, quando um estudioso dos transtornos psicológicos deveria proferir uma conferência sobre o fascinante e grave tema do distúrbio depressivo.

Enquanto estava na Terra, as informações a respeito do assunto eram relativamente escassas, sendo mais abundantes entre os estudiosos da psiquiatria e da psicologia, sem maior divulgação em relação aos leigos. Passadas algumas décadas após a desencarnação, podia constatar que os avanços na pesquisa das gêneses e terapêuticas dessa síndrome haviam avançado muito, e, no Mundo espiritual, sendo o

Tormentos da obsessão

conhecimento mais profundo, facultava respostas próprias para o que podemos denominar quase de epidemia na atualidade do convulsionado *planeta de provas*...

Assim, aguardei com interesse redobrado a ocasião para participar do magno evento.

À hora aprazada, dirigimo-nos, Alberto e eu, ao auditório ao ar livre, onde teria lugar o significativo cometimento.

Tratava-se de um recinto de amplas proporções, com capacidade para aproximadamente mil pessoas, e a sua edificação recordava os anfiteatros greco-romanos, que facultavam uma bela visão do palco de qualquer lugar onde se estivesse. O entardecer estava deslumbrante, abençoado por favônios perfumados, enquanto os convidados assentavam-se nas arquibancadas semicirculares. O expositor adentrou-se no recinto acompanhado por Eurípedes, Dr. Ignácio e outros nobres Espíritos que eu não conhecia pessoalmente. Apresentava um semblante calmo e demonstrava na face que houvera desencarnado com mais de setenta anos... Jovial e de agradável expressão, foi conduzido à parte central, tomando parte na mesa da cerimônia presidida pelo fundador do nosocômio.

Encontravam-se presentes médicos especializados no estudo da *psique*, enfermeiros e trabalhadores dos diversos departamentos do hospital, interessados nos esclarecimentos que seriam oferecidos pelo culto conferencista e muitos outros Espíritos especialmente convidados.

Após expressiva exoração ao Senhor da Vida, a todos sensibilizando, Eurípedes fez breve apresentação do cientista-orador, esclarecendo que ele exercera a profissão de psiquiatra enquanto reencarnado na Terra, havendo oferecido expressivo contributo à psicanálise e à psicologia, e que se encontrava liberado do corpo há mais de trinta anos, dando prosseguimento às pesquisas sobre a mente e a emoção humana como resultado dos processos da evolução espiritual.

Sem mais delongas, o esclarecido médico acercou-se da tribuna, deteve-se em breve silêncio durante o qual exteriorizou uma suave claridade que o emoldurou delicadamente. Em seguida, deu início à conferência, saudando-nos a todos com jovialidade e adentrando-se no tema:

— *A depressão, também identificada anteriormente como melancolia, é conhecida na Humanidade desde recuados tempos, por estar associada ao comportamento psicológico do ser humano. A Bíblia, especialmente no Livro de Jó, entre outros, apresenta-nos vários exemplos desse distúrbio que ora aflige incontável número de criaturas terrestres.*

Podemos identificá-la na Grécia antiga, considerada como uma punição infligida pelos deuses aos seres humanos em consequência dos seus atos incorretos. Encontramo-la, desse modo, também presente no século IV a.C., graças a diversas referências feitas por Hipócrates.

Mais tarde, no século II a.C., Galeno estudou esse transtorno como resultado do desequilíbrio dos quatro humores: sangue, bílis amarela, bílis negra e fleuma, que seriam responsáveis pelo bem-estar e pela saúde ou não dos indivíduos. Aristóteles assevera que Sócrates e Platão, como muitos outros filósofos, artistas, combatentes gregos, foram portadores de melancolia, que acreditava estar vinculada às capacidades intelectuais e culturais do seu portador. A Igreja Romana, a partir do século IV, também passou a considerá-la e defini-la, ligando-a à tristeza, sendo tida como um pecado decorrente da falta de valor moral do homem para enfrentar as vicissitudes do processo existencial. Posteriormente, esteve associada à acídia, passando a ser definida com mais severidade como um pecado cardinal, em razão de tornar os religiosos preguiçosos e amedrontados ante as tarefas que deveriam desempenhar. As lendas a seu respeito fizeram-se muito variadas e as discordâncias, complexas, vinculando-a, não raro, à bílis negra, responsável pelo ato impensado de Adão ao comer a maçã no paraíso...

A história da Medicina também relata que, já no século X, um médico árabe, estudando a melancolia, confirmou que ela resultava da referida e tradicional bílis negra. Com o Renascimento, porém, esse transtorno passou a ser tido como uma forma de insanidade mental, surgindo diferentes propostas terapêuticas de resultado duvidoso.

À medida que se processava o progresso cultural, a melancolia passou a expressar os estados depressivos e, a partir de 1580, tornou-se popular na literatura, com características melhor definidas. Foi a partir do século XVII que a tese de Galeno começou a ser superada e lentamente substituída por definições que abrangiam a natureza química e mecânica do cérebro, responsável pelo distúrbio perturbador.

Não obstante a descoberta da circulação do sangue pelo eminente Harvey, que facultou a apresentação de novos conceitos explicativos para a depressão, esclarecendo que se podia tratar de uma deficiência circulatória, permaneceram ainda aceitos os conceitos ancestrais de Galeno, e, por efeito, a terapia se apresentava centrada nos métodos da aplicação de sangrias, purgantes, vomitórios com o objetivo de limpar o corpo, eliminando os humores negros nefastos. No século XIX, ainda por um largo período foi denominada como hipocondria, responsável pela ansiedade mórbida referente ao estado de saúde e às funções físicas... Logo depois, passou à condição de uma perturbação mental, de um estado emocional deprimido.

A melancolia alcançou homens e mulheres notáveis que não conseguiram superá-la e padeceram por largos períodos a sua afligente presença, em alguns casos, conduzindo-os a perturbações profundas e até mesmo a suicídios hediondos. Inúmeros poetas, escritores, artistas, religiosos, cientistas famosos não passaram sem sofrer-lhe a incidência cruel, dando margem a que alguns desavisados pensassem que se tratava da exteriorização da genialidade de cada um...

Houve uma pausa oportuna, a fim de facultar o entendimento do discurso na sua apresentação histórica, para logo prosseguir:

— *A depressão é hoje classificada como uma* perturbação do humor, *uma* perturbação afetiva, *um estado de mal-estar que se pode prolongar por tempo indeterminado. Foi o admirável Emil Kraepelin, o nobre psiquiatra alemão, quem apresentou melhores análises sobre a depressão no século passado, classificando-a como de natureza unipolar, quando é menos grave, mais simples e rápida; e bipolar, quando responsável pelas associações maníacas.*

Aprofundadas pesquisas ofereceram novas classificações nos anos sucessivos, incluindo as melancolias de involução, que se manifestam em forma de medo, de culpa e de vários distúrbios do pensamento. O eminente psicanalista Sigmund Freud sugeriu o luto como responsável pela depressão, resultado da perda de um ser amado ou de outra natureza. A perda, para o nobre mestre austríaco, produz dilacerações psicológicas muito graves, gerando distúrbios comportamentais que se prolongam por tempo indeterminado.

Concomitantemente, outros pesquisadores estabeleceram que a depressão poderia ser endógena, quando originada em disfunções orgânicas, portanto, de natureza biológica; e reativa, como consequência de fatores psicossociais, socioeconômicos, sociomorais, em razão das suas nefastas consequências emocionais.

Outros observadores, no entanto, detiveram-se em analisar a depressão sob dois outros aspectos: a de natureza neurótica e a de natureza psicótica. A primeira é mais simples, com melhores possibilidades terapêuticas, enquanto que a segunda, por se caracterizar pelas alucinações e ilusões perturbadoras, exige procedimentos mais cuidadosos e prolongados.

A depressão, seja como for considerada, é sempre um distúrbio muito angustiante pelos danos que proporciona ao paciente: dores físicas, taquicardias, problemas gástricos, inapetência, cefalalgia, sentimento de inutilidade, vazio existencial, desespero, isolamento, ausência total de esperança, pensamentos negativos, ansiedade, tendência ao suicídio... O enfermo tem a sensação de que todas as suas energias se encontram em desfalecimento e as forças morais se diluem ante a sua injunção dolorosa.

A perturbação depressiva ainda pode apresentar-se como grave e menos grave, crônica ou distímica, cuja fronteira é muito difícil de ser estabelecida. Somente através dos sintomas é que se pode defini-las, tendo-se em vista as perturbações que produz nos pacientes. Nesse sentido, a somatização decorrente de estigmas e constrangimentos que lhe facultam a instalação pode dar lugar ao que Freud denominou como perturbação de conversão, *graças à qual um conflito emocional se converte em cegueira, mudez, paralisia ou equivalentes; enquanto outros psicoterapeutas, discordando da tese, acreditam que esses fenômenos resultem de perturbações físicas não identificadas...*

Por outro lado, a fadiga tem sido analisada como responsável por vários estados depressivos, especialmente a de natureza crônica, que se apresenta acima do nível tolerável de gravidade. Não obstante, a depressão também se manifesta em crianças e jovens, estruturada em fatores endógenos e outros de natureza sociológica, decorrentes do relacionamento entre pais e filhos, do convívio familiar e comunitário conflitivo...

A mania, por outro lado, é mais severa em razão das alterações manifestadas no humor, que se fazem, mui amiúde, em proporções gravemente elevadas. Em determinado, paciente pode expressar-se como um estado de excessivo bom humor, de exaltação da emotividade, em contraste com os acontecimentos vivenciados no momento, logo regredindo com rapidez para a depressão, as lágrimas, envolvendo sentimentos contraditórios, que passam dos risos excitados aos prantos pungentes. No momento de exacerbação, o enfermo delira, acreditando-se messias, gênio da política, da arte, com demasiada valorização das próprias possibilidades. Vezes outras, experimenta estados de temor, por acreditar que existe conspiração contra sua vida e seus desejos, seus valores especiais. Apresenta-se, em determinado momento, palrador, mudando de conduta com muita frequência, ou se deixa ao abandono, sem higiene, aparecendo, noutras vezes, de maneira extravagante e vulgar. Nessa fase, torna-se sexualmente excitado, exótico, irresponsável, negando-se a aceitar a enfermidade e mesmo a submeter-se ao tratamento adequado.

A incidência do distúrbio depressivo apresenta-se quantitativamente maior no sexo feminino. Nesse caso, podemos aduzir ao quadro geral as manifestações da depressão pré e post partum, *que se originam em disfunções hormonais, conduzindo as pacientes a estados de grave perda do equilíbrio emocional e mental.*

O expositor calou-se por um pouco, enquanto o público atento acompanhava-lhe o raciocínio rico de ensinamentos oportunos. De imediato, deu curso à conferência:

— *As influências básicas para a síndrome depressiva são muitas e podem ser encontradas nas crenças religiosas, nos comportamentos sociais, políticos, artísticos, culturais e nas mudanças sazonais. Por outro lado, a hereditariedade é fator decisivo na ocorrência inquietante, tanto quanto diversos outros de natureza ambiental e social, como guerras, fome, abandono, sequelas de enfermidades dilaceradoras... Pode-se, portanto, informar que é também multifatorial. Do ponto de vista psicanalítico, conforme eminentes estudiosos quais Freud, Abraham*

Tormentos da obsessão

e outros, a depressão oculta uma agressão contra a pessoa ou o objeto oculto. *Numa análise biológica, podemos considerar, como fatores responsáveis pelo desencadear do distúrbio depressivo, as alterações do quimismo cerebral, no que diz respeito aos neurotransmissores como a serotonina e a noradrenalina. Em uma análise mais cuidadosa, além dos agentes que produzem* stress, *incluímos, entre os geradores da depressão, os hormônios esteroides, estrogênios e androgênios, relacionados com o sexo, que desempenham papel fundamental no humor e no comportamento mental.*

É claro que não estamos relacionando todas as causas que predispõem ou que dão origem à depressão; antes, desejamos referir-nos mui superficialmente a somente algumas daquelas que desencadeiam esse processo alienante. Nosso objetivo essencial, neste momento, é identificar o fator de natureza preponderante para depois concluirmos pelo de natureza predisponente. E esse, essencial, importante, é o próprio Espírito reencarnado, por nele se encontrarem ínsitas as condições indispensáveis para a instalação do distúrbio a que faz jus, em razão do seu comportamento no transcurso das experiências carnais sucessivas.

O Espírito é sempre o semeador espontâneo, que volve pelo mesmo caminho, a fim de proceder à colheita das atividades desenvolvidas através do tempo. Não bastassem as suas próprias realizações negativas para propiciar o conflito depressivo e as suas ramificações decorrentes, que geraram animosidades, mágoas e revoltas em outros seres que conviveram ao seu lado e foram lesados nos sentimentos, transformando-se em outro tipo de razão fundamental para a ocorrência nefasta.

Ao reencarnar-se o Espírito, o seu perispírito imprime no futuro programa genético do ser os requisitos depurativos que lhe são indispensáveis ao crescimento interior e à reparação dos gravames praticados. Os genes registram o desconserto

253

vibratório produzido pelas ações incorretas no futuro reencarnante, passando a constituir-se um campo no qual se apresentarão os distúrbios do futuro quimismo cerebral. Quando se apresentam as circunstâncias predisponentes, manifesta-se o quadro já existente nas intrincadas conexões neuronais, produzindo por fenômenos de vibração eletroquímica o transtorno, que necessitará de cuidadosa terapia específica e moral. Não apenas se fará imprescindível o acompanhamento do terapeuta especializado, mas também a psicoterapia da renovação moral e espiritual através da mudança de comportamento e da compreensão dos deveres que devem ser aceitos e praticados.

Nesse processo, no qual o indivíduo é responsável direto pelo distúrbio psicológico, em face dos erros cometidos, das perdas *e do* luto *que lhe permanecem no inconsciente e agora ressumam, o distúrbio faz-se inevitável, exceto se, adotando nova conduta, adquire recursos positivos que eliminam o componente cármico que lhe dorme interiormente. Não são da Lei Divina a punição, o castigo, a vingança, mas são impostas a necessidade da reparação do erro, da renovação do equivocado, da reconstituição daquilo que foi danificado... O Espírito reflete o amor de Deus nele insculpido, razão pela qual está fadado à perfeição relativa, que alcançará mediante o esforço empreendido na busca da meta que lhe está reservada. São, portanto, valiosas as modernas contribuições das ciências da* psique, *auxiliando os alienados e depressivos a reencontrar a paz, a alegria interior, a fim de prosseguirem no desiderato da evolução.*

Novamente, o lúcido orador fez uma pausa oportuna, logo dando prosseguimento:

— *Nesse capítulo, não podemos olvidar aqueles outros Espíritos que foram vitimados pelo infrator, que agora retorna ao palco terrestre a fim de crescer interiormente. Quando permanecem em situação penosa, sem olvido do mal que padeceram, amargurados e fixados nas dores terríficantes que experimentaram, ou se demoram em regiões pungitivas, nas quais vivenciam sofrimentos incomuns, em face da pertinácia nos objetivos perversos do desforço pessoal, são atraídos psiquicamente aos antigos verdugos, com eles mantendo intercurso vibratório danoso, que a esses últimos conduz a transtornos obsessivos infelizes. O cérebro do* hospedeiro, *bombardeado pelas ondas mentais sucessivas do* hóspede *em desalinho, recebe as* partículas *mentais que podem ser consideradas como verdadeiros* elétrons *com alto poder desorganizador das conexões neuronais, afetando-lhe os neurotransmissores como a serotonina, a noradrenalina, a dopamina e outros mais, aos quais se encontram associados o equilíbrio emocional e o do pensamento.*

Instalado o plugue *na* tomada *perispiritual, o intercâmbio doentio prosseguirá afetando o paciente até o momento quando seja atendido por psicoterapia especial, qual seja a bioenergética, por intermédio dos passes, da água fluidificada, da oração, das vibrações favoráveis à sua restauração, à alteração da conduta mental e comportamental, que contribuirão para anular os efeitos morbosos da incidência alienadora. Simultaneamente, a desobsessão, por cujo contributo o perseguidor desperta para as próprias responsabilidades, modifica a visão espiritual, ajudando-o a resolver-se pela mudança de atitude perante aquele que lhe foi adversário, entregando-o, e a si mesmo também se oferecendo aos desígnios insondáveis do Pai Criador.*

Nunca será demasiado repetir que, na raiz de todo processo de desequilíbrio mental e emocional, nas psicopatologias variadas, as causas dos distúrbios são os valores morais negativos do enfermo em processo de reeducação, como decorrência das ações pretéritas ou atuais praticadas. Não existindo efeito sem causa, é compreensível que toda ocorrência infeliz de hoje resulte de atividade agressiva e destrutiva anterior.

Não poucas vezes, também se pode identificar na gênese da depressão o fator responsável pelo funcionamento sexual deficiente, receoso, frustrante, que induz o paciente ao desinteresse pela vida, à fuga da realidade...

Desse modo, a depressão, mesmo quando decorra de uma psicogênese bem delineada, seja pela hereditariedade ou pelos fatores psicossociais e outros, sua causa profunda se encontra sempre no Espírito endividado que renasce para liberar-se da injunção penosa a que se entregou.

Assim sendo, aproxima-se o dia no qual a Ciência acadêmica se dará conta da realidade do ser que transcende à matéria, e cujas experiências multifárias através dos renascimentos corporais respondem pelo binômio saúde/doença.

Nós próprios, quando nos labores terrestres, muito nos aproximamos da fronteira da imortalidade, não a havendo transposto em razão dos preconceitos acadêmicos, embora não nos houvessem sido regateados os recursos que evidenciavam a indestrutibilidade do ser através da morte, e isso a demonstravam de forma irretocável. Como ninguém pode deter o progresso, que se multiplica por si mesmo, o amanhã constitui a esperança dos que tombaram nos processos perturbadores e degenerativos, quando encontrarão a indispensável contribuição dos cientistas e religiosos que, de mãos dadas, estarão trabalhando em favor da sua recuperação mental e orgânica.

Fez, propositadamente, uma nova pausa, que a todos nos comoveu pelo que disse de imediato:

— Não há como negar-se: Jesus Cristo é o Psicoterapeuta excepcional da Humanidade. O único que pôde penetrar psiquicamente no âmago do ser, auxiliando-o na reestruturação da personalidade, da individualidade, facultando-lhe uma perfeita identificação entre o ego e o Self, harmonizando-o para que não mais incida em compromissos degenerativos. Por isso

mesmo, todos aqueles que Lhe buscaram o conforto moral, a assistência para a saúde combalida ou comprometida, física ou mental, defrontaram a realidade da vida, alterando a forma existencial do comportamento que lhes seria de inapreciado valor nas futuras experiências carnais.

A Ele, o afável Médico das almas e dos corpos, a nossa sincera gratidão e o nosso apelo para que nos inspire na equação dos dramas que afligem a Humanidade, tornando a Terra um lar melhor para se crescer moral e espiritualmente, onde os sofrimentos decorrentes das enfermidades de vária gênese cedam lugar ao equilíbrio e à produção da vera fraternidade, assim como da saúde integral.

Pairava no ambiente uma dulçorosa vibração de paz e de alegria. Todos apresentavam o semblante irradiante de júbilo. O lúcido orador mantinha-se sereno e suavemente iluminado, banhado por peregrina claridade que jorrada dos Altos Cimos...

Eurípedes levantou-se, abraçou-o, conduziu-o à mesa diretora da solenidade e, visivelmente feliz, proferiu inesquecível oração gratulatória, dando como encerrada a conferência.

A noite havia chegado e se encontrava banhada por argênteo luar e pelos pingentes estelares que cintilavam muito ao longe.

Os mais interessados acercaram-se do palco, a fim de conhecer mais de perto o convidado eloquente e com ele dialogar brevemente. Nós, Alberto e Dr. Ignácio fomos daqueles que se lhe acercaram, a fim de fruir mais proximamente a sua vibração penetrante e saudável, congratulando-nos com a exposição oportuna e esclarecedora.

20

TERAPIAS ENRIQUECEDORAS

A conferência oferecera-me valioso material para meditação, especialmente na parte em que o orador se referira à interferência das Entidades desencarnadas, produzindo transtornos depressivos, mediante os lamentáveis processos de obsessão. Irrompendo em onda caudalosa, essa psicopatologia moderna, ora denominada como a *doença do século*, investe contra uma verdadeira multidão de criaturas reencarnadas, cujo processo se prolonga além da roupagem física, advindo a desencarnação.

No dia seguinte, Alberto apresentou-me ao Dr. Orlando Messier, que fora, no país onde vivera a sua mais recente experiência carnal, devotado psiquiatra que se dedicara ao estudo da *psicologia com alma*. Não conhecera o Espiritismo conforme a estrutura doutrinária defluente da Codificação Kardequiana. No entanto, mediante cuidadosas investigações com os seus pacientes, ao lado da análise demorada das obras dos Drs. Roberto Assagioli e Viktor Frankl, conseguira detectar a sobrevivência do Espírito à disjunção molecular da matéria e entender a interferência que os desencarnados exercem na conduta dos viandantes terrestres. Tivera também oportunidade de atender a diversos pacientes portadores de obsessões, em cujas oportunidades se manifestaram os seus algozes, bem como examinou a contribuição do psiquiatra Carl A. Wickland, através das narrações das suas experiências de consultório, exaradas no livro *Trinta anos entre os mortos*, que o auxiliaram a aceitar a realidade da vida além do corpo, facultando-lhe desenvolver psicoterapias valiosas no atendimento àqueles enfermos mentais que o buscaram.

Desencarnado, foi convidado a especializar-se no Sanatório Esperança, onde se encontrava em atividade socorrista fazia mais de dez anos.

Também estivera na conferência da noite anterior e encontrava-se vivamente fascinado com a exposição do visitante ilustre. Para ele, não houve propriamente novidades quanto às origens dos distúrbios psicológicos e das alienações mentais, bem como no tocante às terapias que eram aplicadas largamente em nosso pavilhão. Todavia, as referências procedentes de mais doutos conhecedores da *psique* humana, perfeitamente concordes com as suas conclusões, constituíam-lhe motivo de compreensível gáudio.

Foi, portanto, num clima de muita cordialidade que decorreu o nosso encontro, propiciando-me mais amplas possibilidades de aprendizagem.

O amigo recente dirigia-se a uma das enfermarias onde se hospedam os irmãos violentos, não se escusando a uma conversação fraterna que ele próprio iniciou.

— *Convenço-me, cada vez mais* — informou-nos Dr. Orlando —, *de que ao lado de todos os tratamentos especializados para a cura da depressão, assim como de outros distúrbios de comportamento, o trabalho desempenha um papel terapêutico fundamental. O mesmo acreditamos no que diz respeito à psicodança. Enquanto a mente do enfermo se encontrar direcionada para um objetivo saudável, desvinculando-se da ideia depressiva, irá regularizando a distonia e provocando uma positiva reação cerebral, em face da imposição do pensamento bem direcionado, que agirá nos neurônios, favorecendo-lhes as sinapses em ritmo equilibrado.* O trabalho é recurso muito valioso para fazer o tempo passar, *informa a tradição terrestre, mas, sobretudo, para que passe de maneira saudável e dignificadora, acentuamos nós. Felizmente, a praxiterapia vem sendo utilizada com propriedade, colhendo resultados positivos.*

Quando o indivíduo se envolve com qualquer tipo de trabalho ou responsabilidade edificante, concentra-se na sua execução e mantém-se atento aos objetivos delineados. Naturalmente estimulados pela ação mental saudável, os neurônios produzem enzimas, que são carregadas de energia e que, à semelhança de fótons *especializados, produzem harmonia vibratória nos neurotransmissores, proporcionando reequilíbrio.* O mesmo milagre *produz a oração. Como, porém, raros desses pacientes podem demorar-se concentrados na prece, na meditação ou nas leituras elevadas, porque entram em divagação pessimista, o trabalho e a dança, em razão do esforço físico para desempenhá-los, produzem resposta mais direta e imediata.*

Sempre quando atendia um cliente portador de distúrbio depressivo, após as recomendações terapêuticas acadêmicas, propunha-lhe qualquer tipo de laborterapia, a começar por quase insignificantes esforços no próprio lar, no jardim, na reparação de objetos ou móveis quebrados, até os serviços de beneficência em favor da comunidade. Os resultados, apesar das permanentes negativas do cliente em executá-los, explicando que lhe era quase impossível atender-me, redundavam sempre positivos. Renascia-lhe o interesse pela vida, o desejo de prosseguir, a diminuição da ansiedade, a autoconfiança, claro que lentamente. O importante era demonstrar-lhe as imensas possibilidades que lhe estavam à disposição, e que, por momentos, encontravam-se adormecidas, aguardando somente o despertar da vontade e do esforço.

Como passo seguinte, procurava identificar-lhe a confissão religiosa, a fim de estimulá-lo à crença em Deus, eliminando as propostas fanatizantes das diversas religiões, ensinando que o apoio divino nunca falta, e, quando a criatura se entrega ao Criador, Ele corresponde-lhe com segurança e amor. Esse meu comportamento causava estranheza em muitas famílias, nas quais se encontravam os problemas depressivos, bem como entre os colegas, quase sempre aferrados à terrível convicção materialista. No entanto, a observância de tal procedimento terapêutico conferia-me estatística valiosa, quantitativa e qualitativamente, confirmando-me a sua excelência nos resultados favoráveis à recuperação da saúde.

Olhando-me com interesse, o novo amigo indagou-me:

— *Nas suas experiências com obsidiados na Terra, alguma vez sugeriu o trabalho como terapia libertadora?*

Recordando-me dos momentos valiosos vivenciados nas atividades desobsessivas, retruquei, sem qualquer dúvida:

— *Somos também de parecer que o trabalho é, realmente, um dos mais eficazes mecanismos de promoção do indivíduo. Jesus teve ocasião de acentuar, conforme anotado pelo evangelista João, no capítulo 5, versículo 17: "Meu Pai trabalha até agora, e eu também trabalho", demonstrando a alta significação desse procedimento. Não poucas vezes, estimulando os obsessos ao trabalho, eles reagiam, justificando-se incapacidade de realizar alguma coisa de útil, ao que lhes objetava, informando que sempre se pode fazer algo, mínimo que seja, quando se tem interesse. E, insistindo, conseguia auxiliá-los a sair da inércia, da autocompaixão, da frustração existencial ou da revolta neles instalada pela ação corrosiva da obsessão...*

Quando a mente se desvincula de atividades enriquecedoras, o drama da obsessão se torna mais grave, porque a insistente ideia transmitida torna-se acolhida pelo enfermo, que passa ao diálogo desestruturador do comportamento. Quanto mais recua para o interior, vivenciando a conversação infeliz, mais poderosa se torna a indução do agente perseguidor.

Exteriorizando um sorriso jovial, Dr. Messier alongou as considerações psicoterapêuticas:

— A oração, por sua vez, produz uma interação mente-corpo, espírito-matéria, de incontáveis benefícios. Examinemos, por exemplo, o que sucede com as ideias desconcertantes. À medida que o paciente as fixa, uma energia deletéria se prolonga pela corrente sanguínea, partindo do cérebro ao coração e espraiando-se por todo o organismo, o que produz desconforto, sensações de dores, dificuldades respiratórias, taquicardias, num crescendo que decorre do estado autossugestivo pessimista, que ameaça com a possibilidade de morte próxima, de perigo iminente de acontecimento nefasto e semelhantes... Trata-se essa, sem dúvida, de uma oração negativa, cujos efeitos imediatos são aflição e desalinho emocional. Tal sucede, porque a mente visitada pelos pensamentos destrutivos responde com produção de energia tóxica que alcança o coração — o chakra cerebral envia ondas eletromagnéticas ao cardíaco, que as absorve de imediato — e esparze pelo aparelho circulatório os petardos portadores de altas cargas dessa vibração, somatizando os distúrbios.

Da mesma forma, portanto, a oração, que é a estruturação do pensamento em comunhão com as elevadas fontes do Amor Divino, permite que a mente sintonize com os campos de vibração sutil e elevada, realizando o mesmo processo, somente que de natureza saudável e reconfortante.

Captadas essas ondas pelo psiquismo, irradiam-se do espírito ao perispírito que aumenta a resistência energética, vitalizando as células e os campos organizados da matéria, modificando-lhes a estrutura para o equilíbrio, a harmonia.

Quando alguém ora, torna-se um dínamo gerador de força, a emitir ondas de teor correspondente à qualidade da *energia assimilada. De incomparável resultado terapêutico, a oração é, também, ponte para com a Divindade, na qual se haurem coragem e bem-estar. O exemplo mais dignificante vem de Jesus. Sempre que o cansaço Lhe tomava o organismo, Ele buscava a oração, a fim de comungar com Deus, reabastecendo-se de vitalidade. E era Ele quem conseguia alterar os campos de energia com a simples vontade, direcionando-a conforme Lhe aprouvesse.*

Encontrava-me encantado com os conceitos lógicos do médico gentil, e recordava-me dos efeitos salutares da oração, toda vez, quando, na Terra e no Além, deixava-me conduzir pelas suas vigorosas correntes de ondas saudáveis.

Após o silêncio, que se fez natural, Dr. Messier adiu:

— *Estou seguro de que a Evangelhoterapia é o recurso precioso para produzir a recuperação do equilíbrio das criaturas, preservá-lo naquele que já o possui e irradiá-lo na direção de quem se encontra necessitado.*

Partindo-se do princípio através do qual todos reconhecemos que o paciente mental necessita de compreensão, bondade e estímulo constante, nas lições do Evangelho de Jesus, mesmo tendo-se em vista algumas distorções que decorrem das traduções incorretas, infiéis, ou das adulterações que experimentou durante os quase dois milênios, assim mesmo ainda é um repositório de otimismo, de esperança e de conforto moral, difícil de ser encontrado em outra qualquer obra da Humanidade. Não negamos a excelência de outros livros básicos de diversas religiões, ricos de misericórdia, de paz e de consolo espiritual. No entanto, o Evangelho, em face da sua linguagem simples e profunda, ética e atual, dá-nos a impressão de que foi elaborado para este momento tormentoso que se vive no planeta terrestre, atendendo a todas as necessidades do ser humano. A sua leitura calma, com reflexão, objetivando entender as ocorrências existenciais, constitui incomum medicamento para o Espírito que se recupera da ansiedade e dos distúrbios que o afetam, repousando na alegria de viver. Ademais, sua proposta de saúde fundamenta-se no amor, em todo o bem que se pode fazer, no deslocamento do "eu" para o "nós", do isolamento a que se arroja o enfermo para a solidariedade que aguarda a sua parcela de cooperação.

Com essas disposições interiores, altera-se para melhor a paisagem íntima, e Espíritos nobres, interessados no bem-estar da Humanidade acercam-se da pessoa, envolvendo-a em ondas de amor, de autoconfiança, não poucas vezes, apresentando-se nos estados oníricos, quando a reconfortam e a estimulam ao prosseguimento da jornada.

Todo indivíduo é constituído de antenas psíquicas transceptoras, que emitem e captam ondas equivalentes à sua capacidade vibratória, portanto, à intensidade e qualidade de energia que exterioriza. Não é, pois, de estranhar-se que cada qual viva conforme pensa, tornando-se feliz ou desventurado em razão das ideias que agasalha na mente.

Estávamos quase chegando à enfermaria, quando o psiquiatra nos convidou a entrar, caso não tivéssemos outra tarefa em pauta no momento. Alberto e eu nos olhamos, e porque não nos encontrássemos comprometidos com atividade imediata, anuímos, acompanhando-o.

Utilizei-me desses breves minutos antes de penetrarmos no recinto, para interrogá-lo:

— *E que me diz sobre a aplicação dos fármacos e antidepressivos outros, quais o Prozac, tão utilizado atualmente nos diversos transtornos emocionais e em alguns outros mentais?*

Com a mesma gentileza, considerou:

— *O avanço da Ciência, buscando entender e solucionar os graves problemas humanos, é considerável, constituindo-se numa demonstração do Amor de Deus pelas Suas criaturas, diariamente enviando à Terra os Seus missionários em todas as áreas, a fim de alterar as ocorrências para melhor, estabelecendo parâmetros de equilíbrio e de paz, bem como de renovação e de saúde para todos.*

Os fármacos antidepressivos em geral têm por meta elevar os níveis da serotonina, bem como da noradrenalina, substâncias relacionadas com a depressão, conforme ouvimos na conferência da noite passada. Significa dizer que têm por meta aumentar a quantidade de neurotransmissores no cérebro, que lhe sofre carência.

O que ainda merece estudos é a necessidade de compreender-se como as alterações que ocorrem em uma molécula tão simples podem produzir transtornos tão profundos no comportamento do ser? Sabemos, nós outros, os estudiosos da Vida espiritual, que essa ocorrência tem sua gênese no processo reencarnatório, quando o Espírito imprime nos genes as suas necessidades evolutivas, desencadeando os distúrbios correspondentes ao processo de crescimento moral no momento adequado da vida física.

*Não obstante, os antidepressivos oferecem resultados positivos de acordo com a ficha cármica de cada paciente, porque a função, por exemplo, do Prozac, composto denominado hidrocloreto de fluoxetina, é bloquear a captação da serotonina, constituído de tal forma semelhante àquela, que pode en-*ganar *os neurônios, competindo com ela na sua captação e deixando-a na face exterior da célula.*

Como alguns fármacos objetivam alterar diretamente a química cerebral, inevitavelmente produzem dependência e algumas sequelas que podem ser contornadas pelo psiquiatra e também pelo esforço do próprio paciente no processo de recuperação.

Variam as opiniões de especialistas acerca do Prozac. Alguns consideram-no como excelente, com respostas positivas quase imediatas à sua aplicação. Outros, no entanto, evitam-no, por haverem constatado em alguns dos seus clientes resultados menos felizes, até mesmo indutivos ao suicídio... Tudo isso tem a ver, sem dúvida, com o passado espiritual do enfermo, porquanto cada indivíduo possui as conquistas que o tipificam, diferenciando-os. O medicamento que em alguém produz resultado positivo noutrem desencadeia distúrbios e efeitos diferentes, como é compreensível, em face da estrutura orgânica de cada qual.

Reconhecendo e valorizando a contribuição científica dos nobres pesquisadores e dos resultados das suas conquistas em favor dos pacientes depressivos como de outras enfermidades, a conduta do recuperado terá muito que ver com o seu processo de preservação da saúde, evitando as perturbadoras recidivas que invariavelmente acontecem por novos desvios de comportamento, por falta de identificação com os valores enobrecedores da vida, por abuso e desgaste das energias nos prazeres exorbitantes e primários.

Avançamos, a pouco e pouco, para a eliminação das terapias realizadas mediante a aplicação de drogas que, por enquanto, ainda se fazem necessárias. Relatórios cuidadosos atestam que existem, neste momento, aproximadamente duzentos tipos de psicoterapias variadas, incluindo-se, bem se vê, aquelas denominadas alternativas, que em diferentes regiões do planeta oferecem resultado positivo — desde as denominadas fitoterapias, acupuntura, bioenergia, florais de Bach, energização através de metais, de cristais, de perfumes e óleos, de do-in, *de* reiki *etc. —, auxiliando o ser humano na conquista e no encontro de* si mesmo.

Alcançamos a porta de entrada da enfermaria, quando o amigo, sorrindo, sentenciou:

— *Em cada de um nós se encontram ínsitos os valores da saúde e da doença, dependendo da ocorrência de fenômenos adequados para a sua manifestação... Entremos!*

21

EXPERIÊNCIA INCOMUM

A minha mente esfervilhava de novas interrogações, que no momento não podiam ser esclarecidas. O conhecimento do Dr. Messier fascinava-me, e a sua naturalidade encantava-me. Enunciava os conceitos com a espontaneidade daquele que os conquistou pela experiência após larga reflexão em torno da *psique* humana.

Embora já houvesse estado na área dos pacientes agitados, aquela enfermaria era-me totalmente desconhecida.

A psicosfera local apresentava-se densa e o ambiente fracamente iluminado, a fim de manter os pacientes na condição conforme se apresentavam. Todos aqueles que ali trabalhavam, movimentavam-se em silêncio respeitoso, procurando irradiar tranquilidade e compaixão, que se exteriorizavam por leve claridade que os envolvia, destacando-os na penumbra ambiente. Ouvia-se o ressonar ruidoso dos internos, e espaçadamente alguns estranhos ruídos guturais, que poderiam ser gritos e apelos sufocados na angústia que os dominava.

Quando nos acercamos de um dos leitos enfileirados em duas ordens, uns defronte dos outros, deparei-me com uma cena surpreendente. Sobre a cama havia algo semelhante a um casulo de expressiva proporção, como um envoltório mumificador ocultando o Espírito que se encontrava revestido por essa forma estranha. Já conhecia a ocorrência com Agenor que, no entanto, não se consumara totalmente, transformando-o no que agora estava diante dos meus olhos.

O Espírito assim revestido movia-se com dificuldade, aprisionado por resistentes fios sucessivos que o imobilizavam quase, apertando-o no hórrido envoltório de coloração cinza e de estrutura viscosa.

— *A mente* — sussurrou o esculápio, discretamente — *produz materiais conforme a sua própria vontade, criando asas para a ascensão ou presídio para a escravidão. O irmão Evaldo é prisioneiro de si mesmo. Não anotamos mais graves anomalias no perispírito, no entanto, encapsulou-se em fortes teias mentais degenerativas que o vêm retendo desde quando se encontrava na Terra, interrompendo-lhe a bênção da reencarnação. Oculto nessa triste forma por vários anos após a viagem de retorno, soa-lhe o momento de iniciar-se o seu processo de libertação, para o despertar da consciência quanto às responsabilidades que lhe dizem respeito. A vida é incorruptível e jamais pode ter o seu curso alterado indefinidamente. A inefável misericórdia do Pai está sempre vigilante, a fim de que todos os Seus filhos alcancemos a plenitude que nos está destinada.*

Silenciando, analisou o paciente demoradamente, detendo-se na área cerebral igualmente oculta. O seu olhar penetrante alcançava o ser infeliz que se escondia de si mesmo e gerara mentalmente o casulo para refugiar-se.

O atendente espiritual que o cuidava acercou-se prestimoso e explicou que as providências para o ato cirúrgico haviam sido tomadas, estando a equipe aguardando no centro destinado a esse fim.

Anuindo à elucidação, Dr. Orlando autorizou a remoção do enfermo para a sala reservada para o mister, convidando-nos, a Alberto e a mim, a acompanhá-lo.

Na parte final da imensa enfermaria, encontrava-se o centro cirúrgico, onde já estavam alguns membros do tratamento especializado que ali deveria ter lugar.

Apresentando-nos rapidamente ao grupo, o paciente que fora trazido em cama com roldanas foi transferido para a mesa operatória, iluminada por forte luz que se originava em lâmpadas próprias, qual ocorre nas mesmas circunstâncias na Terra.

O casulo, que tinha a dimensão de um homem, exteriorizava na parte superior a exsudação que se convertia em fio espesso, sempre se adensando em volta da cápsula densa.

Logo depois de ser proferida por Dr. Orlando uma oração fervorosa suplicando o auxílio divino, dois médicos ao seu lado tomaram posição em volta do paciente. Tudo fazia recordar um tratamento cirúrgico conforme os padrões conhecidos no mundo físico. Havia o *instrumentador*, o *anestesista*, que permaneciam concentrados, irradiando energia calmante que se direcionava para o *chakra* cerebral do adormecido, e dois outros enfermeiros auxiliares, que aguardavam instruções.

Nesse momento, percebi que o paciente encontrava-se sob ação hipnótica de uma energia que lhe chegava como ressonância psíquica e que o mantinha na estranha autopunição. Compreendi que, mesmo naquele caso, estava diante de um processo obsessivo a distância, que deveria ser interrompido com muito cuidado.

O *anestesista* acercou-se mais e começou a aplicar bioenergia dispersiva na área do *chakra* coronário, onde se adensavam campos de magnetismo perturbador, como se podia depreender pela coloração escura condensada. À medida que eram aplicados os recursos libertadores e diluídas as sucessivas camadas que cobriam a região, interrompeu-se o fluxo exterior e o paciente agitou-se, por alguns segundos, dentro do envoltório confrangedor.

Foi a vez de Dr. Orlando, utilizando-se de uma lâmina semelhante a um bisturi a *laser*, tentar cortar os fios superpostos uns e interpenetrados outros, para alcançar a cabeça do enfermo. A delicada tarefa era feita com perfeição, cortando os mais viscosos, exteriores, e adentrando-se naqueles que se encontravam consolidados internamente. O cirurgião auxiliar, utilizando-se de um pinça própria, mantinha a pequena cavidade que estava sendo aberta, enquanto era aprofundado o corte. À medida que se fazia a incisão, aqueles fios grosseiros desmanchavam-se e se transformavam em um líquido nauseabundo, que escorria pela carapaça e a mesa, caindo no piso. Os enfermeiros, vigilantes, recolhiam-no com vasilhames especiais, mantendo a assepsia do ambiente. A incisão deveria medir dez centímetros, mais ou menos, tornando-se mais cuidadosa à medida que se acercava do ser espiritual ali encarcerado. Logo depois, o outro médico ampliou-a de forma que alcançasse a dimensão de toda a cabeça numa linha reta.

Nesse instante, Dr. Messier começou a bloquear o campo coronário-cerebral com algo semelhante a uma atadura, que irradiava peculiar vibração para que impossibilitasse a exteriorização do psiquismo doentio do cirurgiado.

Para minha surpresa, constatei que era o próprio paciente quem emitia as sucessivas cargas de energia deletéria que lhe procedia da mente fixada na autopunição. Quando a cabeça pôde ser vista, percebi que do seu interior vinham as ondas excêntricas, agora com menor intensidade, porque parcialmente impedidas pelo tecido vibratório de proteção, para evitar a ocorrência do processo danoso.

Tormentos da obsessão

O *anestesista* direcionou as mãos para a parte desvelada e começou a aplicar a bioenergia que se exteriorizava em campos vibratórios de tonalidades azul-prateada e violácea, penetrando o cérebro perispiritual e modificando-lhe a coloração escura, enfermiça. Enquanto esse processo se realizava, Dr. Orlando continuou cortando o casulo da parte superior da testa para baixo, alongando-se pelo tórax e membros inferiores, auxiliado pelo outro cirurgião.

Havia tensão nos especialistas, que se encontravam profundamente concentrados no tratamento de emergência e de gravidade.

Transcorrida mais de uma hora, foi aberta toda a cápsula, deixando à mostra o Espírito infeliz, que se apresentava com hórrida aparência, esquálido, com várias excrescências tumorosas na face e por todo o corpo, como flores despedaçadas e apodrecidas, fazendo-me recordar as enfermidades parasitas que agridem os pacientes destituídos dos recursos imunológicos de defesa orgânica. O aspecto era repelente e nauseante. No entanto, tratava-se de um irmão colhido pelo vendaval das paixões, que retornava destroçado ao lar pela loucura de si mesmo, mas que nunca estivera ao abandono...

Carinhosamente foi retirado do molde grosseiro que o vestia e transferido para outra mesa próxima, onde o processo de auxílio prosseguiu.

Sobre as pústulas foram aplicadas substâncias especiais, que eram concentrados de energia asséptica, para auxiliar o refazimento dos *tecidos* decompostos, e apesar de encontrar-se em sono profundo, o cirurgiado passou a gemer dolorosamente. Os procedimentos de recuperação continuaram fortalecendo-o, enquanto os enfermeiros auxiliares retiravam os resíduos morbosos dos envoltórios que o vitimavam.

Concluída a intervenção cirúrgica, Dr. Orlando recomendou que se continuassem com os recursos de reenergização a cada quatro horas, tendo-se o cuidado de substituir a atadura vibratória que funcionava como bloqueador da mente em desalinho, a fim de evitar que novos comprometimentos pudessem ser exteriorizados.

O trabalho agora seria de despertamento de Evaldo ao primeiro ensejo, de modo a conscientizá-lo da necessidade de modificar o direcionamento mental para o próprio bem.

Outras recomendações foram feitas, e após uma prece gratulatória, saímos da sala com o hábil cirurgião e psiquiatra.

Logo nos afastamos do recinto e alcançamos o amplo corredor, não pude ocultar o interesse de aprender, e indaguei ao médico:

— *Como explicar esse processo de encapsulamento que acabáramos de ver?*

Sem nenhum desagrado, ele esclareceu-nos:

— *Convém ter sempre em consideração que somos aquilo que cultivamos interiormente. O Céu e o Inferno são regiões interiores que habitamos conforme a postura mental responsável pelos nossos atos. Exteriorizando essas preferências psíquicas, consubstanciamo-las em edificações que se tornam sustentadas pelas contínuas ondas do desejo e do interesse. Quando outros indivíduos trazem os mesmos valores, reúnem-se forças que concretizam aspirações, dando lugar a regiões próprias dos pensamentos em ação. Assim, temos as províncias de provas e dores além do túmulo, tanto quanto aquelas de delícias e de paz. Não poucos místicos e médiuns, em processo de desdobramento ainda na Terra, têm sido trazidos a esses sítios, o que deu margem aos conceitos míticos de inferno, purgatório, limbo e Céu de forma concreta com as suas implicações religiosas e dogmáticas. É óbvio que não os existem do ponto de vista material, consoante a propositura da Física newtoniana ou linear. Não obstante, multiplicam-se, em realidade, os campos e regiões de sofrimento, de angústia e de recuperação na Erraticidade, da mesma forma que os abençoados redutos de alegria, de paz, de bem-aventurança, conforme prometidos por Jesus no conceito do Reino dos Céus.*

Por enquanto, em face do primarismo que ainda viceja entre as criaturas, os desvios mentais e comportamentais têm projetado e vitalizado mais áreas para recuperação penosa do que lugares paradisíacos e edênicos.

Toda vez que a mente se fixa em algo, emite vibrações que se transformam em força correspondente, logrando atender ao direcionamento que lhe é proposto. No caso do nosso irmão Evaldo, sua consciência de culpa elaborou um recinto escuro para ocultar a miséria a que se entregou, enquanto deambulava no proscênio terrestre na sua anterior e mais recente jornada.

Fez uma pausa tranquila, para ordenar o raciocínio e continuou:

— *Nosso amigo partiu do Mundo espiritual com definidos compromissos na área político-religiosa a que era afeito anteriormente e que não soube corresponder com o valor que deveria ser aplicado. Fracassou várias vezes, gerando situações penosas na fé religiosa abraçada, assim como no campo da política, que submeteu às paixões do dogmatismo e dos interesses inconfessáveis que o caracterizaram. Muito comprometido espiritualmente, preparou-se para novo cometimento e recebeu o aval dos seus guias espirituais. Por mais de um decênio equipou-se de conhecimento e de valores éticos para atuar com elevação nos dois delicados campos. Quando se acreditou em condições de reencetar a jornada, foi conduzido a um nobre lar espírita, sob a tutela de mãe generosa que lhe era anjo protetor, a fim de que o Consolador lhe facultasse compreender os compromissos assumidos e a Lei de Causa e Efeito o despertasse para o desempenho sagrado da tarefa.*

Desde cedo, participou com a genitora dos estudos evangélicos no lar, em momentosos encontros de meditação e de intercâmbio, quando os amigos espirituais inspiravam as conversações e direcionavam os interesses da família. Participou das aulas de evangelização da época, indevidamente denominadas de catecismo espírita, e mais tarde tomou parte num dos primeiros grupos de mocidades espíritas que se iniciavam no Brasil. Conseguiu destacar-se, exercendo liderança, porquanto para tanto fora preparado, enquanto simultaneamente estudava direito. Bacharelando-se, teve a felicidade de ser convidado por hábil advogado político que o iniciou na difícil conjuntura administrativa do país, na qual conseguiu amealhar expressivos recursos financeiros. Logo depois, consorciou-se com excelente companheira, e enquanto o triunfo lhe batia às portas, permitia-se o distanciamento da fé espírita. É claro que se justificava como vítima da falta de tempo, escamoteando o constrangimento que sentia de declarar-se espiritista nas altas-rodas, nas quais agora se movimentava entre luxos e preconceitos mesquinhos.

O tempo é inexorável, e todos passam por ele, que permanece inalterado. O Dr. Evaldo, então proeminente político, esqueceu-se completamente dos compromissos espirituais. No auge do poder, tomado pela avidez desvairada para o enriquecimento ilícito, acumpliciou-se com amigos envolvidos em corrupção e, em breve, derrapou em terríveis envolvimentos morais, desviando verbas que deveriam atender necessidades urgentes e salvar vidas, transferindo-as para contas fora do país nos denominados paraísos fiscais.

Nesse interregno, em face dos descalabros íntimos, que não ficaram apenas na área dos comprometimentos políticos, mas também sexuais, vinculou-se a antigos inimigos desencarnados que o espreitavam, começando a hospedar psiquicamente hábil manipulador das forças mentais que passou a *comandá-lo vagarosamente, até apropriar-se com relativa facilidade do seu mundo psíquico.*

Quando menos esperava, a esposa sofrida ante a conduta irregular do marido, com a qual não concordava e o admoestava sempre que possível, foi acometida de um carcinoma que a vitimou em rápidos meses. Surpreendido pelo infausto acontecimento, não tendo procriado, o insensato começou a atormentar-se, dando campo à consciência de culpa e procurando fugir de si mesmo. Os valores amealhados de nada lhe valeram, porque não podiam minimizar os conflitos íntimos e a sensação de que a morte da mulher em condições muito dolorosas de certo modo era uma punição à sua conduta irregular, como se a Divindade se utilizasse de mecanismos mórbidos quais os dessa natureza.

Lentamente afastou-se da agitada vida mundana sob a justificativa da viuvez, e apesar de insistentemente convidado pelos comparsas, refugiou-se em pertinaz depressão, que passou a consumir-lhe as metas existenciais, a razão de viver, qualquer objetivo que o pudesse arrancar da penosa situação.

A mãezinha, ora desencarnada, envidou esforços exaustivos para arrancá-lo da situação pungente a que se entregou, mas tudo redundou inútil, porque o torturado começou a perceber quanto a sua avidez contribuíra para a miséria de muitos seres humanos necessitados, os quais deveria defender e amparar através dos mecanismos políticos e da fé espírita que anteriormente esposara.

Tentando ocultar o drama, o seu inconsciente começou a criar a teia vibratória que terminou por envolvê-lo então sob o direcionamento do adversário espiritual. Três anos transcorridos após a desencarnação da senhora, sucumbiu em triste ruína humana, negando-se à alimentação e ao tratamento especializado, que, embora sob imposição vigorosa de outros familiares, não logrou arrancá-lo do abismo da consciência culpada ao qual se atirara com sofreguidão.

Novamente o psiquiatra silenciou, demonstrando uma profunda compunção pelo enfermo. A seguir, concluiu:

— *Em deplorável estado mental e físico desencarnou, jugulado à estranha obsessão por ressonância dos pensamentos perversos do inimigo que o aguardou no pórtico da Imortalidade, encarcerando-o nos fios vigorosos da própria urdidura mental e recambiando-o para o escuso recinto onde se homiziava. Ali, sob hipnose cruel, vergastou-o por mais de um decênio, após o que foi transferido para nosso hospital por intercessão da mãezinha abnegada, aqui se demorando até este momento, quando começa o seu processo de despertamento para o encontro lúcido com a realidade.*

— *Deus meu!* — exclamei, emocionado. — *Quanto a aprender e a corrigir no mundo íntimo!*

Alberto, sempre silencioso, aduziu com jovialidade:

— *Não é por outra razão que o Mestre nos informou que "mais será pedido àquele a quem mais foi dado".*

De fato, quem possui a luz embutida na mente e no coração não pode andar em trevas, semear escuridão, para tanto, apagando a própria a claridade íntima, pois que, sem qualquer dúvida, voltará a percorrer o mesmo caminho e o defrontará conforme o haja deixado.

Assim, emocionados e reconhecidos, despedimo-nos do culto e generoso médico, rumando ao gabinete do Dr. Ignácio Ferreira, onde éramos gentilmente aguardados.

22

Lições de sabedoria

A aprendizagem prosseguia ampliando-me os horizontes do entendimento acerca do ser, do seu destino, das aflições e alegrias que são vividas ao longo do processo evolutivo. Em todo lugar, naquele pavilhão, que era apenas um dos quatro reservados aos alienados mentais que permaneciam vinculados às reminiscências terrestres e aos seus engodos, eu defrontava a *Lei de Causa e Efeito* no seu mister de disciplinar e educar, orientar e libertar o Espírito das amarras que o jugulam às heranças do primarismo por onde passa no decorrer da vilegiatura carnal.

Novos contatos permitiam-me penetrar em questões dantes jamais concebidas, que fazem parte da natureza humana e se sediam nas estruturas mais complexas do ser espiritual.

A existência corporal é sempre um desafio dignificante, que deve ser vivida com elevação e respeito pelos postulados que facultam o crescimento interior no rumo da plenitude. Nem todos aqueles que se encontram mergulhados na neblina carnal dão-se conta do alto significado dessa concessão superior da Misericórdia Divina. Enquanto transcorre em clima de júbilos infantis sem mais graves compromissos, predominam os encantamentos, que logo passam, assim se desenham os exercícios de autoaprimoramento, de autoiluminação mediante o serviço do bem, o sacrifício das paixões, a renúncia às ilusões, o testemunho depurador pelo sofrimento... Anestesiado pelos vapores do organismo, o Espírito transita sem responsabilidade, comprometendo-se e despertando para os necessários resgates, até adquirir a consciência de *si mesmo*, definindo-se pela marcha ascensional sem estágios nos patamares de sombra e dor. O tropismo divino atrai-o e fascina-o, poderoso e absorvente, fazendo-o superar os atavismos ancestrais e romper as vigorosas redes retentivas da retaguarda.

Esse processo de libertação é, às vezes, penoso, feito com suores e lágrimas, oferecendo, logo depois, o prêmio da harmonia, da superação dos instintos e dos tormentos. Empenhar-se, com acendrado interesse pelo conseguir, deve ser a meta de todos nós, que ainda nos encontramos vinculados aos vícios milenares, prejudiciais e asselvajados.

Ali tivera oportunidade de conhecer abnegados servidores anônimos que se encarregavam de tarefas humildes umas, aparentemente insignificantes outras, nas quais investiam todo o amor e alegria, procurando ser úteis, intensificando propósitos de sublimação e aguardando confiantes o futuro. Espíritos que, na Terra, haviam envergado a túnica do destaque social, mantido nas mãos a adaga do poder, transitado entre honrarias e louvores, agora se encontravam mergulhados na simplicidade por onde recomeçavam o desenvolvimento ético-moral para a construção superior de si mesmos.

Por outro lado, encontrara testemunhos de renúncia incomparáveis, em que almas nobres aguardavam a recuperação dos seus afetos para somente depois ascenderem a planos mais elevados e desfrutarem de bem-estar. O serviço de auxílio ao próximo sofredor em nome do amor, exigindo-lhes sacrifícios contínuos, possuía-lhes significado essencial em detrimento das próprias alegrias que adiavam, a fim de que os seus júbilos não se assentassem no esquecimento das lágrimas que os aguardavam para enxugá-las...

Um mês se havia passado desde que chegáramos ao hospital e fôramos carinhosamente recebido.

Com esse saldo credor na economia dos sentimentos, encaminhei-me ao gabinete do Dr. Ignácio Ferreira, a fim de informá-lo de que, no dia imediato, retornaria à comunidade onde residia, ali prosseguindo no desempenho das atividades que me diziam respeito.

O médico uberabense recebeu-nos com efusão de júbilos, explicando-me que Eurípedes Barsanulfo, recordando-se que o prazo referente ao meu estágio terminava, houvera-me convidado e a outros amigos, por seu intermédio, para nos reunirmos na sua residência, a fim de participarmos de um encontro informal de despedida, o que ocorreria às vinte horas daquele mesmo dia.

Não pude ocultar o entusiasmo que por pouco não me conduziu às lágrimas. Reconheço as deficiências que me tipificam o processo espiritual, e receber tão generosa deferência representava-me alta responsabilidade em relação àquele momento e ao futuro que me aguarda.

Assim, busquei o caro Alberto, a fim de visitarmos os enfermos e novos amigos com os quais travara contato naquele período, deixando-lhes exteriorizados os meus sentimentos de gratidão e votos de breve recuperação das dores pungitivas que a alguns excruciavam, pórtico, porém, das inefáveis alegrias que os esperavam.

Fomos ao encontro de Almério, que se apresentava com excelente disposição psíquica e continuava no atendimento aos visitantes do pavilhão. Agradeci-lhe, penhorado, a gentileza com que me houvera recebido no primeiro dia, confiando-me a sua história rica de lições, ajudando-me a resguardar-me das próprias mazelas.

Logo mais, restabelecemos o contato com Dr. Leôncio, que se conscientizava, a cada novo dia com mais amplo tirocínio dos deveres para com a vida e para consigo mesmo, em vez da intolerância e do radicalismo que invariavelmente ocultam os conflitos graves, que logo se exteriorizam assim tenham oportunidade.

A Ambrósio, a prece de reconforto moral e de fraternal sentimento solidário foi a contribuição única de que dispusemos para expressar-lhe simpatia e ajuda, confiando-o à inalterável bondade de Deus.

Igualmente, ao lado do Dr. Agenor, reflexionamos em silêncio a respeito dos tesouros do conhecimento que aplicamos incorretamente e das duras consequências que advêm dessa inditosa conduta. Apesar de hibernado, sem poder exteriorizar as aflições que o martirizavam, vivia-as mentalmente através do processo das evocações constantes e automáticas. O tempo lhe seria o auxiliar milagroso em favor do despertamento para os novos desafios que deveria enfrentar.

O reencontro com Licínio foi enriquecido de alegrias, em face das conquistas do digno trabalhador do bem, que se soube apagar a fim de que brilhasse a luz da verdade através dos seus atos. O seu riso generoso e fácil permaneceria em minha memória como o sinal de vitória após o dever retamente cumprido, agora lhe descortinando infinitas outras possibilidades de crescimento interior.

Dona Hildegarda recebeu-nos com sensibilidade, convidando-nos ao retorno, assim nos fosse possível, a fim de participarmos não apenas das atividades hospitalares, mas também dos labores espirituais que desenvolvia na crosta terrestre ao lado dos amigos. Jovial e confiante, avançava no rumo da Grande Luz sem olhar para trás, investindo amor e tenacidade no desempenho dos compromissos que ora lhe diziam respeito.

O irmão Gustavo Ribeiro apresentava-se mais animado, embora os vínculos profundos que ainda mantinha com o lar e o peso do arrependimento que o esmagava. A prece de reconforto moral e de encorajamento, que fizemos ao seu lado, foi a forma de que dispúnhamos no momento para agradecer-lhe a lição de vida que nos oferecera como advertência para a própria indigência.

Buscamos a presença de Honório, encontrando-o no lento processo de conscientização após os duros transes passados, que ainda prosseguiam em forma de fixações mentais pungentes.

Não nos esquecemos de Agenor, cuja mãezinha nos encantara com o seu testemunho de fidelidade e proteção ao filho rebelde, e que permanecia em sono profundo visitado pelas imagens perturbadoras da conduta irregular.

Fomos agradecer ao Dr. Orlando Messier a confiança e a generosidade que nos dispensara, pedindo-lhe permissão para rever o Dr. Evaldo e orar ao seu lado, a fim de o envolver em vibrações de esperança e de recuperação, no que fomos gentilmente atendidos.

Diante de cada um desses irmãos e de outros tantos, agradecemos a Deus a oportunidade de aprender com eles, sem a necessidade de experimentar os mesmos sofrimentos porque passaram e ainda sofriam, em face da lucidez que nos acompanhava. A verdade é que, em toda parte, o amor abre o seu elenco de possibilidades de serviço e de renovação em convite perene para a felicidade.

À medida que a noite se anunciava, ao lado do incansável Alberto que se nos houvera transformado em verdadeiro benfeitor, experimentava já os sentimentos de saudade e de reconhecimento pelas admiráveis lições aprendidas no pavilhão que nos hospedara naquele breve período.

Agradecendo ao companheiro vigilante e prestimoso, recolhi-me ao apartamento, a fim de preparar-me para o encontro com o fundador do Hospital Esperança, conforme delineado.

À hora estabelecida, Dr. Ignácio Ferreira e Alberto vieram buscar-me para o convívio feliz.

Somente então dei-me conta que o missionário sacramentano residia em área próxima ao hospital, e não em alguma das suas dependências. Desde quando desencarnara, que se empenhara em dar prosseguimento à edificação de uma comunidade dedicada ao amor e ao estudo da Verdade, que houvera iniciado antes do mergulho no corpo, conseguindo, ao longo dos anos, receber nas diversas edificações familiares e amigos mais recentes, tanto quanto de épocas recuadas, a fim de prosseguirem juntos no ministério iluminativo, assim iniciando a fraternidade mais ampla entre eles, pródromo daquela que será universal.

Podia-se dizer que se tratava de um bairro na cidade espiritual, com magnífico traçado urbanístico e rica paisagem luxuriante, na qual se experimentava a harmonia entre as realizações do Espírito e o ambiente geral, produzindo refazimento e inefável bem-estar por toda parte.

As residências encontravam-se bem distribuídas, com expressivas dimensões e jardins que as uniam, tanto quanto largos espaços para encontros e convivência em grupos. Noutra área, destacava-se um amplo edifício escolar, no qual se encontrava um dístico expressivo, enunciando tratar-se do Educandário Allan Kardec.

Não cabia em mim de contentamento e surpresa.

Dr. Ignácio, percebendo-me o espanto, e sorrindo jovialmente, informou-me:

— *Esse Instituto foi o modelo no qual Eurípedes se inspirou para erguer o seu equivalente em Sacramento, no começo do século XX. Aqui, em momentosos desdobramentos espirituais, ele vinha abastecer-se de energias e conhecimentos mediante desdobramento parcial pelo sono físico, para desenvolver novos padrões pedagógicos à luz do Espiritismo, vivendo grandioso pioneirismo em torno da educação. Diversos daqueles seus alunos de então, ora aqui se encontram trabalhando na divulgação da metodologia do ensino moderno, ampliando a visão da liberdade com responsabilidade nas grades pedagógicas. A obra do bem não é realizada de improviso, nem surge concluída de um para outro momento. Exige esforço, perseverança e dedicação.*

O educandário tem vários setores, que se iniciam no atendimento maternal, passando pelo jardim de infância e prosseguindo através da preparação primária, secundária, universitária... Há lugar para todos os níveis etários conforme os padrões terrestres, e aqueles que desencarnam em diferentes idades, quando para cá são trazidos, dispõem de competente atendimento de acordo com as suas necessidades.

Havíamos caminhado entre jardins e alamedas bem cuidados por quase um quilômetro, desde que saíramos da porta central do pavilhão no hospital que nos alojava.

Diante dos meus olhos alargava-se a *Comunidade Amor e Conhecimento da Verdade.*

Perpassavam no ar da noite suaves e quase inaudíveis melodias que nos estimulavam à alegria e aos sentimentos superiores, produzindo vibrações de harmonia em nosso mundo íntimo.

Quando chegamos à ampla residência do benfeitor gentil, este veio receber-nos à porta e fez-nos adentrar com amabilidade que nos sensibilizou, reconhecendo a ausência de mérito de nossa parte.

Na sala de largas janelas que permitiam a entrada do perfume exterior das flores em explosão de primavera, iluminada amplamente, encontravam-se inúmeros Espíritos joviais que nos receberam com verdadeiro e natural contentamento. O anfitrião nos apresentou a todos, um a um, entretecendo ligeiro comentário a respeito de cada qual. Eram familiares da última experiência física, amigos queridos, ex-alunos, cooperadores devotados, médiuns que o auxiliavam na psicoterapia espiritual com os sofredores desencarnados, enfim, membros da grande ordem do amor universal.

Deixando-me inteiramente à vontade, convidou-nos a sentar e, com a naturalidade que lhe era habitual, explicou-nos a todos que o encontro tinha por objetivo agradecer a nossa visita e entretecer breves comentários em torno do cristão no mundo, especialmente do cristão-espírita, enriquecido pela Terceira Revelação.

Todos concentramos os olhos e a atenção no emérito trabalhador de Jesus que, sem mais delonga, considerou:

— *Todo conhecimento superior que se adquire, visa ao desenvolvimento moral e espiritual do ser. No que diz respeito às conquistas imortais, a responsabilidade cresce na razão direta daquilo que se assimila. Ninguém tem o direito de acender uma candeia e ocultá-la sob o alqueire, quando há o predomínio de sombras solicitando claridade. A consciência esclarecida, portanto, não se pode omitir quando convidada ao serviço de libertação da ignorância de outras em aturdimento. Somos células pulsantes do organismo universal, e quando alguém está enfermo, debilitado, detido no cárcere do desconhecimento, o seu estado se reflete no conjunto, solicitando cooperação. Jesus é o exemplo dessa solidariedade, porque jamais se escusou, nunca se deteve, avançando sempre e convidando todos aqueles que permaneciam na retaguarda para segui-lO. Esse é o compromisso do ser inteligente na Terra e no espaço:*

socorrer, em nome do amor, os irmãos que se detêm ergastulados no erro, no desconhecimento, na dor...

A Humanidade, desde priscas eras, tem recebido a iluminação que verte do Alto. Nunca faltaram os missionários do bem e da Verdade, conclamando à ascensão, à superação das imperfeições morais. Em época alguma e em lugar nenhum deixou de brilhar a chama da esperança em nome de Nosso Pai, que enviou os Seus apóstolos ao Planeta, a fim de que todas as criaturas tivessem as mesmas chances de autorrealização e de crescimento interior. Todos eles, os nobres mensageiros da Luz, desempenharam as suas atividades em elevados climas de enobrecimento e de abnegação, que deles fizeram líderes do pensamento de cada povo, de todos os povos.

Foi, no entanto, Jesus quem melhor se doou à Humanidade, ensinando pelo exemplo dedicação até à morte, e oferecendo carinho até hoje, aguardando com paciência infinita que as Suas ovelhas retornem ao aprisco. Apesar das Suas magníficas lições, o ser humano alterou o rumo da Sua proposta de lídima fraternidade, promovendo guerras de extermínio, elaborando castas separatistas, elegendo ilusões para a conquista do reino terrestre... Sabendo, por antecipação, dessa peculiaridade da alma humana, o Mestre prometeu o Consolador, que viria para erguer em definitivo os combalidos na luta, permanecendo com as criaturas até o fim dos tempos...

E o Consolador veio. Ao ser apresentado no Espiritismo, surgiram incontáveis possibilidades de edificação humana, pelo fato de a Doutrina abarcar os vários segmentos complexos e profundos da Ciência, da Filosofia e da Religião, contribuindo em todas as áreas do conhecimento e da emoção para o desenvolvimento dos valores eternos e a consequente consolidação do Reino de Deus na Terra. Expandindo-se a Codificação Kardequiana, as multidões esfaimadas de paz e atormentadas por vários fatores, acercaram-se e continuam *abeberando-se da fonte generosa e rica, para serem atendidas, sorvendo os seus sábios ensinamentos.*

Quando, porém, deveriam estar modificados os rumos convencionais e estabelecidos a fraternidade, a solidariedade, a tolerância, o trabalho de amor na família que se expande, começam a surgir desavenças, ressentimentos, conflitos, campanhas de perturbação e ataques grosseiros, repetindo-se as infelizes disputas geradas pelo egoísmo e pela vã cegueira das paixões dissolventes, conforme ocorreu no passado com o Cristianismo, destruindo a sementeira ainda não concluída e ameaçando a ceifa que prometia bênçãos.

Espíritos uns, possuídos pelo desejo de servir, mergulham no corpo conduzindo expectativas felizes para ampliar os horizontes do trabalho digno, mas, vítimas de si mesmos e do seu passado sombrio, restabelecem as vinculações enfermiças, tombando nas malhas bem urdidas de obsessões cruéis, vitimados e perdidos... Outros mais, que deveriam ser as pontes luminosas para o intercâmbio entre as duas esferas vibratórias, açodados na inferioridade moral, comprometem-se com os vícios dominantes no mundo e desertam das tarefas redentoras... Diversos outros ainda, preparados para divulgar o pensamento libertador, deixam-se vencer pelo bafio do egoísmo e do orgulho que deveriam combater, tornando-se elementos perturbadores, devorados pela ira fácil e dominados pela presunção geradora de ressentimentos e de ódios...

A paisagem, que deveria apresentar-se irisada pela luz do amor, torna-se sombreada pelos vapores da soberba e do despautério, tornando-se palco de disputas vis e de promoções doentias do personalismo, longe das seguras diretrizes do legítimo pensamento espírita... Que estão fazendo aqueles que se comprometeram amar, ajudar-se reciprocamente, fornecendo as certezas da imortalidade do Espírito e da Justiça Divina? Enleados pelos vigorosos fios da soberba e da presunção, creem-se especiais e dotados de poderes de a tudo e a todos agredir e malsinar.

Como consequência dessa atitude enferma, estão desencarnando muito mal incontáveis trabalhadores das lides espíritas que, ao inverso, deveriam estar em condições felizes. O retorno de expressivo número deles ao Grande Lar tem sido doloroso e angustiante, conforme constatamos nas experiências vivenciadas em nossa Esfera de atividade fraternal e caridosa... O silêncio acerca da questão já não é mais possível. Por essa razão, anuímos que sejam trombeteadas as informações a respeito da desencarnação atormentada de muitos servidores da Era Nova, em direção aos demais combatentes que se encontram no mundo, para que se deem conta de que desencarnar é desvestir-se da carne, libertar-se dela e das suas vinculações, porém, é realidade totalmente diversa e de mais difícil realização.

O digno missionário silenciou por breves segundos, logo dando curso aos seus enunciados:

— Felizmente nos confortam o testemunho de inúmeros heróis do trabalho, os permanentes exemplificadores de caridade, a constância no bem pelos vanguardeiros do serviço dignificante, os ativos operários da mediunidade enobrecida e dedicada ao socorro espiritual, os incansáveis divulgadores da verdade sem jaça e sem prepotência, que continuam no ministério abraçado em perfeita sintonia com as Esferas elevadas de onde procedem.

Quem assume compromisso com Jesus através da Revelação Espírita, não se pode permitir o luxo de O abandonar na curva do caminho e seguir a sós, soberbo quão dominador, porque a morte o aguarda no próximo trecho da viagem e o surpreenderá conforme se encontra, e não como se dará conta do quanto deveria estar melhor mais tarde.

A transitoriedade da indumentária física é convite à reflexão quanto aos objetivos essenciais da vida que, a cada momento, altera o rumo do viajante de acordo com o comportamento a que se entrega. Ninguém se iluda, tampouco iluda aos demais. A consciência, por mais se demore anestesiada, sempre desperta com rigor, convidando o ser ao ajustamento moral e à regularização dos equívocos deixados no trajeto percorrido. Todos quantos aqui nos encontramos reunidos, conhecemos a dificuldade do trânsito físico, porque já o vivenciamos diversas vezes, e ainda o temos vivo na memória e nos testemunhos a que fomos convocados. Ninguém esteve na Terra em regime de exceção. Apesar disso, bendizemos as dificuldades e as provas que nos estimularam ao avanço e à conquista da paz.

Provavelmente, estas informações, quando forem conhecidas por muitos correligionários, serão contraditadas e mesmo combatidas. Nunca faltam aqueles que se entregam à zombaria e à aguerrida oposição. Os seus estímulos funcionam melhor quando estão contra algo ou alguém. Não nos preocupamos com isso. Cumpre-nos, porém, o dever de informar com segurança, e o fazemos com o pensamento e a emoção direcionados para a Verdade. Como os reencarnados de hoje serão os desencarnados de amanhã, e certamente o inverso acontecerá, os companheiros terrestres constatarão e se cientificarão de visu. Jamais nos cansaremos de amar e de servir, tentando seguir as luminosas pegadas de Jesus, que nos assinalou com sabedoria: "Muitos serão chamados, e poucos serão escolhidos". Sem a pretensão de sermos escolhidos, por enquanto apenas pretendemos atender-Lhe ao sublime chamado para o Seu serviço entre as criaturas humanas de ambos os planos da vida.

Calando-se, visivelmente emocionado, ergueu-se e, nimbado por peculiar claridade que dele se irradiava, exorou a Deus com inesquecível tom de voz:

— *Amantíssimo Pai, incomparável Criador do Universo e de tudo quanto nele pulsa!*

Tende compaixão dos vossos filhos terrestres, mergulhados nas sombras densas da ignorância e do primarismo em que se demoram.

A Vossa Excelsa Misericórdia tem-se consubstanciado em lições de vida e de beleza em toda parte, convidando-nos, estúrdios que somos, ao despertamento para a vossa grandeza e sabedoria infinita. Não obstante, continuamos distraídos, distantes do dever que nos cabe atender.

Apiedai-vos da nossa pequenez e deixai-nos sentir o vosso inefável amor, que nos rocia e quase não é percebido, a fim de alterarmos o comportamento que vimos mantendo até este momento.

Enviastes-nos Jesus, o inexcedível Amigo dos deserdados e dos infelizes, depois de inumeráveis mensageiros da luz, ouvimos-Lhe a voz, sensibilizamo-nos com o Seu sacrifício, no entanto, desviamo-nos do roteiro que Ele nos traçou e continua apontando. Tombando, porém, no abismo, por invigilância e leviandade, tentamos reerguer-nos várias vezes, e nos ajudastes por compaixão, sem que essa magnanimidade alterasse por definitivo nossa maneira de ser durante os séculos transatos.

Permitistes que Allan Kardec mergulhasse no corpo, a fim de demonstrar-nos a imortalidade da alma, quando campeava a descrença e a cegueira em torno da vossa Majestade, e também nos fascinamos com o mestre lionês. Logo depois, porém, eis-nos perdidos no cipoal dos conflitos a que nos afeiçoamos, experimentando sombra e dor, esquecidos das diretrizes apresentadas.

No limiar da Nova Era que se anuncia, permiti que vossa luz imarcescível nos clareie por dentro, libertando-nos de toda treva e assinalando-nos com o discernimento para vos amar e vos servir com devotamento e abnegação.

Excelso Genitor, tende piedade de nós, favorecendo-nos com o entendimento que nos ajude a eliminar o mal que

ainda se demora em nós, desenvolvendo o bem que nos liber-
tará para sempre da inferioridade que predomina em a nossa
natureza espiritual.

Sede, pois, louvado, por todo o sempre, Venerando Pai!

Calou-se o orante.

A luz ambiente diminuiu de intensidade durante a oração, ao tempo em que peregrina claridade de luar invadiu o recinto bafejado por acordes harmônicos de harpa dedilhada ao longe com incomum maestria. Simultaneamente, pétalas de rosas coloridas caíam do teto e diluíam-se com delicadeza no contato conosco.

As lágrimas nos escorriam silenciosas e longas pela face, confirmando o nosso compromisso emocional com o dever que jamais desapareceria do nosso rumo espiritual.

O ambiente permaneceu em silêncio profundo por alguns minutos, ouvindo-se o pulsar da Natureza e recebendo-se o inefável amparo divino.

Lentamente a claridade ambiente retornou e todos nos olhamos comovidos e felizes.

Estava encerrado o incomum encontro.

Despedimo-nos de todos os novos amigos, certos de que nos voltaríamos a encontrar oportunamente em algum outro lugar na grande marcha para Deus.

Eurípedes gentilmente acompanhou-nos à porta, abraçando-nos com afeto e colocando a comunidade na qual se encontrava inteiramente à nossa disposição, caso viéssemos a ter qualquer necessidade.

Beijei as mãos da Entidade veneranda e, com Dr. Ignácio e Alberto, retornei ao pavilhão, igualmente despedindo-me de ambos com profunda gratidão, porquanto, ao amanhecer, seguiria de retorno ao lar, jamais me olvidando de tantas graças recebidas e das afeições estabelecidas.

A noite de bênçãos daria lugar a futuros amanheceres de trabalho e de iluminação, que estamos percorrendo com os olhos postos em Jesus, o Amigo por excelência.

Anotações

Anotações

Anotações